HEYNE ‹

Die Autorin

Maitreyi D. Piontek ist spirituelle Lehrerin, medizinische Sexologin und esoterische Heilerin. Seit 1972 arbeitet sie mit Menschen und befasst sich mit ganzheitlicher sexueller Heilung, Spiritualität, Meditation und okkulten Wissenschaften. Ihre Arbeit im Bereich Spiritualität und Sexualität gilt als Pionierarbeit und ist für Frauen auf der ganzen Welt zu einem wichtigen Wegweiser auf der Suche nach einer neuen Weiblichkeit geworden. Ihre Bücher wurden bisher in 14 Sprachen übersetzt. Maitreyi ist als internationale Seminarleiterin tätig, führt eine Praxis für ganzheitliche Sexualberatung in Zürich und ist Leiterin einer Mysterienschule.

www.newdaughters.org
www.maitreyipiontek.com

MAITREYI D. PIONTEK

WEIBLICHES MANIFEST

Entdecke deine authentische und lustvolle Spiritualität

WILHELM HEYNE VERLAG
MÜNCHEN

Das vorliegende Buch ist sorgfältig erarbeitet worden.
Dennoch erfolgen alle Angaben ohne Gewähr.
Weder Autor noch Verlag können für eventuelle Nachteile oder Schäden,
die aus den im Buch gemachten praktischen Hinweisen resultieren,
eine Haftung übernehmen.

Verlagsgruppe Random House FSC-DEU-0100
Das für dieses Buch verwendete FSC®-zertifizierte Papier *Munken Premium Cream*
liefert Arctic Paper Munkedals AB, Schweden.

Taschenbucherstausgabe 06/2013

Copyright © 2009 by Ansata Verlag, München,
in der Verlagsgruppe Random House GmbH
Copyright © 2013 dieser Ausgabe by Wilhelm Heyne Verlag, München,
in der Verlagsgruppe Random House GmbH
Alle Rechte sind vorbehalten. Printed in Germany 2013
Redaktion: Dr. Diane Zilliges
Illustrationen: Sandra Tschan
Umschlaggestaltung: Guter Punkt, München
Umschlagmotiv: © Egyptian National Museum, Cairo;
Egypt/Bridgeman, Berlin
Herstellung: Helga Schörnig
Satz: Christine Roithner Verlagsservice, Breitenaich
Druck und Bindung: GGP Media GmbH, Pößneck

ISBN 978-3-453-70233-2

http://www.heyne.de

Dieses Buch widme ich
all den Frauen,

- ❤ die ihren weiblichen Weg gehen, auch wenn es schwierig wird,
- ❤ die ihre weibliche Verantwortung wahrnehmen und ihren weiblichen Beitrag leisten,
- ❤ die mutig genug sind, wahrhaftig zu sein,
- ❤ die Spaß daran haben, ihre Weiblichkeit zu heilen und zu entwickeln,
- ❤ die sich selbst treu sind und ihre Seele nicht verkaufen,
- ❤ die sich dafür einsetzen, ihre Weiblichkeit zurückzuerobern,
- ❤ die die weiblichen Schätze bewahren und beschützen,
- ❤ die ihrer Weiblichkeit eine echte Chance geben.

Inhalt

Liebe Leserin (und lieber Leser),

es ist über 25 Jahre her, dass sich mir die Tore zur mystischen Weiblichkeit erstmals öffneten und ich die Welt aus einer neuen weiblichen Perspektive betrachten und erfahren konnte. Diese Öffnung war die Belohnung für meine unermüdliche Suche, meine intensive spirituelle und sexuelle Befreiungsarbeit und die jahrelange Meditationspraxis. Seit ich meine Volljährigkeit erlangt habe und selbst über mein Leben bestimmen darf, hat mein spiritueller Weg mit allem, was dazu gehört, oberste Priorität. So machte ich mich im Alter von 21 Jahren auf die Suche und reiste nach Indien, um mein Leben vollständig diesem Projekt zu widmen. Seither sind Meditation, Spiritualität und meine sexuelle Entwicklung die wichtigsten Konstanten in meinem Leben.

In diesen jungen Jahren wäre ich niemals auf die Idee gekommen, mich mit weiblicher Heilung zu befassen. Wozu auch? Mein Leben war spirituell, lustvoll, abenteuerlich und intensiv. Als langjährige Schülerin von Osho wurde ich intensiv geschult und gut darauf vorbereitet, dass tief greifende Heil- und Transformationsprozesse in mir geschehen konnten. Dass sie mich in eine neue Weiblichkeit führen würden, hatte ich überhaupt nicht erwartet. Inzwischen weiß ich, dass sich mystische und spirituelle Erfahrungen immer durch die Hintertür einschleichen und uns dort überraschen, wo wir es gerade nicht erwarten. Und dass solche Erfahrungen und Erkenntnisse immer total anders sind, als wir denken oder es uns wünschen. Das ist auch der Grund, warum Mystiker und eingeweihte Lehrer mit unkonventionellen und oft widersprüchlichen Methoden arbeiten. Sie umgehen und verwirren den Verstand, damit er die für die Entwicklung der Seele wichtigen umwälzenden Prozesse nicht mit all seinen Erwartungen und Ideen verhindern kann. Sobald sich der Verstand einschaltet und bestimmte Vorstellungen und Bilder verfolgt, können die Wunder in uns nicht geschehen.

So stellten nun auch meine mystischen weiblichen Erfahrungen alles, was ich kannte, auf den Kopf und infrage. Kein Stein blieb auf dem anderen. Mein ganzes Wesen musste sich wandeln. Berührt, verwundert und zugleich total neugierig begann ich, mich auf die neue Realität einzustimmen und voller Experimentierfreude eine geheimnisvolle neue Welt zu entdecken.

Damals war Weiblichkeit nicht so populär wie heute. Es war eine völlig andere Zeit. Frauen waren noch überhaupt nicht auf weibliche Werte sensibilisiert. So gab es auch nur sehr wenige Frauen, die sich ernsthaft für ihre sexuelle und spirituelle Befreiung einsetzten. Nach Jahrhunderten der sexuellen Unterdrückung und der spirituellen Scheinheiligkeit wurde gar nicht mehr vermutet, dass sich in der weiblichen Sphäre so viel Weisheit und Kraft verbergen würden. Dass auch normalsterbliche Frauen einen Zutritt in die Mysterienwelt finden können, damit rechneten die meisten nicht – und viele tun es leider bis heute nicht. Sie geben sich in ihrer spirituellen Entwicklung schon mit sehr wenig zufrieden. Die meisten Frauen sind sich nicht bewusst, dass wir jahrtausendelang von einer echten authentischen Spiritualität abgeschnitten wurden und es zunächst erforderlich ist, die üblichen Methoden grundlegend zu hinterfragen. Damit sich ein neues weibliches Bewusstsein entfalten kann, braucht es die tief greifende spirituelle Befreiung ebenso wie die sexuelle.

Obwohl ich bereits gut meditieren konnte und eine sehr befreite und natürliche Sexualität lebte, realisierte ich bald, dass da ein noch viel größeres Potenzial in mir schlummerte, das im Zusammenhang mit meiner Weiblichkeit stand. Zugleich musste ich meiner Realität ins Auge blicken und mir eingestehen, wie verletzt, unbewusst und geschwächt meine weiblichen Anteile im Grunde waren. Es ging fortan darum, diese unbewussten weiblichen Anteile in der Tiefe zu heilen und zu rehabilitieren. Ich setzte alles daran, dass dies geschehen konnte.

Ich bekam damals auf meinem Weg in die weibliche Freiheit keinerlei Unterstützung von außen. Ich hatte keine Vorgaben oder Ideen, wie ich diesen neuen Weg gehen sollte, und auch keine Vorstellung davon, was mich erwarten würde. Es gab keine anderen Frauen, Ratgeber oder Lehrerinnen, an deren Erfahrungen ich mich hätte orientieren können und die mir hätten sagen können, wo es langgeht. Es war glücklicherweise aber auch niemand da, der meinen Weg mit eigenen Sehnsüchten, Träumen oder Konzepten blockieren oder mich im Namen der Weiblichkeit in eine falsche Richtung führen konnte. Das war meine große Chance. Mein Weg war unbeschrieben, undefiniert und völlig offen. Ich war darauf angewiesen, meiner Intuition, meinen weiblichen Kraftquellen und meinen neuen weiblichen Tools zu vertrauen, die mir den Mut, die Sicherheit und die Kraft verliehen, gegen den Strom zu schwimmen.

Dieses unkonventionelle Abenteuer führte mich immer tiefer in die Mysterien der Weiblichkeit. Es brachte mich an Orte, von denen ich nicht einmal gewagt hätte zu träumen, so überwältigend waren sie. Auf diese unerwartete Art und Weise in die Mysterien der Weiblichkeit eingeweiht zu werden, erfüllte mich mit einer tiefen Demut und Dankbarkeit.

Meine Reise brachte mich aber auch in die tiefsten Abgründe meiner Seele, an Orte der Verwirrung, der Ohnmacht und des Zweifels. Mich auf diese schmerzhaften Bereiche einzulassen, war ein wichtiger Teil dieser Entdeckungsreise. Immer wieder wurden mir harte Prüfungen gestellt und ich musste mich aufs Neue entscheiden, ob ich diesen unbequemen Weg in ein neues weibliches Bewusstsein wirklich gehen wollte.

Die überwältigenden und erkenntnisreichen Erfahrungen, die ich auf dem weiblichen Weg machte, inspirierten mich, auch meine Arbeit mit anderen komplett neu auszurichten. Ich hatte damals eine gut gehende Praxis für ganzheitliche Sexualberatung in Zürich, war erfolgreiche Seminarleiterin und befasste mich privat und beruflich intensiv mit der chinesischen Gesundheitslehre und taoistischer Energiearbeit. Auch hierin musste ich alles grundlegend verändern und neu erfinden. Einerseits war ich von der chinesischen Gesundheitslehre, ihrer Medizin, Kräuterkunde und auch Ernährungslehre sehr angetan. Andererseits realisierte ich, wie ungünstig sich die taoistischen Übungen und die sogenannten spirituellen Praktiken, die, wie ich ernüchtert feststellen musste, ausschließlich auf den männlichen Energiehaushalt ausgerichtet sind, auf meinen weiblichen Heilprozess auswirkten.

Je tiefer ich mich auf meinen eigenen Heilprozess einließ, umso deutlicher konnte ich die Unterschiede zwischen männlichen und weiblichen Energiemustern wahrnehmen. Meine überwältigenden spirituellen Erfahrungen ermöglichten es mir nach einer Zeit, diesen Weg nicht nur selbst zu gehen, sondern auch andere Frauen zu motivieren, ihren weiblichen Weg zu entdecken.

1996 erschien mein erstes Buch *Das Tao der Frau*, was so viel heißt wie »der Weg der Frau«. Es beschreibt diese ersten Schritte. Obwohl das Buch für mich eine grundlegende Kritik am Taoistischen und an anderen männlichen Systemen war, hielt ich es damals nicht für nötig, diese negativen Aspekte und meine Kritik auszuformulieren. Ich dachte, dass eine Frau, die sich auf den weiblichen Weg einlässt, das automatisch selbst erkennen würde. So war ich der Meinung, dass meine frauengerechte Alternative, weiblich ausgerichtete Praxisbücher anzubieten, ausreichend sei, um Frauen für den weiblichen Weg zu sensibilisieren. Ich unterschätzte damals, wie tief vergraben die weiblichen Wunden liegen und wie männlich Frauen dadurch geworden sind. So wurden meine Bemühungen, die Weiblichkeit neu zu definieren, um sie nachhaltig zu heilen und zu befreien und Frauen für eine neue Weiblichkeit zu mobilisieren, fälschlicherweise in vielen Kreisen als eine Lobeshymne auf die taoistische Tradition aus China verstanden, die in ihrer Essenz alles andere als frauenfreundlich ist.

Ich habe jahrelang mit angesehen, wie dieser neue Ansatz der weiblichen Heilung missverstanden wurde, und je tiefer ich in diese Thematik eintauchte, umso mehr realisierte ich, dass nicht nur meine Arbeit, sondern die Weiblichkeit generell durch Fehlinterpretationen, täuschende Manipulationen sowie durch dauernden Missbrauch stark behindert wurde. Das war die Realität. So stand es um die Weiblichkeit. Und wieso sollte diese weibliche Arbeit davon verschont bleiben? Als großes Mysterium wird die Weiblichkeit seit Jahrtausenden geschützt, versteckt und mit unzähligen Schleiern verhüllt, und diese zahllosen Schleier müssen erst gelüftet werden, damit uns die Weiblichkeit ihre verborgenen Geheimnisse offenbart. Deshalb ist es auch kein Wunder, wenn es im Zusammenhang mit Weiblichkeit auch heute noch immer wieder zu verwirrenden Missverständnissen kommt.

Da ich mich schon seit so langer Zeit auf dem weiblichen Weg befinde und mich mit so vielen Aspekten der sexuellen und spirituellen Befreiung befasst habe, weiß ich aus eigener

Erfahrung, wie heimtückisch der Umgang mit dem Unbewussten ist und wie viel Aufmerksamkeit und Übung es benötigt, den Weg aus dem unbewussten weiblichen Kollektiv in ein neues weibliches Bewusstsein zu finden. Ich bin von Natur aus mit einer sehr ausgeprägten Wahrnehmung ausgestattet, die mich Energiemuster und Realitäten erkennen lässt, bevor sie sich manifestieren. Diese Gabe ermöglichte es mir, neue Dimensionen der Weiblichkeit zu erschließen, und sie hilft mir auch, Frauen ganzheitlich zu schulen und sie in ein neues weibliches Bewusstsein zu begleiten.

Obwohl Weiblichkeit inzwischen en vogue ist, gibt es bislang nur sehr wenige Frauen, die sich wirklich auf den weiblichen Prozess einlassen können und ihre Weiblichkeit tief greifend heilen und rehabilitieren. Es sind deswegen so wenige, weil den meisten schlicht und einfach die dafür nötige spirituelle Schulung und das Know-how fehlen, um diesen Weg erfolgreich gehen zu können. Es reicht nicht aus, sich lediglich ein paar weibliche Juwele oder Übungen herauszupicken oder mit Frauen Feste und Rituale zu feiern. Es reicht nicht aus, sich mit anderen Frauen auszutauschen und zu vernetzen oder sich etwas femininer anzuziehen. Das alles macht den männlichen Weg vieler Frauen vielleicht etwas sinnlicher, es lässt ihn weiblich erscheinen, doch weiblich wird er dadurch nicht. Die Weiblichkeit kann nicht erweckt werden, sie braucht einen tief greifenden Heil- und Befreiungsprozess, damit sie sich endlich natürlich entfalten kann.

Zu lange wurden Frauen vom inneren Kreis der Religionen ausgeschlossen. Sie haben weder innere Schulungen erhalten, noch wurden sie in die Geheimwissenschaften eingeweiht. Es war ihnen sogar verboten, und in den großen Weltreligionen wie Christentum, Islam, Buddhismus und Judentum ist das zum großen Teil bis heute so. Frauen sind es nicht gewohnt, ihr Inneres zu entwickeln, zu meditieren und ein höheres Bewusstsein zu erlangen. Und weil diese wichtigen Erfahrungen nicht im weiblichen Kollektiv verankert sind, vermissen Frauen sie nicht einmal und suchen auch nicht danach. Sie geben sich mit einer sehr unterentwickelten, unterdrückten Spiritualität zufrieden.

Viele Frauen und auch sogenannte spirituelle Lehrerinnen sind sich nicht bewusst, dass es eine fundierte innere Schulung benötigt, um die weiblichen Mysterien zu ergründen und die weibliche Spiritualität aus ihrer endlosen Gefangenschaft zu befreien. Dies zu wagen, das ist die weibliche Aufgabe. Um Missverständnisse aufzulösen und weitere Leerläufe zu vermeiden, schrieb ich dieses *Weibliche Manifest*. Ich möchte dich damit inspirieren und motivieren, dich auf die Suche nach deiner verlorenen authentischen Spiritualität zu machen. Ich möchte dich anregen, diesen herausfordernden und zugleich lustvollen weiblichen Weg zu gehen – den Weg der meditativen Genießerin.

Dein weibliches Manifest

Damit sich dein weibliches Potenzial manifestieren kann, benötigst du ein tiefes Verständnis für deine Weiblichkeit und die universellen Gesetze, in die sie eingebettet ist. Dazu ist es unerlässlich, sich grundlegende Gedanken zum Thema Weiblichkeit zu machen und sich mit den Eigenheiten und Umständen des Frauseins kritisch auseinanderzusetzen. Zu viele verfälschte Ideen blockieren heute den weiblichen Weg. Viele Frauen werden dadurch unnötigerweise demotiviert und geben ihre Ideale und Visionen entmutigt auf. Deshalb ist das *Weibliche Manifest* bewusst kein Praxisbuch. Bevor du konkrete Schritte unternimmst, gib dir Zeit, dich mit dem Thema Weiblichkeit etwas tiefer zu beschäftigen.

Der weibliche Weg ist anders, als du denkst, denn es gibt keine Worte, die die Weiblichkeit in ihrer Ganzheit erfassen oder beschreiben könnten. Der weibliche Weg ist ein spiritueller und authentischer Weg, der nicht durch Übungen oder Techniken erschlossen wird, sondern durch Wahrhaftigkeit und Liebe. Der weibliche Weg ist eine Lebenshaltung. Er öffnet sich Frauen, die sich auf die weiblichen Bereiche ihrer Seele einlassen. Dieser tief greifende weibliche Prozess kann lediglich mit weiblichen Methoden wie beispielsweise Stille, Lieben, Heilritualen und symbolischen Handlungen, mit Meditation, Feiern und Dankbarkeitsgesten unterstützt werden. Übungen haben auf dem weiblichen Weg keine Priorität, weil wir Menschen einfach zu klein sind, um alles selbst zu kreieren. Wir müssen lernen zuzulassen, dass etwas passiert, das größer ist als wir.

Meine ersten Bücher schrieb ich als Ergänzung zum praktischen Unterricht für meine Schülerinnen, sodass sie nach dem Seminar dranbleiben konnten. Dass so viele Frauen rund um den Globus diese Texte lesen würden, damit hatte ich nicht gerechnet. Dieses Buch nun soll deine praktische Arbeit ergänzen. Vor allem möchte ich dir damit die spirituelle Ausrichtung und die etwas größeren Zusammenhänge der weiblichen Heilarbeit genauer erläutern. Denn das ist und war auch immer schon der Kern der weiblichen Arbeit, wie ich sie seit Jahren unterrichte und beschreibe. Übungen und Meditationen machen nur dann Sinn, wenn sie einem größeren Zusammenhang entstammen und in deiner persönlichen spirituellen Ausrichtung und Praxis eingebettet sind.

Dieses Buch soll dich anregen, deine eigene weibliche Realität zu erkennen. Damit Worte deine Weiblichkeit erreichen, müssen sie der Weiblichkeit entspringen, das heißt sie müssen aus der Intuition und eigener weiblicher Erfahrung heraus fließen. Das entspricht nicht der logischen, objektiven, wissenschaftlich-männlichen oder professionellen Art, in der die meisten Texte, die du heute liest, verfasst sind. Der weibliche Weg braucht die Beständigkeit des Wassers, um tiefe Spuren zu hinterlassen. Deshalb werde ich absichtlich gewisse Aussagen wiederholen.

Es ist nicht meine Absicht, dir alle Fragen zu beantworten. Im Gegenteil: Ich möchte neue Fragen in dir aufwerfen. Ich möchte nicht deine eventuellen Unsicherheiten mit Tipps und Empfehlungen überdecken, damit du sie nicht mehr spürst. Ich möchte die Sucherin und Forscherin in dir aktivieren, damit du selbst nach neuen Möglichkeiten in dir suchst, dein Leben anders zu leben – damit du lebst, wozu du bestimmt bist.

Wird versucht, die weibliche Welt mit dem Intellekt zu verstehen, tauchen immer Widersprüche auf. Der Intellekt ist das falsche Medium, um die Weiblichkeit zu erfassen. Es ist trotzdem wichtig, diese Ebene mit einzubeziehen, denn ohne eine differenzierte und auch etwas kritische Auseinandersetzung mit den Umständen kannst du dir in deinem Leben kaum den Raum schaffen, in dem sich deine Weiblichkeit manifestieren könnte.

Weiblichkeit kann sich dir nur durch deine eigene Suche und deine eigenen weiblichen Erfahrungen entschleiern. Ich kann weibliche Weisheiten und Erfahrungen, die mir zur Verfügung stehen, nur umschreiben. Solange du diese Erfahrungen nicht selbst gemacht hast, wirst du diese Worte irgendwie interpretieren und mich vermutlich missverstehen. Dies könnte dich beim Lesen ab und zu verunsichern oder gar etwas stören, doch das gehört dazu. Es geht in diesem Buch nicht darum, dass du mich, sondern dass du dich besser kennenlernst. Zu diesem Zweck konfrontiere ich dich beim Lesen immer wieder mit Fragen. »Wer bin ich?«, heißt es dann. Am besten legst du dir ein Tagebuch zu, in dem du deine Antworten und eigenen Einsichten festhalten kannst.

Der weibliche Weg funktioniert für Frauen, weil er individuell und für jede einzigartig ist. Er unterstützt Frauen darin, wahrhaftig sie selbst zu sein. Niemand kann eine Frau langfristig wirklich zufriedenstellen. Aber: Sie selbst kann es. (Falls ein paar Männer diese Zeilen lesen sollten, hier ein wohlwollender Tipp: Entspannt euch, ihr seid nicht für das Glück einer Frau zuständig. Ihr dürft sie aber trotzdem lieben, ehren und verwöhnen und sie so nehmen, wie sie ist.)

Es ist notwendig, dass Frauen fundiert geschult werden und wirkungsvolle Tools zur Verfügung haben, damit sie den Weg aus der alten unbewussten Weiblichkeit in ein neues Bewusstsein finden können. Darum erlernen wir Frauen die Kunst der weiblichen Selbstheilung: damit wir es nicht nur besser wissen, sondern es für uns selbst auch bestmöglich manifestieren können. Wenn wir uns alle für unsere eigene weibliche Heilung und Entwicklung einsetzen, du dich für deine und ich mich für meine, geschieht schon sehr, sehr viel.

Es wird in diesem Buch nicht möglich sein, alle weiblichen Themen und Aspekte zu berücksichtigen. Was für dich alles dazugehört, musst du ohnehin selbst herausfinden. Das Tagebuch, das ich dir als Begleitung zu diesem Buch empfohlen habe, soll nach und nach dein ganz persönliches, individuelles »weibliches Manifest« werden.

Viel Spaß und Inspiration auf deiner weiblichen Entdeckungsreise wünscht dir

Maitreyi

Im Zeitalter
der Täuschung

Weiblichkeit heute

In der Zeit, in der wir leben, sind die Dinge selten so, wie sie sich präsentieren. Für ein paar Euro, ein bisschen Sex und etwas Zuwendung wird getäuscht, gemogelt und manipuliert. Um einen Mann zu kriegen, besprühen sich Frauen mit künstlichen Pheromonen, vergrößern ihren Busen mit Silikon, spritzen sich Botox unter die Haut und peppen sich ab und zu mit einer Linie Kokain etwas auf. Mogelpackungen sind heute an der Tagesordnung und in allen Lebensbereichen anzutreffen. Auf den ersten Blick wirkt eine Mogelpackung häufig ansprechender als das Echte. Doch langfristiges Mogeln ist sehr anstrengend, und wenn das Kartenhaus zusammenbricht, kommt das böse Erwachen: Der Moment, in dem frau ihrer eigenen Realität ungeschminkt und nackt gegenübersteht und nicht mehr wegschauen kann. Ich weiß von einer Ordensschwester, die mit ihrem Leben im Kloster Mühe hatte. Mithilfe von Klosterfrau-Melissengeist gelang es ihr zu entspannen und, wie sie mir erzählte, etwas Heiterkeit in ihr klösterliches Dasein zu bringen. Ich kann mir gut vorstellen, dass es sich mit ein paar Schnäpschen intus losgelöster frohlockt. Ich begleitete diese Nonne auf ihrem Alkoholentzug.

Wir leben in einer Zeit, in der Ärzte keine Heiler und Yogalehrerinnen keine Yoginis mehr sind. Esoterik, Spiritualität und Weiblichkeit wurden in den letzten Jahren kommerziell derartig ausgeschlachtet, dass es für Frauen immer schwieriger wird, sich im Dschungel von Glanzprospekten, Erleuchteten, Wunderheilern, Magiern, Therapiemethoden und Tantra-

Seminaren zurechtzufinden. In der Flut von vielversprechenden Hilfsangeboten fragen sich viele Frauen zu Recht: Ist das nun spirituell, sexuell oder kommerziell? Und was soll das Ganze überhaupt? Das sind wichtige Fragen, die sich frau immer wieder aufs Neue stellen sollte.

Die Zeit ist reif für weibliche Heilung

Um Wege aus diesem kommerziellen Irrgarten zu finden und die weibliche Spiritualität zu rehabilitieren, braucht es jetzt mutige Frauen, die sich gegen die kollektiven Strömungen und geschickten Manipulationen durchsetzen können. Es braucht Frauen, die ihre Weiblichkeit heilen und ihre Individualität entfalten, damit sich das neue weibliche Bewusstsein und die Heilkraft wirklicher weiblicher Wesen manifestieren können. Um dem Wahnsinn, der sich heute auf unserem Planeten abspielt, entgegenzuwirken, braucht es Frauen, die wahrhaftige weibliche Akzente setzen und nicht nur schön darüber reden oder so tun als ob. Es braucht Frauen, die ihren weiblichen Weg gehen. Noch sind diese Frauen eine kaum bemerkbare Minderheit. Doch die Zeit ist reif für weibliche Heilung und Transformation, denn das weibliche Zeitalter hat schon begonnen.

Den meisten Frauen geht es so, wie es mir am Anfang ging: Sie sind noch zu wenig auf weibliche Werte sensibilisiert, sodass ihnen gar nicht bewusst ist, wie männlich sie funktionieren. Deshalb realisieren sie auch nicht, dass ihre kostbarsten weiblichen Schätze unentdeckt verkümmern. Die Weiblichkeit ist so stark manipuliert und verzerrt, dass Frauen ihre wahre Heimat nicht mehr erkennen. Es ist ein Irrsinn, wie weit Frauen sich von ihren weiblichen Wurzeln entfernt haben und wie viele sich mit Halbwahrheiten, Sinnlosigkeiten und Mittelmäßigkeit begnügen und betrügen. Zu viele

Frauen haben ihre tiefsten Wünsche und Sehnsüchte begraben und mogeln sich halbherzig durchs Leben.

Dein Beitrag zählt

Wenn du wüsstest, was für eine wichtige Rolle du spielst! Sicherlich würdest du dich mehr um deine Heimkehr kümmern. Auf dem weiblichen Weg geht es nicht darum, ob ihn andere Frauen auch gehen. Der weibliche Weg ist weder eine Massenveranstaltung noch eine gemeinsame Aktivität. Es geht nur und ganz allein um dich. Es geht um die einzelne Frau, die ihren individuellen Weg geht. Denn gerade du kannst durch unscheinbare Kleinigkeiten etwas sehr Großes bewirken. Wir Frauen haben viel mehr Möglichkeiten und mehr Macht, als wir uns vorstellen können. Neben unserer Funktion als Mütter in unserer Qualität, etwas Neues zu gebären, besitzen wir die Macht, uns selbst zu gebären und zu verändern. Sich selbst zu verändern und sich selbst zu heilen, das bedeutet, die Welt zu verändern.

Es ist nicht schwierig, eine glückliche, erfüllte und unabhängige Frau zu sein. Das liegt in der Natur der Frau. Frauen haben sich jedoch so weit von ihrer wahren Natur entfremdet, dass diese Heimkehr weder spontan noch intuitiv geschieht. Du musst die weibliche Heilung wirklich wollen und bereit sein, dich für die Rehabilitation deiner Weiblichkeit einzusetzen. Dazu musst du das Weibliche kennenlernen und weibliche Wege gehen. Solange du männliche Wege gehst, verkümmert dein weibliches Potenzial in der Gefangenschaft.

WEIBLICHE WEISHEIT

Die weibliche Natur braucht weibliche Wege, sie kann sich niemals durch männliche Wege entfalten.

Die Welt braucht lustvolle, natürliche, unabhängige Frauen. Einige haben sich tief inspirieren lassen, sie haben sich auf das weibliche Abenteuer eingelassen. Durch solche Frauen habe ich erfahren, dass der weibliche Weg, wie ich ihn erlebe und unterrichte, nicht nur für mich funktioniert. Die weiblichen Schätze sind allen Frauen zugänglich, die bereit sind, ihrer Heilung so viel Zeit einzuräumen, wie sie eben braucht. So wie ich Frauen inspiriere, so haben andere Frauen mich motiviert, meine Arbeit zu intensivieren, und mich aufgefordert, immer neue innere Grenzen zu durchbrechen und neue Bereiche zu erforschen. Es sind auch die Frauen, die mich seit Jahren baten, endlich wieder zu schreiben und meine Erfahrung mit anderen Frauen zu teilen.

Seit dem Erscheinen meines ersten Buches *Das Tao der Frau* hat sich in mir und meiner Arbeit sehr viel weiterentwickelt. Nie hätte ich mir erträumt, was der weibliche Weg für Kostbarkeiten in sich birgt. Ohne meine spirituellen Schwestern, meine Schülerinnen und meine Freundinnen säße ich nicht hier am Computer und würde dieses Buch schreiben. Auch sie haben erfahren, dass der weibliche Weg sie wieder in Kontakt mit den alten weiblichen Weisheiten und den ewigen weiblichen Mysterien bringt. Das Tor zu diesen Mysterien hat sich geöffnet. Die enorme Kraft, die dadurch in diese weibliche Arbeit strömt, ermöglicht es, Angefangenes weiterzuführen. Es ist mir ein tiefes Anliegen, die kostbaren weiblichen Schätze mit dir zu teilen und deine weibliche Seele zu berühren – ungeschminkt, unzensiert und natürlich in der Hoffnung, dass wir gemeinsam einen Schritt weiterkommen.

Der weibliche Weg verlangt, wie alles Gute auf Erden, seine Opfer. Er verlangt Mut, Ehrlichkeit und die Bereitschaft, sich mit Haut und Haaren auf den Prozess einzulassen. Dieser Weg ist ein sehr privater, innerer Weg. Den Frauen, die nur ab und zu etwas an der Weiblichkeit nippen, bleiben die weiblichen Mysterien verschlossen. Und das ist auch gut so.

Vergessenes weibliches ABC

Es stimmt mich oft traurig, wenn ich sehe, wie weit entfernt Frauen von ihrem weiblichen Potenzial, ihrer Weisheit und ihrer Kraft leben. Die Mehrheit heute weiß nicht, was es bedeutet, weiblich zu sein, oder was es bedeutet, weibliche Wurzeln zu haben. Die meisten Frauen kennen die Sprache des Blutes nicht und wissen nicht, wie sie ihre Weiblichkeit nähren und heilen können. Sie können ihre verletzten Gefühle nicht integrieren und kennen weder die Geheimnisse der Sexualität noch ihre eigenen weiblichen Schätze. Sie haben weder gelernt, allein zu sein, noch Stille zu genießen, noch sind sie in Kontakt mit ihrer weiblichen Heimat. Die Frauen sind so sehr im Außen beschäftigt, dass ihr Inneres leer, kalt und verunsichert bleibt. Sie sind stolz auf ihre männlichen Qualitäten und verbannen das Weibliche aus ihrem Leben.

- ♥ Zu viele Frauen haben der weiblichen Welt den Rücken gekehrt.
- ♥ Zu viele Frauen missbrauchen ihre Weiblichkeit.
- ♥ Zu viele Frauen nehmen regelmäßig Schlaftabletten oder Psychopharmaka – weil sie sich selbst nicht aushalten?

- ♥ Zu viele Frauen greifen zur Flasche oder halten sich an ihrem Nikotinstängel fest – um ihre innere Leere nicht zu spüren?
- ♥ Zu viele Frauen verkaufen für ein paar Euro oder ein bisschen Anerkennung ihre Seele.
- ♥ Zu viele Frauen täuschen vor, anders zu sein, als sie wirklich sind.
- ♥ Zu viele Frauen investieren Energie, Zeit und Geld, um sich eine tolle Maske anzueignen.
- ♥ Zu viele Frauen sind abgestumpft und gleichgültig und gehen den bequemsten Weg.
- ♥ Zu viele Frauen fühlen sich als Opfer und wissen nichts von ihren Visionen oder davon, wie sie sie umsetzen können.
- ♥ Zu viele Frauen sind so mit Äußerlichkeiten beschäftigt, dass sie kein erfüllendes Innenleben haben.
- ♥ Zu viele Frauen vernachlässigen ihre innere weibliche Entwicklung und bleiben deshalb abhängig, unterentwickelt und unbewusst.
- ♥ Zu viele Frauen nehmen ihre Gedanken so wichtig, dass sie nichts mehr fühlen.
- ♥ Zu viele Frauen kennen die Geheimnisse der Weiblichkeit nicht und sind von den unsichtbaren Welten abgeschnitten.
- ♥ Zu viele Frauen haben die Verbindung zu ihrer spirituellen Heimat verloren.
- ♥ Zu viele Frauen haben keinen Zugang zur weiblichen mystischen Welt und sind gefangen in ihrer eigenen kleinen Welt.
- ♥ Zu viele Frauen therapieren andere, ohne selbst auf dem weiblichen Weg zu sein oder zu meditieren.

Die meisten Frauen haben sich an diesen unnatürlichen Zustand gewöhnt. Das ist auch kein Wunder. Die Frauen der Welt haben eine lange Leidensgeschichte hinter sich, die nicht von einem Tag auf den anderen aufgelöst werden kann. Wir geben alle unser Bestes. Wüssten wir es besser, würden wir es besser machen, oder?

Auf dem Scheiterhaufen

Weder die Gesellschaft noch unsere Religionen haben ein echtes Interesse an starken, unabhängigen weiblichen Frauen. Es ist nicht so lange her, dass hier in Europa genau solche Frauen ausgerottet wurden. Ich weiß nicht, wie viele Frauen und mit ihnen auch ihre Katzen es waren, die auf dem Scheiterhaufen gelandet sind. Die von der christlichen Kirche vollbrachten Gräueltaten an Frauen haben die weibliche Seele in ihrem tiefsten Inneren erschüttert und traumatisiert, so stark, dass ein panisches Misstrauen die Frauen bis heute davon abhält, ihre weiblichen Kräfte und ihre weibliche Spiritualität zu entwickeln. Was sie jedoch weltweit betrachtet kaum davon abhält, sich an den religiösen Institutionen zu orientieren, die diese und andere Gräueltaten vollbrachten. Andere Menschen aus »religiösen Motiven« zu verletzen oder gar zu töten, sehe ich als eines der großen Verbrechen von Menschen an.

Viele Frauen haben Angst vor Magie und vor ihrer eigenen weiblichen Kraft. Heilung kann beispielsweise durch wirkungsvolle Rituale eingeleitet und unterstützt werden. Auch magische Rituale sind Bestandteil der weiblichen Heilarbeit. Als ich zum ersten Mal einen Newsletter verschickte, der den Begriff »magische Rituale« enthielt, meldeten sich postwendend über hundert Frauen mit dem Hinweis, dass sie künftig keine Infos mehr von mir erhalten wollten. Normalerweise sind es zwei oder drei. Ich kann das gut verstehen. Als Frau kenne ich diese Ängste. Ich habe mich auf all diese unerfreulichen Anteile einlassen müssen, um meine weibliche Spiritualität auf tiefster Ebene zu befreien. Es gibt kaum eine Frau, der dieser Prozess erspart bleibt. Vor allem Frauen, die ihr weibliches Potenzial ausschöpfen wollen, müssen da durch. Die Belohnung wird nicht ausbleiben, sie wird alles übertreffen, was du je erlebt hast.

Das weibliche Blut speichert das gesamte Leid der Menschheit in sich und muss erst wieder von jeder einzelnen Frau in heilendes Blut verwandelt werden. Es ist an der Zeit, die weibliche Tragödie, den unbewussten weiblichen Kreislauf zu beenden und von Grund auf zu transformieren. Bis jetzt ist das noch nicht wirklich geschehen. Die weibliche Angst sitzt zu tief. Und diese Angst versperrt Frauen den Zugang zu ihrer weiblichen, ihrer wahren Kraft.

Prioritäten setzen

Fakt ist: Für die meisten Frauen hat ihre weibliche Heilung keine Priorität. Alles andere ist wichtiger: Beziehung, Anerkennung, Macht, Geld, Sex, Konsum und so weiter. Das wird so lange so bleiben, bis die Frau die bewusste Entscheidung trifft, sich aus dem Sog des Kollektiven zu befreien, um ihren eigenen spirituellen Weg zu gehen. Die meisten Frauen sind materiell ausgerichtet und haben sich nicht wirklich für ihre spirituelle Entwicklung entschieden. Sie sind »spirituell«, wenn ihnen das beruflich etwas bringt, wenn sie in einer Krise stecken oder sich einsam fühlen oder wenn sie darin eine Chance sehen, ihre Partnerschaft zu verbessern oder ihre Ehe zu retten. Ich weiß nicht, wie viele spirituelle Sucherinnen ich schon getroffen habe, die, sobald sie sich verliebten, ihre innere Suche abrupt beendet haben.

Die spirituelle Suche ist nicht das Gleiche wie die Suche nach einem Partner, obwohl sich Meditation immer auch auf das Liebesleben auswirkt. Meine Freundin Sereina formulierte das mal sehr schön: »Frauen, die gut und gerne meditieren, sind halt einfach die besseren Lover.« Auf dem weiblichen Weg heißt es nicht: entweder lieben oder meditieren, sondern sowohl als auch. Frauen, die die Stille genießen und sich in ihrer Meditation auf Tiefe einlassen können, haben eindeutig größere Chancen, auch durch Sex und Liebe tief greifende Momente zu erfahren, als oberflächliche Frauen, die das nicht gelernt haben.

Es wird immer Frauen geben, die sich nichts aus weiblichen Werten oder einer spirituellen Lebensausrichtung machen. Ihnen ist es dann beispielsweise ungleich wichtiger, eine Beziehung zu haben. Auf dem weiblichen Weg sind Beziehungen auch sehr zentral, aber es geht in erster Linie um die Beziehung zu dir selbst, darum, dass du deine beste Freundin wirst. Und es geht um deine Beziehung zur inneren Welt. Ob frau dabei in einer Liebesbeziehung lebt oder nicht, ist sekundär. Ich sage nicht, dass Beziehungen unwichtig sind. Aber eine Beziehung sollte dich nicht daran hindern, deinen eigenen, spirituellen Weg zu gehen.

Viele setzen ihre Priorität auf Macht statt auf Heilung. So wird es immer auch die lauten und dominanten Frauen geben, die sich nach vorn drängen, Frauen, die den Ton angeben und andere manipulieren. Das sind nicht selten solche, die andere Frauen im Namen der Weiblichkeit mit einer guten Portion Geschäftstüchtigkeit in die Männlichkeit führen. Sie bieten dann Therapie, Seminare, Produkte für die »Heilung der Weiblichkeit« an, ohne ihre eigene Weiblichkeit wirklich zu kennen. Lass dich dadurch nicht verunsichern. Vergiss nicht, wir leben im Zeitalter der Täuschung, da sind die Dinge anders, als sie nach außen hin scheinen.

Weibliche Wunden

In diesem Buch werde ich ab und zu über weibliche Verletzungen und Wunden sprechen. Ich möchte dir kurz erläutern, was ich damit meine: Jahrtausende der Unterdrückung von Frauen und weiblichen Qualitäten sind nicht spurlos an uns vorübergegangen. Ich betrachte weibliche Verletzungen als einen unbewussten Zustand, der alle Frauen betrifft, die heute auf diesem Planeten leben. Die entsprechenden körperlichen, seelischen und spirituellen Wunden oder auch die damit zusammenhängenden unerkannten Schattenseiten sind immer mit einer gewissen Einbuße an Lebensqualität verbunden. Es sind schmerzhafte und meist unbewusste Anteile, die frau daran hindern, ihr Leben in seiner Fülle zu erfahren und ihre individuellen Möglichkeiten auszuschöpfen.

Der verwundete Seinszustand einer Frau hält so lange an, bis sie ihre eigenen weiblichen Seelenanteile bewusst befreit und geheilt hat. Diese Heilung geschieht niemals automatisch. Weiblichkeit ist eine komplexe Angelegenheit, weil sie sich auf unterschiedlichen Ebenen abspielt. Sie bezieht sich einerseits auf den inneren Zustand einer Frau, darauf, wie frau sich im tiefsten Inneren fühlt und in welchem Maße sie ihre weiblichen Seelenanteile befreit hat. Zum anderen bezieht sie sich auch auf die körperliche Befindlichkeit und den hormonellen Zustand sowie die gefühlsmäßige Empfindsamkeit. Was Weiblichkeit zusätzlich noch beinhaltet, darauf werde ich in den folgenden Kapiteln detailliert eingehen.

Weibliches Meer

Weiblichkeit ist wie ein großes Meer. Aus ihm entstehen unzählige Wesen, die wir Frauen nennen. Dieses Meer wird auch weibliches Kollektiv genannt. Es enthält alle Erfahrungen, die Frauen auf diesem Planeten je gemacht haben. Aus dieser

Urmasse heraus kommt ein großer Teil unserer weiblichen Prägung. In diesem Urmeer ist der ganze Schmerz, den Frauen über die Jahrtausende erfahren haben, gespeichert. Dieser Schmerz und die tiefen weiblichen Verletzungen werden durch die Gebärmutter und das weibliche Blut von Generation zu Generation unbewusst weitergegeben.

Nicht nur Negatives ist im Kollektiv gespeichert, auch sämtliche spirituellen Erfahrungen, die Archetypen der Göttinnen und alle weibliche Weisheiten liegen in der inneren Welt vergraben. Denn neben dem oft schmerzhaften Unbewussten gibt es einen Bereich, der als Überbewusstsein bezeichnet wird. Eines der wichtigen Ziele der spirituellen Arbeit ist es, den Kontakt zum Überbewusstsein herzustellen, um Zugang zu den universellen Weisheiten und Wahrheiten zu bekommen. Dazu müssen wir uns unserer unbewussten persönlichen Inhalte bewusst werden und lernen, uns gegen die darunterliegenden Kräfte des Kollektiven, gegen die gemeinschaftlichen Prägungen, ob bewusst oder unbewusst, durchzusetzen. Der Kontakt zum Überbewussten ist nicht das Resultat der Arbeit am Unbewussten, dennoch ist diese Arbeit eine wichtige Voraussetzung.

Jede Frau ist mit der kollektiven Urmasse, der »alten Weiblichkeit«, wie durch einen Sog verbunden. Ein Teil der weiblichen Selbstheilung besteht darin zu lernen, sich bewusst gegen diesen Sog kollektiver Prägungen durchzusetzen. Jede Frau kann sich in jeder Sekunde an dieser globalen weiblichen Heilung beteiligen, einfach indem sie in der Tiefe ihrer Weiblichkeit verwurzelt ist, indem sie in diese Tiefe eintaucht und sie mit ihrer Liebe oder mit göttlichem Licht bereichert.

Solange du nicht bewusst in deiner Weiblichkeit verwurzelt bist, hast du keine reellen Chancen, dich oder andere aus diesem unbewussten Sumpf zu befreien. Aufgrund der unbewussten kollektiven Panik, die im tiefsten Abgrund jeder Frau schlummert, wird die weibliche Tiefe, der Ort, wo auch die weiblichen Schätze verborgen liegen, von Frauen vermieden. Um nicht in Kontakt mit diesem unbewussten weiblichen Schmerz zu kommen und in diesem inneren emotionalen Sumpf zu ertrinken, wechseln viele Frauen ins männliche Lager. Denn solange sie in männlichen Mustern leben, können sie den Kontakt zu dieser weiblichen Misere nur temporär vermeiden. In männlichen Mustern zu leben war für viele Frauen eine Art Überlebensstrategie. Die unbewussten weiblichen Anteile sind wie eine Zeitbombe, die im Inneren der Frau tickt. Sie warten aber darauf, von dir entschärft zu werden. Bis du dich in der richtigen Weise um sie gekümmert hast, werden sie immer wieder auftauchen, und zwar stets in den unpassendsten Momenten, wenn du es gerade sehr eilig und absolut keine Lust hast, dich um solche müßigen inneren Details zu bemühen. Das Leben vieler Frauen ist ein konstantes, unbewusstes Ablenkungsmanöver. Mit allen Mitteln versuchen sie, der weiblichen Tragödie zu entrinnen. Alles, was sie in Kontakt mit ihrer verletzten Weiblichkeit bringt, wird automatisch, unbewusst und oft sogar originell abgewehrt.

Wenn ich von weiblichen Verletzungen spreche, beziehe ich mich auf diese kollektiven Verletzungen, die meist von entsprechenden persönlichen Wunden begleitet werden. Es sind immer unbewusste Zustände. Unbewusst heißt, dass frau es nicht merkt, weil diese Realität vom Bewusstsein abgespalten ist. Solange es unbewusst ist, besteht auch keine Möglichkeit, etwas daran zu verändern. Die unbewussten Anteile sind aktiv, ohne dass sie bemerkt werden bzw. ohne dass frau eingreifen könnte. Das macht die weibliche Heilarbeit sehr speziell: Frauen merken meist nicht, wenn das Unbewusste durch sie wirkt. Der weibliche Weg, wie ich ihn verstehe, ist daher vor allem eine Bewusstseinserweiterung.

Die Zeit der großen Täuschung

Es gibt viele Beweise dafür, dass es spirituell sehr hoch entwickelte Kulturen gab, und es gibt deutliche Anzeichen dafür, dass unsere Kultur von diesen Qualitäten abgespalten lebt und konsequent andere Ziele verfolgt. Von hellsichtigen Eingeweihten des alten Ägypten zum Beispiel wurde die Zeit, in der wir heute leben, als das Zeitalter des spirituellen Untergangs, des Materialismus und der bewussten Täuschung prophezeit. Um zu erkennen, dass wir uns heute mitten in einer solchen Phase befinden, braucht es keine hellseherischen Fähigkeiten. Heute ist fast nichts wirklich so, wie es sich nach außen hin präsentiert. Das macht das Leben sehr verwirrend. Nicht alle Menschen sind mit derselben Mission oder einer Vision unterwegs. Wahrheit ist in der Zeit des Materialismus nicht sehr populär.

Doch Wahrheit ist die Nahrung für spirituelles Wachstum schlechthin. In der materiellen Welt geht es darum, Menschen zu beeinflussen, um Profite zu erzielen. Es ist schockierend zu realisieren, was für Methoden eingesetzt werden, um Menschen zu manipulieren. Schöne Glanzprospekte und beeindruckende Websites sind eine sehr milde Form davon. Von der Werbung werden gezielt Symbole eingesetzt, Menschen zu beeinflussen. Verkaufspersonal wird mit Methoden wie NLP (Neurolinguistische Programmierung) geschult, damit sie unschlüssige Käufer geschickt beeinflussen können, um so ihre Verkaufsziele zu erreichen. Als ich realisierte, wie viele mächtige Menschen mit Magie ihre Ziele verwirklichen, war ich zunächst schockiert. Dass viele der Machthaber in den Bereichen Spiritualität, Religion, Wirtschaft und Politik nicht vor der Anwendung von Massenmanipulationen zurückschrecken, werden viele Leserinnen an dieser Stelle als ein Hirngespinst von mir abtun. Ich wünschte manchmal, ich könnte das auch.

Je weniger du deine eigene Individualität entwickelt hast, umso leichter manipulierbar bist du und umso mehr wirst du durch die kollektiven Kräfte regiert (Persönlichkeitsentwicklung ist niemals ein Ersatz für die Entwicklung der Individualität; im Laufe des Buches wirst du noch mehr zu diesem wichtigen Thema erfahren und auch lernen, diese beiden Bereiche voneinander zu unterscheiden). Diesen Mechanismus macht sich die Werbung zunutze, wir können das auch bei Modetrends sehr gut beobachten: Dann tragen plötzlich weltweit die Kids Hosen, bei denen sich der Schritt auf Kniehöhe befindet und die Pospalte bei gewissen Bewegungen sichtbar wird.

Die Schleier lüften

Es ist die Verantwortung jeder einzelnen Frau, die Schleier zu lüften und verlorene spirituelle Werte und Qualitäten zu rehabilitieren. Das wissen oder zumindest ahnen viele Frauen (und selbstverständlich auch Männer) und machen sich auf die Suche. Im Zeitalter der großen Täuschung ist das ein nicht gerade einfaches Unterfangen. Es ist eine komplexe Aufgabe, im Labyrinth der mannigfaltigen Möglichkeiten die verführerischen und korrupten Machtstrukturen und bequemen Halbwahrheiten im Außen wie im Innen zu erkennen und den Mut zur Wahrheit zu haben.

Die Bereiche Sexualität, Therapie, Esoterik und »Weiblichkeit« sind genauso von verschleierten Absichten und Manipulationspraktiken unterwandert wie Geschäftswelt und Politik. In diesen Bereichen sind sie besonders verwirrend, weil sie dort nicht erwartet werden. Menschen, die nicht gelernt haben, hinter ihre eigenen Kulissen zu schauen, denen bleiben diese manipulativen Machenschaften auch im Außen verborgen. Der Bereich Lebenshilfe, also Therapie, Spiritualität, Religion und so weiter, ist besonders delikat, denn dort sitzen Sehnsüchte, Träume und Unsicherheiten.

Verletzte Frauen sind durch ihre unbeseelten weiblichen Anteile besonders anfällig und lassen sich leicht in die Irre führen. Aus Angst vor Enttäuschungen lassen sie sich gern von irgendwelchen tollen Lehrern oder Lehrerinnen, verständnisvollen Helfern, charismatischen Autoritäten oder hilfsbereiten Mitfrauen liebevoll und charmant verführen und täuschen. Auch hinter diese Schleier zu blicken gehört zur weiblichen Aufgabe.

Den Gefühlen trauen

Es kann schwerwiegende Folgen haben, den eigenen Gefühlen nicht zu trauen. Erinnern wir uns an Frau Fritzl, deren eigene Tochter von ihrem Ehemann im eigenen Haus in einem Kellerloch über zwanzig Jahre lang gefangen gehalten und unzählige Male vergewaltigt wurde. Hätte diese Frau gelernt, ihren Gefühlen zu trauen, hätte so etwas nicht passieren können. Zu viele Frauen sind in ihrer Weiblichkeit total verunsichert und tragen so große Ängste in sich, dass sie nicht in der Lage sind, ihre Kinder optimal zu schützen.

Nicht alle Frauen haben dieselben Ressourcen, sich zu befreien, deshalb sollten es im Moment diejenigen Frauen wagen, die die Voraussetzungen dafür haben. Denn durch das große weibliche Meer sind wir alle miteinander verbunden. Wenn du etwas wagst, kann es sein, dass dadurch eine Frau, die irgendwo allein vor sich hin leidet, plötzlich die Kraft hat, etwas in sich und in ihrem Leben zu verändern. Gerade heute las ich einen Bericht über die zehnjährige Nojoud aus dem Jemen, die von ihrem Vater vor ein paar Jahren mit einem 20 Jahre älteren Mann verheiratet wurde, der sie vergewaltigte und misshandelte. Das kleine Mädchen wehrte sich ganz allein gegen eine gesellschaftliche Form, die sie als Unrecht erachtete. Eines Morgens fuhr sie anstatt einzukaufen mit dem Bus in die Stadt, suchte einen Richter auf und sagte ihm, sie wolle sich scheiden lassen. Und sie kam damit durch. Das ist eine wahre Heldin, die anderen Mädchen Mut macht. Es ist so motivierend, dass immer mehr Frauen sich trauen, aus bestehenden Strukturen und Formen auszubrechen. Frauen, die mutig genug sind, neue Wege zu gehen.

Die Welt braucht sexuelle Intelligenz

Ich weiß nicht, wie es dir geht, ich empfinde unsere Gesellschaft, milde ausgedrückt, als unnatürlich und entwurzelt. Deutlich ist das am Umgang mit der Sexualität zu erkennen. Die Sexualität ist die Grundlage unseres Lebens und der direkte Zugang zum kollektiven Unbewussten. Sie spiegelt nicht nur den inneren Zustand jedes einzelnen Menschen, sondern ist auch das Barometer der Gesellschaft. Dabei spielt es nicht nur eine Rolle, wie die Sexualität ausgelebt wird, genauso von Bedeutung sind sexuelle Gedanken, Fantasien und Ängste. Was uns da täglich über die Medien aufgetischt wird, spricht für sich selbst.

Okay, wir können uns abwenden und sagen: Das sind die anderen, die Bösen, die Perversen, die Kriminellen. Du kannst auch die Gesellschaft als Ganzes zum Sündenbock ernennen und für das Elend dieser Welt verantwortlich machen. Nur wird das weder dir noch irgendjemandem etwas nützen. Es wird die Welt nicht positiv beeinflussen, dass du dieser Ansicht bist.

Die Geschwindigkeit, mit der sich sexuelle Gewalt und Respektlosigkeit auf unserer Erde ausbreiten, ist für mich ein ernst zu nehmendes Alarmzeichen. Negativ geprägte Sexualpraktiken oder negative sexuelle Erfahrungen haben eine nicht zu unterschätzende Auswirkung auf die menschliche Entwicklung. Versuch dir mal die Gefühle einer vergewaltigten Frau oder eines vergewaltigten Kindes vorzustellen. Grässlich! Und stell dir vor, dass es Menschen gibt, die solche Taten auch noch filmen und nicht davor zurückschrecken, das zu vermarkten. Mit jedem Menschen, der sich an einer solchen Gräueltat aufgeilt, aber auch jedem, der mitleidet, wird dieser Schmerz tiefer in das kollektive Gedächtnis der Menschheit eingekerbt. Das bedeutet wiederum, dass dieses Leid in uns allen wächst. Je stärker diese unbewussten Anteile in einem Menschen sind, umso heftiger drängt es ihn, diese Bereiche zu beachten. Für den einen kann das bedeuten, dass er oder sie plötzlich gewalttätige Fantasien hegt. Es kann sein, dass eine Frau oder ein Kind plötzlich Angstzustände oder Albträume hat. Es ist auch möglich, dass ein Mensch plötzlich merkt, dass er irgendwie fremdbestimmt ist und Gedanken oder Gefühle bemerkt, die mit ihm selbst wenig zu tun haben. Du siehst, wie wichtig es ist, sich von solchen unbewussten Anteilen zu befreien.

Selbstverständlich bin ich aufgrund meiner jahrelangen Tätigkeit als Sexologin und Psychiatrieschwester auf das Thema Sexualität stärker sensibilisiert als andere Frauen. Eine berühmte Prostituierte sagte einmal in einem Interview: »Wenn die Ehefrauen unserer Klienten wüssten, was ihre Ehemänner alles von uns wollen, dann wären sie sicherlich dankbar dafür, dass es uns Prostituierte gibt.« Die sexuelle Realität, in der wir leben, ist viel komplexer und gravierender, als es auf den ersten Blick aussieht. Das ist die schlechte Nachricht. Die gute Nachricht ist: Frauen können da etwas bewirken, indem sie ihre Weiblichkeit heilen und entwickeln, um sich auf ihre weibliche Aufgabe vorzubereiten. Im eben beschriebenen Zusammenhang bedeutet das, solche Vorstellungen und Taten auf persönlicher und auch kollektiver Ebene zu heilen und zu neutralisieren. Zuerst lernst du es in dir, und mit der Zeit kannst du deine weibliche Heilarbeit beliebig ausdehnen. Wenn du stark geworden bist und das dazu nötige Training erhalten hast, bist du auch in der Lage, kollektive Prägungen zu beeinflussen.

Echte Frauenpower

Negativität, Leid oder böse Kräfte zu bekämpfen und aufzulösen, scheint ein tiefes weibliches Anliegen zu sein. Es gibt und gab immer schon verschiedene Ebenen und Methoden, dies zu tun. Vor einiger Zeit, es war gerade wieder irgendwo so ein grässlicher Krieg, hingen in meiner Region überall diese kleinen bunten Fähnchen an den Fenstern mit der Aufschrift »Peace«. Frauen zündeten Kerzen an und viele Menschen trafen sich weltweit zur Meditation für den Weltfrieden. Zur gleichen Zeit gab es in Zürich eine Ausstellung über indische Göttinnen. Da wurden auch diese wilden Göttinnen gezeigt, die sich ebenfalls für das Wohl der Menschheit einsetzen. Göttinnen wie Durga oder Kali, diese kraftvollen, säbelschwingenden, furchterregenden Wesen, die mit allen Mitteln gegen das Böse kämpfen. Das ist der sogenannte dunkle, verborgene Aspekt der Weiblichkeit, das ist die Kraft der Schwarzen Madonna, die Macht der Isis. Das sind die Urkräfte, die im tiefsten Inneren jeder Frau verborgen liegen. Frauen müssen wieder lernen, heilend mit diesen erbarmungslosen und erschütternden weiblichen Säbeln umzugehen. Sie sind ein Teil der Weiblichkeit. Und auch den braucht es.

Weiblichkeit hat nicht viel mit den süßen Chanel-Püppchen zu tun, die sich willig und brav, oft sogar mithilfe von sehr gesundheitsschädigenden Methoden, zu Topmodels formen lassen und alles dafür tun, gut auszusehen und gut anzukommen. In jeder Frau schlummert eine enorme Kraft. Sie schlummert in der Tiefe und wartet darauf, wieder befreit zu werden. Frauen haben die Macht, die sexuelle Realität und vieles mehr zu verändern. Sie sind die Einzigen, die dies wirklich können. Und sie müssen tief in ihrem eigenen Inneren anfangen. Solange Frauen wegschauen und bloß andere umerziehen und therapieren wollen, funktioniert es nicht. Wenn nicht du und ich jetzt, wer dann wann?

Was möchte dieses Buch?

Mit diesem Buch möchte ich entwirren und klären und dich für deine weibliche Entwicklung und Aufgabe motivieren. Ich möchte aufzeigen, wie einfach weibliche Heilung ist und wie natürlich sich das weibliche Potenzial entfaltet, sobald du deinen weiblichen Weg gehst. Meine Absicht ist es, die weibliche Heilung von Blockaden und Missverständnissen zu befreien, damit die Weiblichkeit sich natürlich entwickeln kann. Ich möchte dich sensibilisieren und auffordern, dich nicht mit bequemen Halbwahrheiten zu begnügen, sondern dich selbst auf den Weg zu machen, die verborgenen Geheimnisse der Weiblichkeit zu ergründen. Ich möchte außerdem auf Fehler und Missbrauch im Umgang mit Weiblichkeit aufmerksam machen, die sich im Zusammenhang mit Therapien, Lebenshilfe und Esoterik in den letzten Jahren ausgebreitet und regelrecht etabliert haben.

Unterscheidungsgabe

Im Zeitalter der Täuschung musst du lernen, mit wachen Sinnen das Echte vom Unechten zu unterscheiden. Dies geschieht in einem Prozess tiefster Auseinandersetzung mit dir selbst und der Welt. Dies gemeinsam hier zu tun, dazu möchte ich dich einladen. Es ist ein Prozess, der dich immer wieder mit deinen eigenen Grenzen konfrontieren wird. Wenn du entspannt und zentriert bleibst, kannst du dabei deinen weiblichen Heilprozess vertiefen.

Gesellschaftlich und wirtschaftlich betrachtet besteht kein Interesse daran, dass du oder irgendeine Frau ihre Weiblichkeit selbst heilt. In einer Welt, in der Menschen in erster Linie materielle Ziele verfolgen, braucht es Mitmacher. Trittbrettfahrerinnen, Heuchlerinnen oder materiell ausgerichtete Frauen haben weder die Voraussetzungen, ihre Weiblichkeit zu befreien, noch andere Frauen auf etwas Größeres vorzubereiten. Peinlich genau müssen wir jeden Stein umdrehen, Verhaltensmuster und gesellschaftliche Normen infrage stellen und deblockieren, damit wir die Karten der weiblichen Wahrheit entsprechend neu mischen können.

WEIBLICHE WEISHEIT

Die Rehabilitierung und Heilung der Weiblichkeit ist ein Projekt, das alle Frauen betrifft, denn durch das weibliche Urmeer sind wir alle miteinander verbunden. Solange die weiblichen Anteile in deinem Inneren nicht beseelt sind, hast du keine reelle Chance, gezielt auf deine Weiblichkeit einzuwirken oder gar etwas zu verändern. Obwohl es sich um ein Gemeinschaftsprojekt handelt, ist es notwendig, dass jede Frau ihren Weg allein geht.

Weibliche Befreiung

Der Begriff »weibliche Befreiung« muss ebenfalls von verzerrenden Ideen und Bildern befreit werden. Viele denken, weibliche Befreiung sei etwas für Emanzen, Feministinnen, Männerhasserinnen oder, wie sie oft abschätzig genannt werden, »Problemhaufen«. Ja, es brauchte die extrovertierten Kämpferinnen, die wie Männer für die Rechte der Frauen kämpften. Es brauchte Frauen, die ihre Weiblichkeit opferten, um sich wirkungsvoll gegen die Ungerechtigkeiten und die Diskriminierung von Frauen einzusetzen. Für die weibliche Befreiung waren und sind alle diese Schritte notwendig. Es gibt noch immer Frauen, die ihre Weiblichkeit für die weibliche Befreiung opfern. Weltweit gesehen ist diese Befreiung ein ganzheitliches Projekt, das auf allen Ebenen stattfinden muss. In jedem Land und in jeder Kultur erfordert es andere Schritte. Darum haben alle Formen der weiblichen Befreiung ihre Berechtigung. Wesentlich ist dabei, dass diese Impulse aus einer positiven, authentischen Lebenshaltung geschehen und dass frau ihr Herzblut und ihre Liebe dafür einsetzt. Eigennützige Motive wie Gier, Wichtigtuerei, Machthunger oder Kompensation eigener ungelöster Anteile haben in diesem Bereich nichts verloren.

Äußere Befreiungsaktionen waren und sind nötig. Nur deswegen haben wir Frauen heute, zumindest in unserer Gesellschaft, mehr Freiheiten, unser Leben zu gestalten. Die Zeit ist jetzt reif für den nächsten Schritt: Nun geht es um die weibliche Heilung, und das ist kein äußerer Kampf, das ist ein innerer Transformationsprozess. Es wäre etwas naiv zu denken, dass sich durch äußere Veränderungen automatisch das Innere auch verändert hat. Jetzt kommt die Feinarbeit. Unsere Aufgabe ist es, die Weiblichkeit von jahrhundertelanger Unterdrückung und von Verletzungen zu befreien und zu heilen.

Es gibt Frauen, die noch nicht einmal realisiert haben, dass sich die Zeiten geändert haben. Sie leben vom Kollektiv gesteuert und machen einfach mit, sie tun genau das, was ihre Mütter und ihre Freundinnen halt auch machen. Es gibt aber auch viele Frauen, die es gemerkt haben. Und einige sind sogar bereit, neue, unbekannte Wege zu gehen. Im Moment ist der weibliche Weg etwas für Frauen, die bereit sind, den ersten Schritt zu tun und sich selbst infrage zu stellen, um sich von den kollektiven weiblichen Fesseln zu befreien. Es ist der Weg für Rebellinnen und Einzelkämpferinnen, die für ihre Werte einstehen. Ich weiß, wie viel Einsatz dahintersteckt, wie viel Zeit und Energie eine Frau in ihren weiblichen Bewusstseins- und Heilprozess investieren muss, um einen heilsamen Zustand zu erreichen und zu bewahren. Aber es gibt Frauen, die das alles trotzdem tun und es auch können. Je mehr Frauen den weiblichen Weg gehen, umso einfacher und selbstverständlicher wird es für die Nachkommenden.

Ich weiß, wie viel Kraft es braucht, die Weiblichkeit von alten Gewohnheiten und Fesseln zu befreien, und wie viel Mut es erfordert, gegen den Strom zu schwimmen und die weibliche Seele zurückzuerobern. An jeder Frau, die sich gegen die kollektive Prägung durchsetzen möchte, hängen energetisch all die anderen Frauen, die dies nicht tun. Deshalb ist es am Anfang so schwierig: So viel »Fremdgewicht« erschwert die weibliche Entwicklung. Weibliche Befreiung, und das ist leider noch nicht so bekannt, ist aber vor allem ein sehr lustvoller Prozess, der mit riesigem Spaß verbunden ist. Weibliche Heilung ist so einfach! Weibliche Entwicklung ist das Natürlichste der Welt, wenn du weißt, wie es geht.

WEIBLICHE WEISHEIT

Der weibliche Weg ist einfach genug, dass du ihn verstehen kannst. Alles, was dir kompliziert und unverständlich vorkommt, ist nicht weiblich genug.

Unterschiedliche Frauen

Ich habe schon viele Frauen geschult und auf dem weiblichen Weg unterstützt. Es gibt da einige Tricks und weibliches Know-how, die es Frauen ermöglichen, ihr Leben in Einklang mit den universellen Gesetzen zu bringen. Ich muss dir ehrlich sagen, dass es nicht bei allen Frauen funktioniert. Es gibt verschiedene Arten von Frauen mit den unterschiedlichsten Lebensausrichtungen und Neigungen. Ob bisexuell, hetero, lesbisch oder im Zölibat, das spielt grundsätzlich keine Rolle, jede Frau muss ihre weiblichen Anteile heilen. Es gibt Frauen, die das wollen und angehen, und andere, die es nicht tun. Es gibt die Frauen, die sich selbst auf die Schliche kommen wollen und daran interessiert sind, sich selbst zu erkennen und ihr weibliches Potenzial zu entwickeln, Frauen, die bestrebt sind, ihr Leben in Einklang mit den universellen Gesetzen zu bringen und sich in den Dienst ihres höheren Selbst zu stellen. Das sind die authentischen Frauen, die bereit sind, die Schleier zu lüften, um ihrer Realität zu begegnen. Ich gehe davon aus, dass du zu diesen Frauen gehörst, sonst würdest du sicherlich nicht ein Buch wie dieses lesen.

Widersacherinnen

Im Moment ist es so, dass der weibliche Heilprozess stark blockiert ist. Meist sind es die Frauen selbst, die diese Entwicklung verhindern oder sogar im Namen der (vermeintlichen) Weiblichkeit aktiv dagegensteuern. Dies geschieht nicht aus bösem Willen oder gar absichtlich, sondern meist aus einer unbewussten Haltung heraus. Solange Frauen nicht bewusst in der Weiblichkeit verwurzelt sind, wissen sie nicht, was sie mit ihrem Verhalten bewirken. Das ist normal, weil wir nie wirklich auf das Thema Weiblichkeit sensibilisiert worden sind. Wir haben sehr viel von den unbewussten kollektiven Prägungen übernommen, sodass wir uns mit diesen verzerrten Bildern ohne Vorbehalte identifizieren. Mit diesem Buch möchte ich etwas mehr Transparenz schaffen und dich dabei unterstützen, die Dinge aus der weiblichen Perspektive betrachten zu können.

Es sind viele Frauen, die das Thema Weiblichkeit umkreisen, Frauengruppen schießen wie Pilze aus dem Boden. Wenn wir genauer hinschauen, geschieht die Auseinandersetzung mit der Weiblichkeit nach wie vor fast immer nach männlichen Kriterien. Viele weibliche Probleme versucht man beispielsweise auf der Beziehungsebene, im Austausch oder im Gespräch zu lösen. Weibliche Sexualität offen zur Schau zu stellen erachte ich auch in Therapiesituationen als »männlichen Weg«, der nicht der weiblichen Gesetzmäßigkeit entspricht.

Zeit für den nächsten Schritt

Sehr viele Frauen sitzen in den Startlöchern und würden gern ihren weiblichen Beitrag einbringen. Ihnen fehlt lediglich etwas Unterstützung und das praktische Know-how. Im Zeitalter der großen Täuschung ist es relativ knifflig, das Echte vom Unechten zu unterscheiden, sowohl im Innen als auch im Außen. Wir befinden uns erst am Anfang eines großen Umbruchs. Für Frauen ist diese Zeit eine echte Herausforderung. Frauen leben seit so langer Zeit in Unterdrückung und Abhängigkeit, da benötigen eine Neuorientierung und die Entwicklung einer heilen, unabhängigen Weiblichkeit Zeit. Das dauert länger als ein paar Wochenenden. Diesen Prozess kann man weder kaufen noch konsumieren oder kopieren. Um die hemmenden Missverständnisse, die die Weiblichkeit umgarnen, zu entwirren, braucht es persönliches Engagement, eine gute Portion an Experimentierfreude und viel Spaß.

Aus alter Unsicherheit und Gewohnheit heraus orientieren sich Frauen gern an Menschen, die vorgeben, es besser zu können. Dieses Muster musst du aus Respekt vor dir selbst über Bord werfen. Am Anfang ist das sicherlich ungewohnt. Wenn du die ersten Schritte selbst gegangen bist, wird es leichter. Dann kann dir niemand mehr den Weg zu deiner spirituellen weiblichen Entwicklung versperren. Aber bitte stress dich nicht, sei geduldig mit dir. Wenn du deine weibliche Befreiung nicht verhinderst, wird sie passieren, denn schließlich bist du eine Frau. Nimm dir Zeit, dich mit den Themen dieses Buches auseinanderzusetzen, bis du die weiblichen Gesetzmäßigkeiten wirklich verstehst.

WEIBLICHE WEISHEIT

Die Weiblichkeit wurde so lange in den Untergrund verbannt, dass sie zur großen Unbekannten geworden ist. Wenn sie an deine Tür klopft, wird sie dir fremd sein. Du wirst die Nase rümpfen oder ein leichtes Unbehagen empfinden. Wenn die Weiblichkeit bei dir anklopft, wirst du erfahren, wie eingeschüchtert und unterentwickelt deine eigenen weiblichen Anteile sind. Deshalb brauchen sie deine Liebe und dein Vertrauen.

Mit Haut und Haaren

Mit der Weiblichkeit ist es genauso wie mit allen anderen Bereichen: Je mehr du dich mit Haut und Haaren auf eine Sache einlässt und diese ganzheitlich vertiefst, umso besser kennst du dich damit aus. Das ist eines der ganz großen weiblichen Geheimnisse! Durch meinen jahrzehntelangen eigenen weiblichen Weg haben sich mir die weiblichen Mysterien offenbart und mir den Zugang zu der mystischen weiblichen Welt verschafft. Dies ermöglicht es mir, mich unbeschwert in der weiblichen Welt zu bewegen und aus dieser Perspektive zu wirken.

Mit der weiblichen Welt verbunden zu sein gibt dir so etwas wie einen Heimvorteil, der dir einen natürlichen, intuitiven Zugang zum Leben verschafft – einen Vorteil, den Frauen, die in männlichen Mustern agieren, nicht genießen können. Sie können noch so viele Bücher lesen und Übungen machen, Weiblichkeit kann weder angelesen noch kopiert oder fabriziert werden. Die weibliche Perspektive entfaltet sich exklusiv durch innigste urweibliche mystische Erfahrungen. Den Zugang zu dieser verlorenen Welt wiederzufinden, das wünsche ich allen Frauen.

Die meisten, auch wenn sie das selbst nicht realisieren wollen, klammern sich fest an männliche Qualitäten und Methoden und verteidigen diese mit allen Mitteln. Männliche Wege sind lukrativ, das macht sie sehr attraktiv. Männliche Wege sind die Realität, die wir kennen, das vermittelt ein Gefühl der Vertrautheit. Männliche Wege sind logisch und verständlich, sie überzeugen den Intellekt und geben sich somit eine Berechtigung. Männliche Methoden stärken den Mann in der Frau, und weil viele die weibliche Stärke nicht kennen, sind sie darüber erfreut und dankbar. Die Merkmale des Männlichen und des Weiblichen wirst du in den folgenden Kapiteln kennenlernen, damit du selbst in die Lage kommst, beide voneinander zu unterscheiden. So kannst du selbst herausfinden, was deine Weiblichkeit stärkt und was sie schwächt.

Bitte versteh mich nicht falsch, für mich ist »männlich« kein Schimpfwort. Ich liebe Männlichkeit, sehr sogar, aber nicht als Attribut oder Kompensation einer verletzten und unbewussten Weiblichkeit. Wir sitzen alle im selben Boot und sind gefordert, alte Muster über Bord zu werfen. Das braucht Mut. Und Frauen sind ja seit uralten Zeiten für ihren Mut bekannt. Deshalb stehen wir auch vor dieser großen Aufgabe. Der weibliche Weg funktioniert für Frauen, weil er individuell und für jede einzigartig ist und weil er Frauen darin unterstützt, wahrhaftig sie selbst zu sein. Darum erlernen wir Frauen die Kunst der weiblichen Selbstheilung, damit wir es nicht nur besser wissen, sondern es für uns selbst auch bestmöglich leben können. Wenn sich jede von uns für ihre eigene weibliche Heilung und Entwicklung einsetzt, du dich für deine und ich mich für meine, ist das schon ein großer Gewinn.

Polarität

Getrennte Wege

Frauen und Männer sind gegensätzlichen Energiemustern unterworfen. In den letzten Jahrhunderten wurden die Sexualität, die Gesundheit und auch die Spiritualität der Frau von männlichen Energiemustern und Wertvorstellungen geprägt. Heute stehen uns darum praktisch keine Wege zur Verfügung, die konsequent auf die weiblichen Energiemuster abgestimmt sind, sodass Frauen kaum eine wirkliche Chance haben, ihr weibliches Potenzial zu entfalten. In diesem Kapitel wirst du erfahren, dass es dir zumindest möglich ist, dir selbst den weiblichen Weg zu ebnen.

WEIBLICHE WEISHEIT

Frauen müssen eigene Wege gehen, um sich zu heilen und eine eigene Identität und Individualität zu entwickeln.

Grundsätzliches

Das Weibliche wird vom Wasser regiert, das Männliche vom Feuer. Das Wasser muss im Fluss sein, das Feuer unter Kontrolle. So wie das Wasser unentwegt nach unten fließt, um am tiefsten Punkt zu ruhen, findet die Heilung des Weiblichen im Inneren und in der Tiefe statt. Weiblichkeit ist ein Seinszustand und keine Aktivität. Sie braucht Sensibilität, Natürlichkeit und Freiraum, um zu gedeihen. Je mehr frau ihre Energien und Emotionen kontrolliert und manipuliert, umso schwächer wird ihre Weiblichkeit. Je mehr frau in männlichen Mustern agiert, umso stärker wird sie von ihnen regiert und umso ausgeprägter werden ihre männlichen Anteile.

Es ist nicht so, dass sich Frauen automatisch auf dem weiblichen Weg befinden, allein dadurch, dass sie einen weiblichen Körper haben. Wenn sie gemeinsam einen lustigen Frauenabend feiern oder zusammen Yoga oder Tao-Übungen praktizieren oder Rituale feiern, hat das noch gar nichts mit weiblicher Heilung zu tun. Im Moment müssen wir als Frauen ernsthaft davon ausgehen, dass wir uns sehr weit von unseren weiblichen Wurzeln entfernt haben. Es ist daher unumgänglich, dass wir uns zuerst einmal etwas tiefer mit der Frage befassen, was Weiblichkeit überhaupt ist.

WEIBLICHE WEISHEIT
Deine Weiblichkeit heilt nicht einfach spontan oder intuitiv.
Es bedarf einer bewussten Entscheidung. Du musst in dir die
Voraussetzungen schaffen, dass dies geschehen kann.

In meiner Arbeit als Psychiatrieschwester habe ich ein paarmal Patienten betreut, die sich von einem Mann in eine Frau haben umoperieren lassen. In der Krankenakte hatten sie einen Frauennamen, sie hatten einen implantierten Busen, trugen Frauenkleidung und suchten das Gespräch von Frau zu Frau. Sie bekamen jeden Morgen ihre Dosis weibliche Hormone und den Rasierapparat. Jedes Mal, wenn ich das Zimmer betrat, musste ich mich sehr konzentrieren, dass ich diese Patienten nicht mit »Herr«, sondern mit »Frau« ansprach. Auf der Empfindungsebene waren sie für mich immer noch Männer. Gegen dieses Gefühl konnte ich nichts machen, es blieb. Ich muss auch meine schwulen Freunde des Öfteren korrigieren, wenn sie sagen: »Ich bin ja so was von weiblich.« Ein schwuler Mann ist nicht weiblich, er tut vielleicht so, aber er ist ein Mann. Und die Sexualität eines schwulen Mannes ist in den meisten Fällen sehr männlich geprägt. Was damit gemeint ist, möchte ich hier verdeutlichen.

WEIBLICHE WEISHEIT
Weiblichkeit ist nicht eine schwächere Form von Männlichkeit. Eine Frau ist ja schließlich eine Frau und nicht ein kleineres schwächliches Männchen. Einen sanften, nebligen Schleier über die Männlichkeit zu stülpen macht sie nicht weiblich, sondern höchstens diffus.

Feminin oder maskulin

Weiblich und männlich sind gegensätzliche Pole. Weiblichkeit ist eine eigenständige Qualität, die sich grundsätzlich von Männlichkeit unterscheidet. Weibliche Wege sollten in ihrer Essenz und in der Praxis den weiblichen Energiemustern entsprechen. Dazu braucht es ein weibliches Fundament, das solide und stabil ist. Alte Glaubenssysteme, Ideen und Gewohnheiten müssen dem geopfert werden.

Weiblichkeit darf nicht bloß wie etwas Make-up auf männliche Gesetzmäßigkeiten oder Methoden aufgetragen werden, sodass es etwas besser aussieht oder wirkt. Weiblichkeit kann auch nicht antrainiert werden, sie *ist* – so natürlich, authentisch und unbeschwert, wie sie gerade ist. Das ist ihr Markenzeichen. Der weibliche Weg ist ein Weg der Selbsterkenntnis. Einer der wesentlichen Unterschiede zum männlichen Weg ist, dass er von eigenen weiblichen und spirituellen Erfahrungen genährt wird und nicht mit genialen Geistesblitzen und tollen Konzepten gepflastert ist. Das macht den weiblichen Weg sehr realitätsbezogen und gibt Frauen die Chance, ihre Visionen im Alltag praktisch umzusetzen. Diese neuen weiblichen Erfahrungen ermöglichen es Frauen, ihre alte Opferrolle abzulegen. Sie verleihen ihnen die Kraft, das zu tun, was getan werden muss, das, wozu sie bestimmt sind. Männlich gepolte Frauen können es sich nicht erlauben, authentisch und wahrhaftig zu sein. Aus Angst, sich oder etwas zu verlieren, versuchen sie das Leben unter Kontrolle zu halten. Und das ist sehr anstrengend.

WEIBLICHE WEISHEIT

Für den Intellekt ist und bleibt das Weibliche unfassbar und unbeschreiblich.

Männlich gepolt

Dass Frauen einen weiblichen Körper haben, bedeutet nicht, dass sie auch weiblich gepolt sind. Eine männliche Erziehung, ein männlicher Lebensstil, männlich geprägte Hobbys machen Frauen nicht weiblich. Auch Energieübungen oder Meditationspraktiken, wie sie in den meisten gängigen okkulten und spirituellen Systemen unterrichtet werden, wurden überwiegend von Männern entwickelt und auf männliche Schüler ausgerichtet. Selbstverständlich haben diese Praktiken auf den weiblichen Energiehaushalt eine komplett andere oder gar umgekehrte Wirkung.

Der männliche Lebensstil hat in vielen Frauen eine Art energetische Umkehr bewirkt, sodass viele heute energetisch männlich gepolt sind und ihr weibliches Energiesystem dementsprechend durcheinander ist. In diesem Kapitel wollen wir nun die Polaritäten genauer unter die Lupe nehmen. Männlich und weiblich voneinander zu unterscheiden, ist eine wichtige Voraussetzung dafür, dass du deinen Weg zurück in deine weibliche Heimat findest.

Weibliches Potenzial

Eine Frau kann einen Samen empfangen, die daraus folgende Schwangerschaft geschieht wie von selbst. Frauen müssen ihre Kinder nicht Zelle um Zelle selbst entwickeln und sie anhand eines Businessplanes oder eines tollen Designs selbst kreieren. Wunder geschehen von selbst. In Dankbarkeit dürfen wir diese Geschenke empfangen. Weibliche Entwicklung ist denselben Gesetzen unterworfen wie eine physische Schwangerschaft. Weibliche Entwicklung muss lediglich zugelassen werden. Wenn du die weiblichen Gesetzmäßigkeiten kennst, kannst du auch sogenannte spirituelle Schwangerschaften austragen.

WEIBLICHE WEISHEIT
Weibliche Entwicklung wird nicht gemacht, sie muss lediglich zugelassen werden.

Es ist ein Teil der weiblichen Aufgabe, konsequent neue Wege zu entwickeln, die der Weiblichkeit gerecht werden und ihr entsprechen. Auf den nun folgenden Seiten werde ich männliche und weibliche Qualitäten einander gegenüberstellen und kommentieren. Es ist ein Versuch, neben dem Männlichen auch das Weibliche zu erfassen, was nie wirklich gelingen kann. Das Weibliche bleibt unfassbar und unbeschreiblich. Anhand der Gegenüberstellung wirst du lernen, in dir und um dich herum die Voraussetzungen dafür zu schaffen, dass sich dir das Tor zur weiblichen Welt öffnen kann.

Gegensätze: weiblich oder männlich?

Schwach – Stark

Als Einstieg in die Welt der Gegensätze möchte ich dich bitten, das abgebildete Symbol genau zu betrachten. Ich liebe dieses Symbol, für die Entwicklung des weiblichen Weges hat es mir die wichtigsten Weisheiten enthüllt.

International ist der Begriff »das schwache Geschlecht« die Bezeichnung für Frauen, und mit »starkem Geschlecht« sind die Herren der Schöpfung gemeint. Ich erachte diese Bezeichnungen »schwach« und »stark« in diesem Zusammenhang als unvollständig. Wenn wir diese Begriffe so wie üblich nutzen, entspricht das bloß der halben Wahrheit. Aus männlicher Perspektive macht die Zuordnung von »schwach« für weiblich und »stark« für männlich durchaus Sinn, aus weiblicher Perspektive sieht das allerdings etwas anders aus.

Das Yin-Yang-Symbol zeigt inmitten des hellen wie des dunklen Bereichs einen kleinen Punkt. Diese Punkte repräsentieren das Unbewusste und Verborgene. Unbewusstheit ist immer mit einer gewissen Schwäche verbunden, weil der Zugang zu diesem Bereich eben nicht bewusst erfolgt. Der helle Punkt im Dunkeln steht für das Männliche im Weiblichen und symbolisiert die innere Kraft oder auch die Schätze, die im Weiblichen verborgen liegen. Diese im tiefsten Inneren verborgenen Qualitäten zu erschließen ist eine der wichtigen Aufgaben.

Schwäche wird zu Stärke Das Symbol beinhaltet den kompletten Wegweiser für Frauen, die in Kontakt mit ihrer verborgenen Weisheit kommen wollen. Um diese weiblichen Schätze zu finden, müssen Frauen in die tiefen unbewussten Gewässer ihrer Weiblichkeit eintauchen, bis sie am tiefsten Punkt angelangt sind. Dieser tiefste Punkt ist strahlend hell, er ist Licht. Es ist der Weg des Wassers, der Frauen nach Hause führt ins Licht, ins höchste Bewusstsein oder wie auch immer du diesen Ort nennen möchtest.

WEIBLICHE WEISHEIT
Weiblichkeit gleich: außen schwach und innen stark.

Mit Stärke in die Schwäche: Der männliche Weg funktioniert anders herum. Der schwarze Punkt im weißen Bereich steht für das dunkle Weibliche im Männlichen. Diesen Punkt, der für unbewusste Gefühle und auch Verletzlichkeit steht, zu erschließen, ist eine völlig andere Aufgabe, als das Männliche im Weiblichen zu erschließen. Diese unterschiedlichen Ziele müssen nicht bloß etwas anders, sondern auf gänzlich umgekehrte Weise angegangen werden.

Damit sich ein Mann auf diese unbewusste weibliche Verunsicherung einlassen kann, muss er zuerst seine männliche Stärke entwickeln. Ich sage bewusst Verunsicherung, weil dieser unbewusste Teil im Mann durch die unbewussten und meist verletzten weiblichen Anteile seiner Mutter geprägt wird. Um die männliche Kraft zu kultivieren, wurden in Ost und West unzählige Methoden entwickelt. Ein wichtiger Bestandteil auf dem Weg, männliche Kraft zu erzeugen, war und ist es zu lernen, Kräfte im Inneren und im Äußeren zu kontrollieren und zu lenken. Chi Kung, die taoistischen Praktiken, Sexualyoga, körperliches Training, Magie, eigentlich die meisten Methoden, die heute praktiziert werden, dienen dem Zweck, diese Stärke zu entwickeln, die ein Mann erst benötigt, um sich auf den inneren Abgrund überhaupt einlassen zu können. Das ist der Grund, warum es für Frauen unerlässlich ist, gegensätzliche Wege zu gehen, nämlich solche, die auf die weiblichen Muster abgestimmt sind.

WEIBLICHE WEISHEIT

Wenn Frauen in männlichen Mustern leben, polen sie sich um und haben dadurch keinen Zugang zu ihrer inneren Kraftquelle. Diese versiegt in männlichen Mustern. Dann werden die Frauen erst außen stark und innen schwach, und mit der Zeit entwickelt sich daraus der Zustand: innen schwach und außen schwach – eine ausgepowerte Frau.

Wasser – Feuer

Wasser: In vielen okkulten Systemen ist Wasser das Symbol für Weiblichkeit. Wasser ist der Wegweiser hin zur Weiblichkeit. Flüssig und fließend zeigt es der Frau, dass sich die weiblichen Säfte und Energien in einem natürlichen Fluss befinden müssen. Im Fluss zu sein gibt Frauen ein weibliches Grundgefühl. Weiblichkeit braucht weder Manipulation noch muss sie erzeugt, aktiviert oder gemacht werden. Wie Wasser ist Weiblichkeit ein Seinszustand und keine Aktivität. Für den weiblichen Prozess ist es hinderlich, unentwegt therapeutisch oder energetisch an der Weiblichkeit herumzufummeln. Die Weiblichkeit hat das Potenzial, sich natürlich zu entfalten. Je mehr Stimulation, umso verwirrter sind die weiblichen Anteile.

Wasser weist eine weitere Eigenschaft auf: Wie das Urmeer ist es empfänglich und speichert Informationen. Es speichert

Umweltgifte genau so, wie es Emotionen, negative Schwingungen und Gedanken aufnimmt und in sich bewahrt. Dies geschieht auch in der Frau, in ihrem Wasser, ob sie sich dessen bewusst ist oder nicht. Das Wasser kann zur stinkenden Kloake werden oder kristallklar und rein sein. Wie das bei dir ist, hängt davon ab, wie du deine Weiblichkeit nährst, pflegst und reinigst.

WEIBLICHE WEISHEIT

Durch einen aktiven männlichen Lebensstil verdampfen viele Frauen nicht nur ihr Blut, sondern auch ihre Weiblichkeit.

WER BIN ICH?

Reflektiere über die Eigenschaften von Wasser und was diese Qualitäten für dich und deinen Alltag für eine Bedeutung haben.

- Wie fühlt sich dein Wasser an, in welchem Zustand befindet es sich?
- Kümmerst du dich um die Reinigung deines Wassers?
- Was für Methoden zur Reinigung deines Wassers kennst du?

Feuer: Der Weg des Feuers ist der Weg in die Männlichkeit. Das Feuer lodert nach oben und sucht den höchsten Punkt. Es drängt unentwegt zum Höhepunkt. Feuer ist extrovertiert und dehnt sich aus. Es ist aktiv, bewegt und intensiv. Viele Frauen sind dem Feuer verfallen und hoffen vergebens, dass der spannende, extrovertierte und oberflächliche Weg des Feuers sie in Kontakt mit ihrer Weiblichkeit bringt.

WEIBLICHE WEISHEIT

Besonders aktive Feuerfrauen benötigen starke weibliche Wurzeln, damit sie sich durch ihre intensiven Höhenflüge nicht verlieren oder ausbrennen.

WER BIN ICH?

- Wie ist dein Zugang zur Feuerqualität?
- Was fällt dir leichter zu leben: deine Wasser- oder deine Feueranteile?
- Kennst du Wege, deine Feueranteile und deine feurigen Lebensphasen auszugleichen?

Innen – Außen

Innen: Die weiblichen Sexualorgane sind im Inneren der Frau verborgen, sie liegen geschützt im weiblichen Schoß. Jede Frau trägt eine wunderbare Funktion in sich: das magische Gefäß, das sie befähigt, etwas Neues in sich heranwachsen zu lassen. Weiblichkeit ist ein innerer Zustand. Die weibliche Heilung und Entwicklung findet nur im Inneren statt. Praktisch gesehen bedeutet das, dass Frauen selbst auf ihre Weiblichkeit einwirken können, ganz gleich, ob sie Unterstützung bekommen oder nicht. Frauen sind unabhängige, eigenständige Wesen, die die Weisheit der ganzen Welt in sich tragen.

WEIBLICHE WEISHEIT

Lernen, im Inneren zu ruhen und das Innere zu beseelen, ist für die weibliche Entwicklung essenziell.

WER BIN ICH?

- Wie ist dein Zugang zu deinem Inneren? (Hier sind nicht die Gedanken gemeint.)

- Wie fällt dir der Zugang am leichtesten?
- Kennst du Wege, deine Innenwelt zu erschließen?
- Was machst du, um deine Verbindung nach innen zu intensivieren?
- In welchen Momenten genießt du dein Inneres am meisten?

Außen: Die männlichen Sexualorgane sind anders positioniert als die weiblichen. Sie sind nach außen gestülpt und führen ein extrovertiertes Leben. Sie sind ständig auf der Suche und wollen unentwegt irgendwo Unterschlupf finden oder etwas Tolles erleben. Das ist eine andere Ausgangslage. Männlichkeit ist daher stets mit einer gewissen Abhängigkeit verbunden. Es ist erstaunlich, wie viel Geld Männer für sexuelle Hilfsmittel ausgeben. Es scheint so, als ob der männlichen Sexualität immer etwas fehlt. Das männliche Prinzip ist extrovertiert, und auch die männlichen Sexualorgane orientieren sich im Außen. Als Sexologin konnte ich häufig beobachten, dass Männer für ihre sexuelle Heilung eine Beziehung benötigen, Frauen jedoch müssen ihre Sexualität in erster Linie selbst heilen – auch wenn Frauen die Verantwortung für ihre sexuelle Heilung sehr gern an ihre Partner oder Therapeuten delegieren. Auch in Bezug auf Heilung müssen Männer und Frauen unterschiedliche Wege gehen, und Frauen müssen ihre wesentlichen Heilschritte allein tun. Männer hingegen benötigen auch für ihre emotionale Heilung meist Hilfe und Unterstützung von außen.

Ein soziales, beziehungsorientiertes Leben ist ein weiterer Aspekt des äußerlichen Lebens. Das Leben vieler Frauen ist so stark nach außen gerichtet, dass sie dadurch von der weiblichen Weisheit abgeschnitten bleiben.

WEIBLICHE WEISHEIT

*Es ist nicht verboten, dass Frauen ein extrovertiertes, ober-
flächliches Leben führen. Sie sollten lediglich wissen, was sie
dadurch bewirken: Sie stärken ihre männlichen Anteile und
dadurch verkümmern ihre weiblichen Schätze.*

WER BIN ICH?

- Bist du eher eine introvertierte oder eine extrovertierte
  Frau?
- Verbringst du mehr Zeit in Gesellschaft oder mit dir allein?
- Achtest du darauf, diese Bereiche auszugleichen?
- Bist du damit zufrieden?

Tiefe – Höhepunkt

Tiefe: Wie das Wasser immer in die Tiefe fließt, um im tiefsten Punkt zu ruhen und sich zu sammeln, so brauchst du
Rückzug und Tiefe, um dich nach innen auszudehnen. Der
weibliche Weg gleicht einer Tiefenexpedition. Denn alle
weiblichen Schätze liegen im tiefsten Inneren verborgen.
Auch die weibliche Sexualität fließt aus der Tiefe. Ein nach
außen orientierter, oberflächlicher und angespannter Lebensstil schneidet Frauen von ihrer Tiefe ab. Bezeichnenderweise
messen viele Frauen ihre Lebensqualität und ihre Liebesbeziehungen häufig anhand der Tiefe ihrer Erfahrungen. Unzählige Frauen wünschen sich eine Partnerschaft, die auf tiefen
Gefühlen basiert. Wenn du dir eine tiefe Beziehung und tiefe
Gefühle wünschst, liegt es an dir, diese Qualitäten in deine
Beziehung einfließen zu lassen. Ein anderer Mensch kann
niemals für die von dir vermisste Tiefe verantwortlich gemacht werden.

Frauen haben viele Methoden entwickelt, die fehlende Tiefe vorübergehend zu ersetzen oder zu kompensieren, zum

Beispiel durch Sentimentalität und Emotionalität. Frauen lesen Liebesromane, sie schauen Filme, die auf die Tränendrüsen drücken, oder sind in Beziehungen die großen Dramaqueens, emotional ständig aufgewühlt. Es gibt auch Frauen, die den Schmerz einer verlorenen Liebe ein Leben lang in ihrem Herzen tragen. Und bei passender Musik können sie leise vor sich hinleiden, was auch in gewisser Hinsicht eine Art von tiefer Empfindung erzeugt.

Interessanterweise wird ein tantrischer Orgasmus auch Talorgasmus genannt. Er gipfelt nicht wie ein männlich orientierter Orgasmus im Höhepunkt der Erregung, sondern ist eine grenzenlose Verschmelzung im tiefsten Tal der Entspannung.

WEIBLICHE WEISHEIT

Tiefe findet nicht auf der mentalen Ebene statt, sondern sie ist eine Empfindung.

WER BIN ICH?

- Wie ist dein Zugang zu deiner Tiefe?
- Bist du damit zufrieden oder wünschst du dir mehr?
- Wie kommst du am besten in deine Tiefe?
- Was hast du für Methoden entwickelt, Tiefe zu erfahren?
- Was könnte dir zusätzlich helfen, deine Empfindungen zu vertiefen?
- Welchen Stellenwert hat Tiefe in deinem Leben?
- Welchen Stellenwert hat Tiefe in deinen Beziehungen?
- Welchen Stellenwert hat Tiefe in deiner Sexualität?

Höhepunkt: Die weibliche Stärke kommt aus der Tiefe, die männliche Kraft entfaltet sich im Streben nach dem Höhepunkt. So sind Menschen, die nach männlichen Prinzipien funktionieren, unermüdliche Gipfelstürmer, die von einem

Höhepunkt zum nächsten streben. Das können sexuelle Erlebnisse sein, aber auch Geld kann in bestimmten Menschen so ein »geiles« Höhepunkt-Feeling erzeugen. Geh mal an die Börse und schau dir die Jungs dort an: Da geht es um mehr als nur um Geld. Man bekommt den Eindruck, dass es dort um Leben und Tod geht. Sein oder nicht sein.

Ein Nachbar von mir, ein Musiker, erklärte mir dieses männliche Verhalten einmal sehr anschaulich. Er ist so ein attraktiver charmanter Widdertyp, ein richtiger Womenizer, der Frauen und Sex braucht, um sich selbstsicher und gut zu fühlen. In Großstädten gibt es relativ viele solche Typen, das kennt inzwischen jede Frau durch *Sex and the City*. Mein Nachbar also, den ich seit Jahren kenne, hat (fast) immer eine Freundin oder eine Geliebte. Doch nicht nur das. Wie er mir verriet, hat er immer ein paar weitere Frauen »auf dem Grill«. Als er mir das sagte, verstand ich gar nicht, was er damit meinte. Er erklärte, das sei eine Redewendung unter Männern, die bedeutet, dass man sich ein paar Frauen unverbindlich warmhält, falls es mit der Aktuellen nicht mehr klappen sollte, man wisse ja nie. Wissen, dass man könnte, kann schon ein kleiner Höhepunkt sein. Besonders für Männer mit einer Ehefrau oder Partnerin, die sie ständig runtermacht.

Es gibt unzählige Möglichkeiten, ein erlösendes Gipfelerlebnis zu erzeugen. Auf der Jagd einen Hirsch zu erlegen, ist für einen Jäger ein Höhepunkt. Bei E-Bay eine Karte zur Fußball-WM zu einem Schnäppchenpreis zu ergattern, kann für einen Fan ein Höhepunkt sein. Als Katzenzüchterin bin ich ab und zu auf Katzenshows. Ich kann meinen Augen kaum trauen, wenn ich dort Katzenbesitzer beobachte, deren Ego fast einen multiplen Orgasmus erlangt, nur weil ihre Katze es aufs Podest schaffte. Einmal gab es neben der Katzenshow auch eine Hasenshow, und auch bei den Kaninchenbesitzern beobachtete ich, dass sie über ihre kleinen Fellnasen Höhenflüge der ganz besonderen Art erleben. Sexuelle Erregung ist auch ein Wundermittel, um so eine Art Allmachtsgefühl zu erzeugen. Es ist dabei unwichtig, wie die Erregung zustande kommt, ob durch eine sexuelle Fantasie, eine Begegnung, einen Flirt oder durch die Erniedrigung eines anderen Menschen. Auch Macht, Erfolg und Sport können den Zweck erfüllen.

Durch Höhepunkte versuchen männlich geprägte Menschen, ihrem inneren Abgrund, ihrer inneren Unsicherheit zu entkommen. Ein höhepunktorientiertes Leben ist ein wichtiger Teil der männlichen Überlebensstrategie. Da ist im Zusammenhang mit der Entwicklung männlicher Qualitäten auch nichts falsch dran. Es ist nichts daran auszusetzen, einen Höhepunkt zu erleben. Es ist bloß so: Bist du zusätzlich noch in deiner Weiblichkeit verwurzelt, ist es noch viel kraftvoller und hat zudem eine nachhaltige, nährende Wirkung. Wir könnten beispielsweise einen im Männlichkeitsmodus erlebten Orgasmus als Explosion bezeichnen, ein Orgasmus, der im Weiblichkeitsmodus geschieht, wird mehr als eine Implosion erlebt.

WER BIN ICH?

- Identifizierst du dich in deinem Leben mehr mit Tiefe/Tiefpunkten oder mit Höhepunkten?
- Nach welchen Kriterien beurteilst du deine Sexualität?
- Werden deine Beziehungen eher von Tiefe oder von Oberflächlichkeiten bestimmt?
- Was für eine Beziehung hast du zu Höhepunkten?
- Wie sind deine sexuellen Höhepunkte?
- Wie würdest du deine Orgasmusfähigkeit bezeichnen?
- Brauchst du einen Höhepunkt, um guten Sex zu haben?

Entspannung – Spannung

Entspannung: Bewusste Entspannung ist das A und O der weiblichen Entwicklung. Solange du innerlich irgendwie angespannt bist, verhindert das den freien Fluss von Energien, Gefühlen und Blut. Verspannte Frauen können sich nicht öffnen. Solange du angespannt bist, hast du weder Zugang zur weiblichen Welt noch kannst du einen tiefen Zustand genießen. Für Frauen funktioniert es so: Zuerst entspannen und dann, wenn du entspannt und in Kontakt mit dir selbst bist, kannst du etwas tun, vorher nicht. Du solltest dir abgewöhnen, zur Entspannung etwas tun zu müssen. Entspannen heißt nichts tun. Entspannen heißt, Spannungen loslassen und dabei eben nichts machen, sondern entspannen. Etwas Aktives tun, damit du dich entspannen kannst, ist nicht Entspannen, es ist ein Tun.

Männliche Energiemuster werden gefestigt, indem zuerst durch Bewegung, Anspannung oder Anstrengung eine Spannung aufgebaut wird, die dann in einer erlösenden Entspannung gipfelt. Die Entspannung wird sozusagen erarbeitet oder verdient. Die weiblichen Muster funktionieren andersherum und werden auch anders genährt: Zuerst kommt die Entspannung, damit die weibliche Energie unbeschwert und natürlich fließt und frau mit ihrer inneren Kraftquelle verbunden ist. Erst in diesem Zustand macht es Sinn, eine Spannung oder Aktivität aufzubauen, die jedoch immer in der Tiefe und Entspannung verwurzelt sein sollte. Männliche oder weibliche Energiemuster können auf eine so subtile Weise gefestigt oder verhindert werden.

Viele sexuelle und andere Probleme, die ich bei Frauen gesehen habe, sind auf innere Anspannung, Stress und zu viele männliche Anteile zurückzuführen. In der Lage sein, den Körper jederzeit total zu entspannen, diese Fertigkeit gehört ins weibliche Handgepäck. Zur Erhaltung des Wohlbefindens sollten sich Frauen täglich unbedingt ein paarmal entspannen und diesen Vorgang jedes Mal etwas vertiefen. Viele Frauen fragen mich, mit welcher Übung sie beginnen sollen. Bei den meisten sage ich, dass sie erst einmal lernen sollen, richtig zu entspannen – was ihnen dann oft zu langweilig ist. Für Frauen, die nicht wirklich entspannen können, ist aber weder Aufbau noch Vertiefung möglich. Denn alles, was »gemacht« wird, baut auf einer falschen Grundlage auf.

Richtlinien zur Entspannung

- ♥ Entspannung ist keine Aktivität, es ist ein Zustand des Loslassens und der Hingabe.
- ♥ Entspannung sollte nicht mit einer Tätigkeit oder mit Bewegung verknüpft werden.
- ♥ Entspannung sollte nicht die Reaktion auf eine Anspannung, eine körperliche Anstrengung oder Tätigkeit sein. Yoga- oder Energieübungen wie Chi Kung eignen sich ebenso wenig zur Entspannung wie Workout, Trance-Tanz oder Sport.
- ♥ Wenn du Sport, Yoga oder etwas dergleichen machen (oder auch meditieren) möchtest, dann entspann dich vorher möglichst tief.
- ♥ Methoden wie autogenes Training oder Selbsthypnose sowie gezielte Entspannungsatmungen sind zum Entspannen sehr hilfreich.
- ♥ Für manche ist Sex wie ein Schlaf- oder Beruhigungsmittel. Lerne, dich zuerst möglichst tief zu entspannen, damit der Sex nicht wie ein Entspannungsdragee wirkt, sondern dir eine transzendentale weibliche Erfahrung ermöglicht.
- ♥ Es sollte dir möglich sein, dich überall dort, wo du bist, einfach so aus dem Nichts heraus zu entspannen.

WEIBLICHE WEISHEIT

Es gibt verschiedene Arten der Entspannung. Für die weibliche Heilung wenden wir die Entspannung an, die auf den Körper einwirkt, und nicht die Entspannung, die uns in die Bilderwelt oder in die Fantasie führt.

WER BIN ICH?

- Empfindest du dich als entspannte Frau?
- Wie würdest du deine Entspannung benoten? (Ich benutze hier extra den Begriff »benoten«, weil ich weiß, dass viele Frauen sich ständig benoten und es gewohnt sind, in Bewertungen zu denken. Allerdings dürfte es ungewohnt sein, das bewusst und zum Thema Entspannung zu machen. Genau darum steht hier diese Frage. Sie soll dir helfen, dich und deine Muster selbst zu erkennen.)
- Was entspannt dich am meisten?
- Kannst du deinen Körper willentlich und bewusst entspannen?
- Kennst du eine bestimmte Entspannungsmethode, die bei dir auch im Notfall funktioniert?
- Wie oft wendest du sie an?
- Was würde sich verändern, wenn du entspannter wärst?
- Gibt es Dinge, die du in deinem Leben verändern könntest, damit du entspannter bist?

Spannung: Spannung wird dem männlichen Prinzip zugeordnet und hat für die männliche Population eine zentrale Bedeutung. Spannkraft ist schlechthin der Barometer der Männlichkeit. Die Männlichkeit dreht sich nur um diese Spannung, die dem Mann Mut, Kraft und Selbstvertrauen verleiht. Was dem Mann Kraft gibt, schwächt jedoch die Weiblichkeit. Ein spannendes Leben kann Frauen den Zugang zur Weiblichkeit und zur tiefen Empfindungsebene versperren.

WEIBLICHE WEISHEIT

Für Frauen, die oft unter Spannung stehen, ist es notwendig, sich regelmäßig tief zu entspannen und sich genügend Ruhephasen zu gönnen. Ansonsten wird der Zugang zu den Gefühlen zunehmend schwieriger, und sie verlernen sogar, tiefe Gefühle zu empfinden. Sie werden vielmehr irritiert, gereizt oder emotional. In einem Spannungszustand ist es nicht möglich, Emotionen zu heilen und zu integrieren.

WER BIN ICH?

- Welchen Stellenwert hat Spannung in deinem Leben?
- Wie fühlst du dich, wenn du unter Spannung stehst?
- Kannst du Spannung genießen?
- Hast du ein spannendes Leben?
- Wie gehst du mit Spannungen in deinem Leben um?
- Wie reagierst du auf Spannungen in deinem Umfeld?

Langsam – schnell

Langsam: Langsam, aber sicher entwickelt sich das Weibliche. Ein Fötus braucht neun Monate, bis er als Baby geboren wird. Frau kann dabei einfach relaxen und genießen, und es geschieht langsam, aber sicher von selbst. Du kannst nicht sagen: »Ich möchte es schneller. Mein Baby braucht nur sieben Monate, ich will das so, denn neun Monate, das geht mir zu langsam.« Es braucht so lange, wie es eben braucht. Weibliche Entwicklung und weibliche Heilung sind diesen Gesetzen genauso unterworfen. Deshalb kann weibliche Entwicklung weder gepusht noch beschleunigt werden. Sie geschieht so langsam und natürlich, dass Frauen häufig gar nicht merken, wie sehr sie sich bereits entwickelt haben.

Versteh mich bitte nicht falsch, es ist nicht gemeint, dass du ab jetzt nur noch meditativ und langsam durch die Gegend schleichen sollst. Im Leben einer modernen Frau geht das nicht. Aber in Momenten, in denen du nichts tun musst, ist es wichtig, wieder ein paar Gänge runterzuschalten und sich zu verlangsamen. In hohen Gängen zu fahren strapaziert deine Weiblichkeit; also solltest du das nur machen, wenn es wirklich nötig ist. Und es bedeutet auch, dass sich deine Weiblichkeit nicht über Nacht entwickelt. Es braucht beispielsweise sieben ganze Jahre, bis sich sämtliche Zellen in deinem Körper erneuert haben.

WEIBLICHE WEISHEIT
Frauen verhindern ihre weibliche Entwicklung, indem sie sie beschleunigen wollen. Je eiliger du es mit deiner weiblichen Heilung hast, umso länger dauert es.

Manche Frauen versuchen den Ratschlag der Langsamkeit zu beherzigen, indem sie dieselben Praktiken wie Männer einfach etwas langsamer ausführen und das als die weibliche Form deklarieren. Im Tao, Chi Kung oder Yoga ist eine solche Verweiblichung des Männlichen sehr populär. So aber meine ich das nicht. Das würde wieder bedeuten, dass das Weibliche eine abgeschwächte Form des Männlichen ist – und das ist es nicht. Wenn das Männliche durch Aktivitäten kultiviert und entwickelt wird, bedeutet das, dass es »gemacht« werden muss. Das Weibliche aber muss weder kultiviert noch gemacht werden, und darum muss und kann es auch nicht langsamer oder sanfter gemacht werden. Frauen haben das Glück, dass sie sich einfach entspannen und genüsslich zuschauen können, wie sich ihre Weiblichkeit natürlich entfaltet. Deshalb benutze ich oft den Begriff »Selbstheilung für meditative Genießerinnen«, denn die weibliche Reise könnte unendlich lang sein. Daher ist es sinnvoll, weibliche Prozesse von Anfang an zu genießen.

WER BIN ICH?

- Empfindest du dich als eine langsame oder schnelle Frau?
- Kannst du wählen, ob du etwas langsam oder schnell machst?

Schnell: Männlichkeit entwickelt sich sehr schnell, sie wird durch Schnelligkeit aktiviert. Unter Frauen ist bekannt, dass sich impotente Männer einen Porsche oder eine andere schnelle Karre kaufen. Mit einem Maserati hochtourig über den Boulevard zu düsen, das aktiviert das geile Gefühl der Männlichkeit. So gibt es auch die schnelle Erleuchtung, sündhaft teure Workshops versprechen den spirituellen Durchbruch an einem Wochenende. Dazu kann ich nur sagen: Aus meiner Perspektive ist das für Frauen auf dem weiblichen Weg zu schnell. Fühlende Menschen brauchen für alles etwas länger als Kopfmenschen, weil sie durch das Fühlen mit dem Leben in tiefer Verbindung stehen. Sie brauchen Zeit, um ihre reichhaltigen Erfahrungen zu erleben und zu integrieren, sodass sich in ihrem Inneren ständig etwas entwickelt und verändert. Kopfgesteuerte Menschen haben nicht die Zeit, sich gefühlsmäßig auf das Leben einzulassen. Bei ihnen muss alles schnell gehen. Viele Frauen heute haben keine Zeit zum Fühlen.

WER BIN ICH?

- Durchleuchte dein Leben in Bezug auf deine Geschwindigkeit. Lebst du das Tempo und den Rhythmus, die dir entsprechen?
- Gibt es Momente, in denen du lieber eine andere Gangart einschalten möchtest?
- In welchen Bereichen stimmt das Tempo nicht mit deinem inneren Rhythmus überein?
- Hast du die Möglichkeit, die Geschwindigkeit deines Lebens deinem persönlichen Rhythmus anzupassen?

- Was müsstest du dafür verändern, ohne gleich den Job aufzugeben?

Leere – Fülle

Leere: Die Weiblichkeit braucht viel Raum, um sich zu entfalten. »Weniger ist mehr« ist ein Leitsatz der Weiblichkeit. Für die weibliche Entwicklung ist es notwendig, sich möglichst viele Frei- und Leerräume zu schaffen. Um mit Frauen frauengerecht zu arbeiten, braucht jede Einzelne genügend Freiraum, sowohl zeitlich als auch räumlich. Es war für mich noch nie erstrebenswert, für eine Veranstaltung möglichst viele Frauen in einen Raum zu pferchen, um eine möglichst große Gruppe zu haben. Viele Frauen sind sehr sensitiv, und es ist für sie eine Belastung, wenn ihnen ein anderer Mensch in der Aura sitzt. Es ist besonders wichtig für weibliche Heilarbeit und Meditation, dass jede Frau genügend Raum für sich hat. Für Frauen ist es auch bedeutsam, dass sie in ihrem Leben genügend Freiraum haben. Sie dienen der Verdauungsarbeit und der Integration. Das gilt in besonderem Maße für die emotionale Heilung. Es ist auf jeden Fall zu begrüßen, wenn Frauen, die in einer Beziehung leben, ein eigenes Zimmer haben, in das sie sich ab und an zurückziehen können.

WER BIN ICH?
- Hast du in deinem Leben genügend Zeit?
- Hast du genügend Raum und Freiraum?
- Wie gehst du mit freien unverplanten Momenten um?
- Kannst du Freiräume genießen oder beängstigen sie dich?
- Wie könntest du dir mehr Freiräume einrichten? Erstelle eine Liste, wie du in deinem Leben neue Freiräume schaffen kannst.

- Wann hast du das letzte Mal deinen Estrich oder Keller entrümpelt?
- Wie steht es mit deiner Wohnung? Wie viele Dinge, die du nie brauchst, haben sich bei dir angesammelt?
- Wie steht es mit deinem Bekanntenkreis – benötigt der wieder einmal eine Entrümpelung?

Fülle: Die Fülle ist ein Zustand des Habens. Es genügt den meisten heute nicht, ein paar gute Freunde zu haben, man muss möglichst viele Menschen kennen und möglichst beliebt und populär sein, schon damit die eigene Beerdigung gut besucht wird. Wie würdest du denn dastehen, wenn keiner zu deiner Beerdigung kommt? Es reicht nicht aus, Freude an der Arbeit zu haben und damit den Lebensunterhalt zu bestreiten, nein, man/frau will reich werden. Einen Menschen einfach zu lieben, ist auch zu wenig, heute muss es dazu noch ein gemeinsamer multipler Orgasmus sein.

Der weibliche Weg ist keine Massenveranstaltung. Es ist viel wirkungsvoller, wenn eine einzelne Frau motiviert ist, ihre Weiblichkeit wirklich zu heilen, als dass tausende Frauen Frauenbücher lesen und bloß darüber reden. Das Leben vieler Frauen ist so vollgestopft mit Aktivitäten, Verpflichtungen, sozialen Kontakten, Familienbelangen, Beziehungen und Unterhaltungsprogrammen, dass kein Raum für neue Erfahrungen bleibt. Diese Fülle mag für den männlichen Weg sinnvoll sein. Für den weiblichen ist sie ein Hindernis, da braucht es Raum und Leere.

WER BIN ICH?
- In welchem Lebensbereich sammeln sich bei dir gern Dinge an?
- Hast du viele Freunde?
- Hast du viele Lebensmittelvorräte?

- Wie viele Kleidungsstücke, die du nie trägst, befinden sich in deinem Schrank?
- Hast du viel Geld?
- Was fehlt dir?
- Wovon hättest du gern mehr?
- Mit welchen Aktivitäten stopfst du dein Leben voll?

Fühlen – Denken

Fühlen: Etwas zu tun, ohne es zu fühlen, ist das Schlimmste, was frau sich antun kann. Das gilt auch für Sport, die verschiedensten Übungen und Sex. Auf dem weiblichen Weg gilt es, zuerst zu fühlen und dann zu tun, und nicht etwas zu tun, um zu fühlen. Das weibliche Fühlen ist unabhängig von einer Tätigkeit. Fühlen, so wie es hier gemeint ist, ist eine tiefe Empfindung, die nichts mit unerledigten oder aufgewirbelten Emotionen wie Wut oder Verzweiflung zu tun hat.

Damit Frauen differenziert fühlen können, ist es notwendig, unterdrückte oder ungeheilte Emotionen zu heilen. Viele Frauen leben vom Verstand regiert und von ihren Gefühlen abgeschnitten. Verschaffe dir genügend Freiräume, in denen deine Gefühle Platz haben und sein dürfen. Die Heilung der Gefühle spielt auf dem weiblichen Weg eine zentrale Rolle, Gefühle müssen geheilt sein, um ihre wegweisende Funktion im Leben einer Frau übernehmen zu können. Sie zu heilen ist ein Projekt in verschiedenen Etappen. Der erste Schritt ist sicherlich, die Gefühle wieder zuzulassen. Praktisch bedeutet das, immer so lange zu warten, bis du dich und die jeweilige Situation deutlich fühlst.

WEIBLICHE WEISHEIT

Wenn du es nicht fühlst, dann tue es nicht.

WER BIN ICH?

- Wie ist dein Zugang zu deinen Gefühlen?
- Bist du eher ein Kopf- oder ein Gefühlsmensch?
- Wie sieht das deine Umgebung?
- Was belastet deine Gefühle am meisten?
- Was würdest du im Zusammenhang mit deinen Gefühlen gern verändern?
- Was verstehst du unter emotionaler Heilung?
- Hast du bereits einige emotionale Wunden erfolgreich geheilt?
- Wenn ja, wie kam es dazu?

Denken: Auch während du denkst, solltest du fühlen, damit der Verstand nicht eigenmächtig und losgelöst, sondern in deinem Sinne arbeitet. Denken an sich aktiviert deine männlichen Anteile. Denken ist schnell. Fehlende Gefühle können niemals durch Gedanken, Fantasien oder auch Visualisierungstechniken wiederhergestellt werden und sollten auch nicht darüber kompensiert werden.

WEIBLICHE WEISHEIT

Die weibliche Fühlebene kann nur durch das Gefühl und nicht durch den Verstand erschlossen werden. Ein Gedanke ist kein Gefühl. Analysen und Gespräche sind nicht der geeignete Weg, in Kontakt mit der Gefühlswelt zu kommen oder heilend auf sie einzuwirken. Gefühle sind und bleiben unbeschreiblich. Sie können nur durch das eigene Erleben erschlossen werden.

Intuition – Logik

Intuition: Intuition entspringt der weiblichen Weisheit und kann nicht erklärt werden. Sie muss auch nicht erklärt werden. Bei Frauen, die ihre weiblichen Anteile nicht geheilt haben, entstehen Projektionen anstelle von Intuitionen. Zu projizieren bedeutet, die eigenen unerledigten Inhalte auf andere Menschen oder Situationen zu übertragen. Eifersucht ist beispielsweise ein Konzentrat emotionaler Unsicherheiten und Wunden. Vielleicht warst du schon mal eifersüchtig. Das Gefühl ist so schrecklich, dass du alles versuchst, aus diesem Zustand herauszukommen. In diesem Fall wäre es eine Projektion, wenn du deinen Partner für deine negativen Gefühle verantwortlich machen würdest, ihm zum Beispiel eine Szene machst, ihn bestrafst oder für schuldig erklärst, oder wenn du aus Verzweiflung über die Frau, mit der dein Partner etwas hatte, herziehst und versuchst, sie in den Schmutz zu ziehen. Solche Verhaltensmuster werden als Projektion bezeichnet.

Für Frauen, die ihr Leben bislang stark vom Verstand her gelebt haben, braucht es sehr viel Mut, der Intuition zu folgen, denn diese arbeitet nicht logisch und ist auch nicht auf der Verstandesebene nachvollziehbar. Solange eine Frau sich und ihr Leben kontrollieren will, kann sie ihrer Intuition nicht folgen. Es gibt viele Frauen, die ihren intuitiven Eingebungen nicht folgen, weil sie Angst haben, sie könnten einen Fehler machen und dann blöd dastehen. Doch solche Risiken muss eine Frau eingehen. Wer wagt, gewinnt. Auf dem weiblichen Weg geht es nicht um Perfektion, sondern um Natürlichkeit und Authentizität.

WEIBLICHE WEISHEIT

Je reiner dein Wasser ist, umso treffsicherer ist auch deine Intuition.

Logik: Logik entspringt dem Verstand, Intuition kommt aus den übersinnlichen Bereichen, die mit Logik weder zu erfassen noch nachzuvollziehen sind. Interessanterweise wird Logik in unserer Gesellschaft höher bewertet als Intuition. Ursprünglich war geplant, dass ich mein erstes Buch in Zusammenarbeit mit einem routinierten Koautor schreiben würde. Da ich bis zu diesem Zeitpunkt noch nie geschrieben hatte und mir das deswegen auch nicht zutraute, habe ich das zunächst begrüßt. Nach ein paar Tagen des gemeinsamen Schaffens hatte dieser Herr jedoch total die Nase voll. Er war so irritiert von meiner weiblichen Unlogik, dass er die Zusammenarbeit abrupt beendete. Da stand ich da mit einem Vertrag, den ich erfüllen musste, und keinerlei Ahnung, wie ich dieses Wunder, ein Buch zu schreiben, vollbringen sollte. Mir blieb wirklich nichts anderes übrig, als mich hinzusetzen und meiner Intuition zu folgen. So entstand mein erstes Buch *Das Tao der Frau.* Noch heute ist es so, dass ich vom Kopf her keine Bücher schreiben kann. Wenn ich jedoch entspannt bin und meiner Intuition folge, schreibt es sich wie von selbst.

WEIBLICHE WEISHEIT

Deine Intuition fließt aus dem Übersinnlichen, deine Projektionen reflektieren das Unbewusste, und deine Logik entspringt dem Verstand.

Genießen – Trainieren

Genießen: Es braucht weder Disziplin noch Training, um die Weiblichkeit zu entwickeln. Das wären die falschen Motoren. Der weibliche Weg, der Weg des Wassers, ist der Weg für stille, meditative Genießerinnen. Frauen gehen diesen Weg aus

Liebe, einem Verantwortungsgefühl, aus Neugier oder Lust auf mehr.

WER BIN ICH?

- Bist du eine Genießerin?
- Was genießt du am meisten?
- Genießt du deine Weiblichkeit?
- Was belastet deine Genussfähigkeit?

Trainieren: Training und Disziplin sind essenzielle Eigenschaften für den männlichen Weg. Damit das sexuelle Feuer und die Energie eines Mannes nicht entgleisen, bedarf es eines intensiven, disziplinierten körperlichen Trainings.

WEIBLICHE WEISHEIT

Es macht wenig Sinn, dass Frauen einen Weg der Disziplin und des harten Trainings gehen. Er bringt Frauen eventuell auf den Gipfel, nicht aber nach Hause.

Hingabe – Kontrolle

Hingabe: Hingabe kann nicht gemacht werden, Hingabe bedeutet, Inspiration und Erfahrung zuzulassen. Dazu braucht es Vertrauen in sich selbst, ins Leben und in den Moment. Hingabe hat nichts mit Unterwerfung oder Anpassung zu tun. Offenheit, das sich Hingeben an das, was ist, das ist die Voraussetzung, sich auf eine neue Erfahrung, auf ein inneres Abenteuer einzulassen.

Hingabe ist die Qualität, sich auf eine Erfahrung einzulassen und diese zu vertiefen. Ich beobachte das an den Leserinnen meiner Bücher. Es gibt Frauen, die sich von einem Text oder Buch inspirieren lassen, indem sie das Gelesene einwirken lassen. Sie sind offen für Neues und dafür, was dieses Neue mit ihnen macht. Es gibt andere Frauen, die die gleichen Texte rein intellektuell lesen und dann gleich darüber diskutieren wollen, ohne sich auf eine Erfahrung einzulassen. Sie blocken innere, emotionale oder intuitive Impulse ab und verbieten sich neue Erfahrungen – aus Angst davor, dass ihr Leben und die Persönlichkeit außer Kontrolle geraten könnten.

Weiblichkeit ist ein Zustand der Hingabe. Hingabe bedeutet nicht, alles hinzunehmen und zu schweigen. Hingabe bedeutet, sich in den Dienst der göttlichen Weiblichkeit zu stellen. Es bedeutet zuzulassen, dass das Leben dich zutiefst berührt und inspiriert und dir deinen Weg zeigt.

WEIBLICHE WEISHEIT

Der weibliche Weg ist der Weg der Hingabe. Hingabe ist das Tor zur Unendlichkeit.

WER BIN ICH?

- Ist der Begriff »Hingabe« für dich negativ belastet? Wenn ja, womit?
- Reflektiere über dieses Thema und schreibe in ein paar Sätzen auf, was Hingabe dir bedeutet.
- Benote deine Hingebungsfähigkeit (ja, wieder eine Benotung).
- In welchem Bereich fällt dir Hingabe am leichtesten?

Kontrolle: Männlich geprägte Frauen wollen Kontrolle. Sie können sich nicht einlassen. Sie leben ihr Leben ohne Hingabe, das heißt ohne innere Ausdehnung und tiefe weibliche Erfahrung. Für sie ist Lesen eine rationale Auseinandersetzung mit einem bestimmten Thema. Ihre Erfahrungen bestehen aus mechanischen Reizen, Stimulation und Reaktionen. Frauen, die sich und ihre Umwelt kontrollieren, leben meist von ihrem Intellekt gesteuert. Dieser begrenzt, analysiert, kontrolliert und verkleinert. Für Männer ist es sehr wichtig, die Kontrolle über sich selbst zu haben. Das Feuer muss unter Kontrolle gehalten werden, da es andernfalls sehr destruktiv werden kann. Wer mit dem Feuer spielt, muss die Fähigkeit besitzen, es zu kontrollieren. So muss auch männliche Sexualität unter Kontrolle sein.

Wird Weiblichkeit kontrolliert, verliert sie den Fluss und ihre Natürlichkeit. Zwanghaftes Verhalten bei Frauen wie beispielsweise ein Putzzwang oder ein Zwang, andere zu kontrollieren, ist immer ein Hinweis auf eine tiefe Verletzung. Es ist sehr anstrengend, die Wogen des weiblichen Meeres ständig unter Kontrolle halten zu wollen. Vor lauter Anstrengung verpassen die Kontrolleurinnen dann das Beste im Leben.

WEIBLICHE WEISHEIT

Wasser hat die Fähigkeit, Feuer zu kontrollieren, sowohl im Inneren als auch im Außen.

WER BIN ICH?

- Bist du ein Kontrollfreak?
- Was fällt dir leichter, dich hinzugeben oder Kontrolle auszuüben?
- Welche Bereiche versuchst du unter Kontrolle zu behalten?
- Hast du Angst, die Kontrolle zu verlieren?
- Was genau ist das für eine Angst? Angst wovor?
- Wie gut kannst du Kontrolle abgeben?
- Gibt es Menschen, die du gern unter Kontrolle haben möchtest?
- Gibt es Personen in deinem Leben, die dich kontrollieren?

- Wie reagierst du, wenn dich Menschen kontrollieren (wollen)?
- Beleuchte das Thema Kontrolle und Hingabe in Bezug auf deine Sexualität.

Natürlich – technisch

Natürlich: Weiblichkeit entfaltet sich durch Natürlichkeit und Spontaneität. Das bedeutet, so zu sein, wie du wirklich bist, und das zu machen, was für dich richtig ist. Das entspricht dem Weg der weiblichen Selbsterkenntnis. Mit Übungen und Techniken deine Weiblichkeit verändern zu wollen, würde bedeuten, ihre natürliche Entwicklung zu blockieren. Sexualität, Menstruation, Fruchtbarkeit und Schwangerschaften sind natürliche Bestandteile der Weiblichkeit. Je unnatürlicher Frauen leben, umso komplizierter werden sie. Es gibt heute sehr viele Frauen, die sich aus Eitelkeit, aus Angst vor ihrer Natürlichkeit oder weil sie den Geburtstermin selbst bestimmen wollen, für einen Kaiserschnitt entscheiden. Sogar weibliche Spiritualität wird zu einer kontrollierbaren Pflichtübung statt zu einer natürlichen Liebesaffäre mit Gott, die alles Unechte über den Haufen wirft. Bei natürlichen Frauen entwickeln sich weibliche Lust und Spiritualität wie von selbst. Schaff dir Räume, in denen deine Natürlichkeit sein darf.

WEIBLICHE WEISHEIT

Weibliche Sexualität braucht weder Therapie noch sonstige Techniken, sie braucht lediglich Natürlichkeit und eine spirituelle Ausrichtung, um sich frei und unbeschwert zu entfalten.

WER BIN ICH?

- Beleuchte dein Leben und schätze deine Natürlichkeit ein.
- Wie natürlich fließen deine Gefühle?
- Wie natürlich fließt deine Sexualität?
- In welchen Momenten spürst du deine Natürlichkeit am besten?
- In welchen Momenten verbietest du dir, natürlich zu sein?
- Was würde sich in deinem Leben verändern, wenn du natürlicher wärst?

Technisch: »Welche Übung kann ich machen, um meine Weiblichkeit zu stärken?« Das ist eine Frage, die mir häufig gestellt wird. Übungen und Techniken sind an sich Methoden mit männlichen Eigenschaften. Übungswege, Trainings und auch Sexualtechniken sind auf die männlichen Energiemuster abgestimmt. Sie entsprechen dem männlichen Weg. In diese Kategorie gehören auch all die Techniken, die Professionalität ausmachen. Fast jeder Beruf ist mit dem Erlernen von bestimmten Techniken verbunden. Eine Frau, die sich häufig in diesen Bereichen aufhält, muss sehr darauf achten, dass sie den Zugang zu ihrer Natürlichkeit nicht verliert. In diesem Zusammenhang werde ich immer wieder gefragt, ob Techniken wie Tai Chi, Chi Kung, Leistungssport und intensive Trainings gut für die Weiblichkeit seien. Die Antwort ist: Frauen müssen nicht lernen, ihre Energien in vorgegebene Bahnen zu lenken. Anpassen können sich Frauen schon zu gut. Die weibliche Energie frei in ihrer Natürlichkeit fließen zu lassen, das ist weibliche Heilung. Dabei sind alle Techniken hinderlich. Tai Chi und andere Körperübungen haben auch ihre positiven Wirkungen. Sie liegen jedoch nicht im Bereich der weiblichen Heilung. Ich habe sehr viele Frauen getroffen, die ihre weibliche Energie durch männliche Praktiken, Energiearbeit oder auch Sport regelrecht umgepolt haben.

Sicher gelten aktive, erfolgreiche Powerfrauen, die ihr Leben männlichen Gesetzmäßigkeiten unterworfen haben, auch heute teilweise noch als weibliche Vorbilder. Obwohl sie in männlichen Mustern funktionieren, wurden sie zum weiblichen Maßstab schlechthin. Viele Menschen lassen sich von Frauen täuschen, die sich äußerlich betont weiblich geben. Lass dich davon weder beeindrucken noch verunsichern. Es reicht völlig aus, wenn du dich an deinen eigenen Gefühlen orientierst und das machst, was sich für dich richtig und natürlich anfühlt.

WEIBLICHE WEISHEIT

Mach einfach das, was dir Spaß macht, und vertraue deiner Intuition. Falls du dich auf einen Übungsweg einlassen möchtest, achte darauf, dass das nicht auf Kosten deiner Weiblichkeit geht.

WER BIN ICH?
- Welchen Stellenwert haben Techniken in deinem Leben?
- Kennst du Methoden, deine Professionalität auszugleichen?
- Wendest du sie an?
- Wie kannst du verhindern, dass deine Weiblichkeit durch Techniken geschwächt wird?

Disziplin: Sie ist ein weiteres Gegenstück zur Natürlichkeit. Selbstdisziplin ist ein hervorragendes Werkzeug für den männlichen Weg. Für Frauen ist es viel aufbauender, wenn sie Dinge aus Neugier, Hingabe, Spaß, Liebe oder weiblichem Verantwortungsgefühl tun.

WEIBLICHE WEISHEIT

Disziplin macht Frauen männlich.

Realität – Fantasie

Realität: Weibliche Heilung benötigt den Boden der Realität. Deshalb sind ab und zu Enttäuschungen nötig, damit du in der Wirklichkeit landest. Bist du auf dem Boden angekommen, geht es erst richtig los. In der Realität zu landen ist jedes Mal wie eine kleine Geburt und tut daher weh. Beim Geburtsvorgang in die Realität handelt es sich um einen seelischen Schmerz. Darauf sind viele Frauen nicht vorbereitet. Diese Schmerzen gehören aber einfach dazu, sie sind auch nicht therapierbar, weil sie ein natürlicher Bestandteil der menschlichen Entwicklung sind. Sie sollten auch nicht weggetröstet werden.

Sich in der Realität zu verwurzeln, macht Frauen stark und wirkungsvoll. Und in der Realität zu wirken ist die Voraussetzung für die Integration und Manifestation der Weiblichkeit. Speziell der sexuellen Realität zu begegnen und ihr von Angesicht zu Angesicht gegenüberzustehen, ist manchmal sehr hart, aber die einzige Möglichkeit, sie zu heilen. Sexualität hat die größte Kraft, wenn sie in der Wirklichkeit stattfindet und nicht in der Welt der Fantasie.

WEIBLICHE WEISHEIT

Im Zeitalter der großen Täuschung wird alles so dargestellt, wie sich die Menschen es wünschen, nicht so, wie es wirklich ist. Hinter die Kulissen zu schauen und die Realität zu entdecken ist ein Teil der weiblichen Expedition. Lass dich nicht entmutigen, wenn du plötzlich Dinge siehst, die dich schockieren. Auch deshalb, weil viele Frauen der Realität nicht ins Angesicht schauen wollen, ist die Welt zu dem geworden, was sie heute ist.

WER BIN ICH?

- Wie gehst du mit Enttäuschungen um? Nenne ein paar deiner Strategien.
- Wie versuchst du, Enttäuschungen zu vermeiden?
- Was waren deine größten Enttäuschungen, und was hast du dadurch gelernt?
- War es dir möglich, den damit verbundenen Schmerz vollkommen zu heilen, oder vergiften Überreste davon dein Inneres mit Misstrauen und Angst?
- Wie versuchst du, deiner Realität auszuweichen? Nenne ein paar deiner Tricks.

Fantasie: Fantasie ist das Ticket ins Land der Träume und nicht in die weibliche Realität. Verletzte Frauen lassen sich gern in die Traumwelt entführen, deshalb sind Fantasiereisen, Romane oder das Fernsehen heute so beliebt. Menschen lassen sich gern täuschen, um ihre Realität zu vermeiden. In der Sexualität wird das besonders deutlich sichtbar: Sexuelle Fantasien und Inszenierungen haben in den letzten Jahren, gefördert durch das Internet, einen riesigen Aufschwung erlebt, sodass es für Menschen immer schwieriger wird, Sex mit einem geliebten Menschen losgelöst von Fantasien und Inszenierungen zu genießen. Der weibliche Heilprozess kann nicht in der Fantasie vollzogen werden, er führt Frauen aus dem Land der Täuschung in die Realität.

Es ist immer sehr delikat, mit Fantasie und Vorstellungskraft zu arbeiten. Solange Frauen nicht solide in ihrer Weiblichkeit verwurzelt sind und ihre Sensibilität und ihre Gefühle rehabilitiert haben, ist es kontraproduktiv, mit Visualisierungen zu hantieren. Bei verletzten Frauen kann das ihre Symptomatik massiv verstärken und den weiblichen Heilprozess verunmöglichen. Verletzte Frauen haben sich irgendwann in ihrem Leben durch schmerzhafte Erlebnisse von ihren Gefühlen abgespalten. Anstatt zu fühlen haben sie sich angewöhnt, sozusagen als ihre Überlebensstrategie, ihr Leben zu träumen. Nur so schienen sie der hässlichen Realität entkommen zu können. Gewisse Bereiche ihres Daseins haben sie in die Traumwelt verlagert. Nicht nur erotische Träume, auch esoterische und spirituelle Fantasien und Traumwelten sind heute sehr populär. Die weibliche Selbstheilung zielt darauf ab, diese Verletzungsmuster zu heilen, damit die Frauen zurück in die Realität finden, dorthin, wo »es« passiert.

Meditation ist der Weg, aus der Traumwelt in die Realität zu gelangen. Vom Gestern und Morgen ins Jetzt. Für viele Frauen kann es sehr schmerzhaft sein, plötzlich ihrer weiblichen Realität zu begegnen, so schmerzhaft, dass sie es gar nicht aushalten und immer vor sich selbst fliehen. Dieses Verhalten festigt die persönlichen Abspaltungsmuster, und sie aufzulösen ist ein wichtiges Ziel der weiblichen Heilung. Der weibliche Tempel ist kein Traumschloss, sein Fundament bildet die weibliche Realität. Nimm dir Zeit, deine Abspaltungsmuster zu erkennen. Ihre Heilung sollte nicht abrupt und unter Druck, sondern sehr sanft und liebevoll, in deinem eigenen Rhythmus geschehen.

WEIBLICHE WEISHEIT

Fantasien sind niemals ein Ersatz für ein Gefühl. Menschen, die ihre Sexualität mit Fantasien verknüpfen, entwickeln mit der Zeit große Mühe, sich in der Gefühlswelt frei zu bewegen. Auf dem weiblichen Weg geht es nicht darum, Fantasien zu unterdrücken. Als Impuls für deine Visionen haben sie durchaus eine Berechtigung. Dir eine innere Fantasiewelt aufzubauen, hilft dir jedoch nicht, in Kontakt mit der Realität zu kommen.

WER BIN ICH?

- Formuliere für dich den Unterschied zwischen Fantasie und Wirklichkeit und was das für deine Entwicklung bedeutet.
- Wie groß ist dein Interesse, deiner Realität zu begegnen?
- Was hast du diesbezüglich schon unternommen?

Östrogen – Testosteron

Östrogen: Je tiefer sich eine Frau auf ihre Weiblichkeit einlässt, umso stärker wird in ihrem Körper die Ausschüttung der weiblichen Hormone. Es ist erwiesen, dass weibliche Hormone Frauen sensibler machen und dass das männliche Testosteron diese Feinfühligkeit abstumpft. Weibliche Hormone werden auch Wohlfühlhormone genannt. Sie sind die ideale Unterstützung auf dem weiblichen Weg. Speziell für Frauen, die im Job sehr gefordert werden, ist es gut zu wissen, wie sie durch die Ausschüttung weiblicher Hormone ihren männlichen Zustand wieder neutralisieren können. Das sind alles Dinge, die Frauen in einer weiblichen Schulung gründlich erlernen. Die Brustmassage zum Beispiel ist eine der Methoden, diese Hormonausschüttung anzuregen. Aber auch diese an sich unkomplizierte Übung sollte nicht einfach so angewandt werden. Frauen müssen für eine solche Praxis sorgfältig instruiert werden und eventuelle Nebenwirkungen sowie den Umgang damit kennen. Auch mit gezielter Ernährung und Kräutern kann das hormonelle Klima gut beeinflusst werden. Es sprengt den Rahmen dieses Buches, praktische Anweisungen auszuführen. Diese Dinge lassen sich in meinen Praxisbüchern nachlesen (siehe Seite 367).

WEIBLICHE WEISHEIT

Unbeschreiblich weiblich ist ein hormoneller Zustand.

Testosteron: Es gibt einige Studien, die belegen, dass Frauen, die durch ihre Art von Arbeit, durch Sport oder Kampfsport ihre männlichen Anteile fördern und leben, einen höheren Anteil an Testosteron entwickeln als Frauen, die das nicht so stark tun. Sehr deutlich habe ich diese »Vermännlichung« auch bei Frauen beobachten können, die regelmäßig Energie-arbeit oder intensiv Körperübungen machen, und auch bei Frauen, die in okkulten Bereichen tätig sind. Die Ausschüttung von Testosteron ist für die weibliche Heilung und die spirituelle Entwicklung der Frau sehr kontraproduktiv.

WEIBLICHE WEISHEIT

Methoden und Lebensstile, die im weiblichen Körper eine Testosteronausschüttung stimulieren, sind bei Frauen sehr beliebt und populär geworden. Sie fühlen sich dadurch stark, ohne sich mit ihrer Gefühlswelt tief auseinandersetzen zu müssen. Die weibliche Heilung aber fördert das nicht.

Sein – Tun

Sein: Weiblichkeit ist ein Seinszustand und keine Tätigkeit. Deshalb kann sie nicht gemacht werden. Wir Frauen wurden dazu erzogen, uns von weiblichen Erfahrungen und Empfindungen, sozusagen von unserem weiblichen Seinszustand, abzuspalten und ihn zu ignorieren. Daraus entstand ein Frauenbild, das zu großen Missverständnissen führte. Eines dieser Missverständnisse lautet zum Beispiel: Weiblichkeit könne ausgedrückt werden. Doch Weiblichkeit ist kein Ausdruck, sie ist vielmehr ein Eindruck. Weiblichkeit bezieht sich immer auf die innere Chemie einer Frau, sie bezieht sich darauf, wie frau ist, und nicht darauf, was sie tut oder ausdrückt. Es bezeichnet die Quantität und Qualität ihres Wassers. Sich in der Weiblichkeit zu verwurzeln bedeutet, sich bewusst mit diesem inneren weiblichen Seinszustand zu verbinden. Dies geschieht erst temporär, bis es zum Dauerzustand wird. Starke weibliche Wurzeln zu haben bedeutet nicht, dass frau nur noch supermeditativ durch den Supermarkt wandelt und ihre Zeit damit verbringt, ihre Weiblichkeit zu schonen. Frauen, die in ihrem Sein verwurzelt sind, sind meist sehr kraftvolle und lebendige Frauen mit einer ausgeprägten Kreativität.

WEIBLICHE WEISHEIT

Weiblich sein, nicht weiblich tun. Solange die Weiblichkeit berechnend, zu einem bestimmten Zweck eingesetzt wird, ist sie nicht weiblich genug. Verletzte Frauen haben die Tendenz, ihre Weiblichkeit einzusetzen, statt weiblich zu sein. Frauen, die in ihrem weiblichen Sein verwurzelt sind, sind so, wie sie sind.

WER BIN ICH?

- Identifizierst du dich eher mit dem, wie du bist, oder mit dem, was du tust?
- Kannst du dich allein, ohne etwas zu tun, genießen oder empfindest du das als langweilig?

Tun: Frauen, die ständig etwas tun, verhindern, dass der Fluss des Wassers sie nach Hause trägt. Achte auf die unterschiedlichen Qualitäten des Tuns und des Fließenlassens. Frauen, die sich nicht spüren und von ihren Gefühlen abgeschnitten sind, versuchen ihre innere Leere häufig mit Aktivitäten zu überbrücken. Diese verhindern eine natürliche weibliche Entwicklung. Guter Sex wird nicht gemacht, er passiert. Es ist ein Unterschied, ob du liebst oder Liebe machst.

UNIVERSELLE WEISHEIT

Tun ist ein Weg, das Hier und Jetzt zu verhindern. Al Huang, ein chinesischer Lehrer, sagt zu diesem Thema: »We are be-ings, not do-ings.«

WER BIN ICH?

- Reflektiere zum Thema Tun und Sein. Was bedeutet das für dich? Fasse deine Gedanken in ein paar Sätzen zusammen.

Nähren – Erzeugen

Nähren: Das Weibliche ist das nährende Prinzip. Da es nährt, braucht es selbst auf allen Ebenen gute Nahrung. Ein Baby wird wohl in einem Augenblick gezeugt, aber es wird über eine lange Zeit genährt, um sich von einem Einzeller zu einem erwachsenen Menschen zu entwickeln. Die Weiblichkeit auf der körperlichen Ebene wird stark über die Ernährung beeinflusst. So hat jede Ebene ihre eigene Art der Nahrung, das werden wir später noch detaillierter anschauen.

WEIBLICHE WEISHEIT

Wissen, wie frau sich auf allen Ebenen optimal (er)nährt, und dies in jeder noch so verzwickten Lebenslage auch zu tun, ist eine der weiblichen Künste.

WER BIN ICH?

- Bist du in der Lage, dich selbst zu nähren?
- Wie nährst du dein Wesen und deine Weiblichkeit?

- Von welcher Nahrung hat dein Wesen zu wenig?
- Welche Bereiche könntest du noch besser nähren?
- Was ist die Lieblingsnahrung deiner Weiblichkeit?

Erzeugen: Feuer wird entfacht und Männlichkeit wird erzeugt. Der Begriff »kultivieren« steht im Zusammenhang mit männlicher Sexualität und Energie. Weiblichkeit zu erzeugen oder zu kultivieren würde bedeuten, sie zu vermännlichen.

WEIBLICHE WEISHEIT
Männlichkeit sorgt für Zündung und Spannung.

WER BIN ICH?
- Wie verstehst du den Unterschied zwischen nähren und erzeugen?
- Was könnte das für dich bedeuten?

Blut – Energie

Blut: Blut spielt im Leben jeder Frau eine zentrale Rolle. Blut gilt als weibliche Essenz, die alle Informationen und Nährstoffe, die einen Menschen ausmachen, in sich trägt. Durch das weibliche Blut werden sämtliche menschliche Erfahrungen und Muster von Generation zu Generation weitergegeben. Die Qualität und Quantität des Blutes bildet das körperliche Fundament der Frau. Es gibt Kulturen, die sagen, dass das Blut der Sitz der Seele ist. Frauen mit zu wenig oder mit unreinem oder zu heißem Blut haben immer Probleme mit ihrer Weiblichkeit. Deshalb müssen sich Frauen, die ihre Weiblichkeit entwickeln wollen, besonders gut um ihr Blut kümmern, es reinigen, gut nähren und auch seine Sprache verstehen lernen.

Als ich als junge Lernschwester mein erstes Praktikum in der Notfallpsychiatrie machte, leitete die über sechzigjährige Schwester Margrit, eine Vertreterin der alten Schule, die Station. Sie war sehr streng und autoritär, sowohl gegenüber den Patientinnen als auch gegenüber den Lernschwestern. Ich hatte Glück, sie mochte mich sehr und setzte sich deshalb persönlich für meine Ausbildung ein. Eines Morgens um sechs Uhr dreißig, wir hatten soeben die Notfallaufnahmen der Nacht besprochen, sagte Schwester Margrit in ihrem energischen Ton zu mir: »So, geh zu Frau Süss und nimm ihr Blut ab, da kannst du zeigen, was du in der Schule gelernt hast.« Ich bereitete das Tablett für meine allererste Blutentnahme vor und suchte im großen Wachsaal die neue Patientin. Als ich vor ihr stand, traf mich fast der Schlag. Die Patientin war so dick, dass ich beim besten Willen weder eine Vene sehen noch spüren konnte. Ich ging zurück ins Büro und sagte zu Schwester Margrit, dass ich die Blutentnahme nicht machen könne, weil ich keine Vene finden könne. Sie sagte schroff: »Meinst du, ich könnte das? Geh und nimm der Patientin Blut ab.« Mit viel Mut und noch viel mehr Glück klappte es dann auf Anhieb. Ich ging erleichtert mit dem Blut ins Büro, da schaute mich Schwester Margrit durchdringend an, hob das Blutröhrchen hoch und fragte mich: »So, was sagt dir dieses Blut?« Damals ging es mir so wie den meisten, Blut war für mich Blut. Als ich nichts sagte, erklärte sie: »Dieses Blut ist so dunkel, fast schwarz, diese Frau braucht mehr frische Luft.« Ich war beeindruckt, was sich vom bloßen Anschauen des Blutes aussagen ließ. Von diesem Tag an betrachtete ich das Blut aus einer anderen Warte und war sehr fasziniert von dieser roten mystischen Substanz.

Erst Jahre später lernte ich die Sprache des Blutes im Zusammenhang mit der monatlichen Blutung detaillierter kennen. Es gibt so viele Nuancen, wie eine Frau bluten kann, ich bin immer wieder erstaunt über die Vielfalt. Ich habe es noch in keiner Frauengruppe erlebt, dass zwei Frauen gleich bluten. Wie eine Frau menstruiert, gibt detailliert Auskunft über ihren körperlichen und seelischen Zustand. Zudem speichert Blut Informationen und auch Muster, die uns Menschen zu dem machen, was wir sind. Wir kennen das ja von den medizinischen Blutuntersuchungen, die scheinbar unendlich viele Aussagen erlauben. Diese Tests beziehen sich jedoch auf die Chemie und physiologische Zusammensetzungen und Reaktionen des Blutes. Was sich zusätzlich in den feinstofflichen Bereichen des Blutes abspielt, ist vonseiten der Wissenschaft ein noch weitgehend unerforschtes Gebiet. Das bedeutet jedoch nicht, dass diese Realität nicht existiert.

Weibliche Muster und weibliche Wunden werden durch das Blut von Generation zu Generation weitergegeben. Es ist eine der weiblichen Aufgaben, diese Muster zu durchbrechen und das Blut mit nährenden und heilenden Eigenschaften anzureichern und zu erneuern. Das weibliche Blut verbirgt wichtige Informationen und kann einer Frau den Weg zu Harmonie und Gesundheit weisen. Die Qualität und auch Quantität des Bluters hat auf dem weiblichen Weg absolute Priorität. Frauen müssen wieder lernen, für ihr kostbares Blut Sorge zu tragen und es nicht unnötig durch einen aktiven, feurigen Lebensstil zu verdampfen.

Jede Frau sollte wissen, wie sie ihr Blut stärken und reinigen kann. Lerne, deine eigenen blutbildenden Kraftsuppen zu brauen, leg dir einen kleinen Kräutergarten mit den für dich wichtigsten Kräutern an. Das wird dich nähren. Denn genügend gutes Blut ist die Voraussetzung für eine starke Weiblichkeit bis in die Knochen. Gutes und starkes Blut ist einer der kostbaren weiblichen Schätze, die dir den weiblichen Weg ermöglichen. Eine der weiblichen Aufgaben ist es, das eigene Blut in heiliges Blut zu verwandeln.

WEIBLICHE WEISHEIT

*Das weibliche Blut spricht die vergessene weibliche Sprache
und gibt der Frau detaillierte Auskunft über ihren Zustand.
Dein Blut spricht über die monatliche Blutung zu dir.*

WER BIN ICH?

- Was hast du für eine Beziehung zu deinem Blut?
- Blutest du regelmäßig, wie ist dein Zyklus?
- Wie lange dauert deine Blutung?
- Welche Farbe hat dein Blut?
- Wie fließt dein Blut?
- Welche Konsistenz hat dein Blut?
- Wie riecht dein Blut?
- Hast du vor, während oder nach der Blutung Schmerzen?
- Um welche Art von Schmerz handelt es sich?
- Wie ist dein Gefühlszustand vor der Blutung?
- In welcher Mondphase blutest du?
- Wie fühlst du deinen Eisprung?
- In welcher Phase deines Zyklus hast du am meisten Kraft?
- Gibt es Besonderheiten?

Dein Blutbüchlein: Ich rate dir, ein Blutbüchlein zu führen,
in dem du all diese Beobachtungen regelmäßig festhältst. Das
hilft dir, die Sprache deines Blutes nach und nach zu entschlüsseln.

Energie: Hier sprechen wir von Energie als Gegenpol zum
Blut. So wie die Qualität und Quantität des Blutes die Weiblichkeit regiert, so bestimmt der Energiepegel die Männlichkeit. So wie das Blut genährt wird, so wird die Energie erzeugt. So können Männer einen Zustand der Männlichkeit
produzieren, das passiert zum Beispiel durch sexuelle Erregung, Energieübungen oder Sport. Zu diesem Zweck wurden

in diversen Kulturen körperorientierte Übungssysteme entwickelt, um einerseits den männlichen Energiepegel möglichst anzuheben und andererseits Männern zu helfen, ihre Feuerkraft unter Kontrolle zu halten. Es gibt Frauen, und ich kenne das sehr gut aus eigener Erfahrung, die zu regelrechten »Energiejunkies« werden, wie ich das gern nenne. Sie beurteilen sämtliche Erfahrungen anhand der energetischen Intensität. Ohne ein intensives Energiegefühl fühlen sie sich leer und gelangweilt. Energie kann dann fast zur Sucht werden, meist wird für diese Frauen auch energetischer Sex sehr wichtig. Durch eine Überbetonung der (physischen) Energie wird der Zugang zur spirituellen Welt schwierig. Für Frauen mit einer solchen körperlich- energetischen Ausrichtung besteht die Gefahr, dass sie dabei ihr Blut und ihre Weiblichkeit schwächen und es langfristig immer schwieriger wird, zum weiblichen Weg zurückzufinden.

WEIBLICHE WEISHEIT

Energie hat die Tendenz, sensible Gefühle zu übertönen. Energiearbeit ist deshalb auf dem weiblichen Weg der Heilung eher ein Hindernis. Besonders männliche Frauen lassen sich von der intensiven Wirkung der Energiearbeit leicht verführen und verdrängen so ihre weibliche Verletzlichkeit ins Unbewusste.

WER BIN ICH?

- Nimm dir Zeit, die Unterschiede zwischen Energie und Blut zu erforschen.
- Reflektiere darüber, wie du dein Blut nähren und schützen kannst.

Inhalt – Form

Inhalt: Auf dem weiblichen Weg geht es um Inhalte, es geht darum, sich selbst zu beinhalten. Es ist der Weg, das eigene Wesen auf allen Ebenen zu beseelen. Der Rest folgt dann von selbst. Alles, was Frauen hilft, sich in ihrem eigenen Wesen zu verwurzeln, ist förderlich. Um auf deinen Inhalt (dein Wasser) gezielt einwirken zu können, ihn reinigen, heilen und befreien zu können oder ihn schlicht und einfach zu genießen, benötigt es deine innere Anwesenheit. Deshalb ist es auch wesentlich, dass du dich in deinem Inneren wohlfühlst und dich darum bemühst, dich nach innen auszudehnen, statt dich mit deinem Intellekt von der inneren Unendlichkeit abzuspalten. Um sich im Inneren wohlzufühlen, ist es hilfreich, alle Schichten und Ebenen immer wieder zu reinigen. Solange dein Wasser im Inneren verschmutzt ist, hältst du es dort nicht lange aus. Zu viele Frauen glänzen mit innerer Abwesenheit, sodass ihr Inhalt fremdbestimmt wird – von ihren Müttern, Partnern, Freundinnen, Lehrern, kollektiven Prägungen, der Mode und so weiter.

WEIBLICHE WEISHEIT

Manche Frauen sind so mit ihrer Verpackung beschäftigt, dass sie gar nicht merken, dass der Inhalt fehlt.

WER BIN ICH?

- Wie empfindest du die Qualität deines Inhalts?
- Was ist dein Lebensinhalt?
- Bist du damit zufrieden?
- Fühlst du dich für deinen Inhalt selbst verantwortlich oder machst du andere Menschen dafür verantwortlich?

Form: Frauen werden wegen ihrer schönen Form und Verpackung begehrt, missbraucht, benutzt und verkauft. Viele denken, sie müssten schön sein und gefallen, um zu überleben, weil das jahrhunderte- oder vielleicht jahrtausendelang so war. Noch heute sind schöne Frauen ein beliebtes Statussymbol oder Accessoire für das männliche Ego. Zu Werbe- und PR-Zwecken werden überwiegend Frauen benutzt. Viele Frauen investieren so viel in ihre äußere Form, dass innerlich keine Entwicklung stattfindet. Es gibt heute immer mehr Frauen, die merken, dass sich die Zeiten geändert haben: Sie entscheiden sich für ihren weiblichen Bewusstseinsweg. Eine neue Lebensform zu finden ist gut und schön, das Innere ist damit aber noch nicht geheilt, dieser wichtige Prozess darf nicht übersprungen werden.

Die Zeit ist nun reif für diese innere Heilung. Es wächst eine neue Generation von Frauen heran, die mich sehr freut: Sie sind schön und glücklich, sie verfügen über gute berufliche Qualifikationen und sind zudem auf dem spirituellen Weg. Sie sind nicht schön, weil sie stundenlang bei der Kosmetikerin waren, beim Therapeuten ihr Herz ausschütten oder mit Botox, Silikon und Sauerstoff ihre Fassade aufmöbeln. Sie sind schön, weil sie lebendig und selbstbewusst sind und Esprit haben. Viele der sogenannten schönen, bei Männern wegen ihres netten Äußeren begehrten Frauen werden von ihrer eigenen Attraktivität so geblendet und umschmeichelt, dass sie dadurch ihren inneren weiblichen Prozess total verpassen. Auch solche Frauen wird es immer geben.

Fehlende Inhalte werden mit schönen Worten, spitzfindigen Bemerkungen, Humor und gestylten Inszenierungen raffiniert kompensiert – die Fernsehshows sind voll von Beispielen dafür. Weil die meisten die Form über den Inhalt stellen, fällt es kaum auf. Form bezieht sich dabei nicht nur auf das Aussehen, sondern auch auf Formalitäten, Bewegungs-, Gesellschafts- und Therapieformen. Die weibliche Arbeit konzentriert sich auf die Essenz. Auf dem weiblichen Weg fokussieren wir uns darauf, den richtigen Samen in die Erde zu bringen, damit die gewünschte Form ganz natürlich wachsen und entstehen kann.

WEIBLICHE WEISHEIT

Die weiblichen Energien natürlich und frei fließen zu lassen stärkt die Weiblichkeit. Fehlt der Inhalt, gibt es keinen Fluss – und Form sowie Formalitäten werden überbetont.

WER BIN ICH?

- Nimm dir Zeit, über die Unterschiede zwischen Inhalt und Form zu reflektieren. Was bedeuten sie für dich?
- Durchleuchte dein Leben nach Formalitäten. Finde Momente, in denen du nur so tust als ob und Inhalte vortäuschst.

Religiös – politisch

Religiös: Die Religiosität und Spiritualität, von der wir hier reden, entspringt der höchsten Wahrheit, und die ist weder politisch noch diplomatisch oder kommerziell. Spirituelle Weiblichkeit ist deshalb immer Ausdruck von Unabhängigkeit, Authentizität und Reinheit. Die neue befreite Weiblichkeit braucht nicht nur sexuelle Befreiung, es ist auch notwendig, die weibliche Spiritualität von institutionalisierter Religion, Politik, Pseudoesoterik, Therapien und kommerzieller Ausbeutung zu befreien. Genug der manipulativen Scheinheiligkeit und korrupten Machtausübung, die auch im Namen »Gottes« betrieben werden! Die neue weibliche Spiritualität ist ein Ausdruck von Vertrauen in die Existenz. Ihre

Heimat ist die Stille und die Hingabe an die höchste Wahrheit. Sie entfaltet sich aus einem Überfluss von Lust und Liebe. Im Leben einer spirituellen Frau hat die Heilung der Seele oberste Priorität, sie richtet ihr Leben nach den göttlichen Gesetzen aus. Im Gegensatz zur »Politikerin« ist sie keine Mogelpackung, die so tut als ob, um ihre Ziele zu erreichen, sondern sie ist eine wahrhaftige Frau, die für ihre Werte einsteht.

WEIBLICHE WEISHEIT

Das ist die Generation der neuen Priesterinnen, der Trägerinnen einer lustvollen, integrierten weiblichen Spiritualität. Diese Frauen sind nicht Bestandteil einer Machtstruktur. Die neuen Priesterinnen, das sind normale Frauen wie du und ich, Frauen, die im Leben stehen und tun, was nötig ist. Sie handeln in tiefer Verbundenheit mit Isis, der großen Göttin, der Shekina, der höchsten Weiblichkeit, oder wie immer sie das Unbenennbare nennen möchten. Es sind die Frauen, die im Stillen wirken. Das sind die neuen Töchter.

WER BIN ICH?
- Wie wichtig ist dir Spiritualität?
- Wie viel Zeit investierst du in deine spirituelle Entwicklung?
- Nimm dein Tagebuch und schreibe eine Zusammenfassung zu deiner eigenen Spiritualität und darüber, was sie dir bedeutet.

Politisch: Politik ist die Gegenspielerin von Spiritualität. Politik ist ein Spiel der Macht. Da geht es weder um Wahrhaftigkeit noch um höhere Entwicklung. Viele Frauen sind Politikerinnen, ohne in der Politik tätig zu sein. Das sind die Diplomatinnen und Manipulatorinnen, die ihre Seele verkaufen, um etwas dafür zu bekommen, auch wenn es spirituell nicht korrekt ist. Das sind Frauen, die sagen, was andere gern hören wollen, um sich beliebt zu machen. Sie sind berechnend. Geschäftsfrauen müssen dieses Spiel beherrschen, und ich finde es super, wenn Frauen auch dies so richtig gut können. Es gibt aber leider immer mehr »Politikerinnen«, die im Bereich Lebenshilfe und Spiritualität tätig sind. Und es ist sehr verwerflich, wenn Politik im Namen der Nächstenliebe oder Spiritualität geschieht.

WEIBLICHE WEISHEIT

In jeder Frau sitzt eine kleine Politikerin oder Businessfrau, die ein Spielfeld braucht. Sei ehrlich genug, deiner Politikerin ein Wirkungsfeld zu geben, sodass sie weder andere noch dich blockiert oder verletzt.

WER BIN ICH?

- Stehst du in Kontakt mit deiner inneren Politikerin?
- Durchleuchte dein Leben nach Situationen, in denen du politisch handelst.
- Bist du darin erfolgreich?
- Wie oft hast du gemogelt oder jemanden getäuscht, um etwas zu bekommen, was dir wichtig war?
- Du kannst zum Beispiel auch politisch handeln, um jemanden zu schützen. Erkennst du dieses Muster in dir?
- Hast du dabei ein schlechtes Gewissen oder kannst du das Spiel genießen?

Weisheit – Wissen

Weisheit: Weibliche Weisheit hat nichts mit der Anhäufung von Wissen zu tun, sondern mit weiblichen Erfahrungen, die oft auch durch schmerzhafte Erlebnisse wachsen. Deshalb ist es wichtig, dass Frauen mutig sind und etwas wagen, auch wenn diese Aktionen ab und zu mit einer Bauch- oder Bruchlandung enden. Werden Enttäuschungen und Verletzungen verarbeitet, integriert und transformiert, entsteht daraus Weisheit. So einfach ist das! Bleiben Enttäuschungen oder das Erleben von Bruchlandungen im Inneren einer Frau unverdaut liegen, wird sie mit der Zeit unglücklich und frustriert.

Viele Enttäuschungen und Frustrationen entstehen aus einer etwas unrealistischen Lebenserwartung oder aus globalen weiblichen Missverständnissen. Viele Frauen hegen die Erwartung, dass alles, was sie anpacken, funktionieren soll. Dabei ist es doch schon toll, wenn fünfzig Prozent von dem, was wir machen, funktionieren. Eine hundertprozentige Erfolgsquote zu erwarten ist erlaubt – aber wie realistisch ist das? Viele erwarten noch mehr – und programmieren ihren Frust damit selbst vor. Da gibt es diesen Wunschtraum von der großen ewigen Liebe und der spannungsfreien, unendlich liebevollen Beziehung … Wir alle benötigen Spannungsfelder, Reibung, Einengung, Bruchlandungen, Verzweiflung und so weiter, damit sich die weibliche Weisheit in der Realität entwickeln kann. Der Samen weiblicher Weisheit wird durch weibliche Einweihung von Frau zu Frau weitergegeben.

WEIBLICHE WEISHEIT

Weisheit ist weder logisch noch richtig, weibliche Weisheit ist.

Wissen: Wissen ist der männliche Aspekt. Wissen wird angelesen, kopiert, angehäuft und logisch gegliedert. Du kannst viele Bücher über Weiblichkeit und Spiritualität verschlingen, dadurch wirst du sehr belesen und kannst gesellschaftlich über das Thema gut mitdiskutieren. Aber so wirst du nicht zu einer weisen Frau. Mit Wissen kannst du das

Thema Weiblichkeit bloß einkreisen, es ist weder der Weg, in die weibliche Welt einzutreten, noch öffnet Wissen dir das Tor zur weiblichen Weisheit.

WEIBLICHE WEISHEIT

Es gibt Frauen, die beeindrucken andere mit ihrem enormen Wissen. Lass dich nicht verunsichern. Auf dem weiblichen Weg kommt es nicht darauf an, wie viel Wissen eine Frau angehäuft hat, sondern auf die eigenen weiblichen und spirituellen Erfahrungen. Und die offenbaren sich in der Stille, nicht in schönen Worten oder tollen Auftritten.

WER BIN ICH?

- Lässt du dich von Menschen mit einem großen Wissen beeindrucken?
- Lässt du dich von solchen Menschen verunsichern?
- Lässt du dich durch tolle Worte von Menschen manipulieren?
- Glaubst du einem Menschen, der schön redet und viel weiß, mehr als deiner inneren Stimme?
- Kannst du Weisheit und Wissen voneinander unterscheiden?

Sich gut fühlen – Gut sein

Sich gut fühlen: Auf dem weiblichen Weg ist es wichtig, dass sich eine Frau gut fühlt. Sich gut zu fühlen ist das weibliche Fundament, dann kann frau auch gut sein. Beim Sex zum Beispiel ist es für Frauen meist wichtig, dass es sich gut anfühlt. Wenn sich Frauen gut fühlen, können sie auch top sein und beruflich mit den schwierigsten und dreistesten Situationen umgehen. Andersherum: Top und erfolgreich zu sein, verhilft frau noch lange nicht dazu, sich gut zu fühlen. Viele Karrierefrauen realisieren dann mit vierzig plötzlich, dass die beruflichen Erfolge sie nicht erfüllen, dass sie sich dabei nicht wirklich gut fühlen, dass ihnen etwas fehlt. Oft soll dann ein Kind diesen Teil noch last minute übernehmen und der unglücklichen Frau zu ihrem Glück verhelfen (Autsch!).

WEIBLICHE WEISHEIT

Eine Frau als Mutter zu haben, die sich nicht wohl in sich fühlt, ist für ein Kind ein großes Handicap.

WER BIN ICH?

- Wie wohl fühlst du dich mit dir und in dir?
- Was machst du alles, um dich wohler zu fühlen?
- Was kaufst du alles, um dich wohler zu fühlen?
- Was wirkt bei dir am besten?
- Können andere Menschen dein Wohlbefinden negativ oder positiv beeinflussen?
- Was hindert dich zurzeit am meisten daran, dich wirklich wohlzufühlen?

Gut sein: Und sie tun es wirklich! Nach dem Sex kommt die berühmte Frage: »War ich gut?« Nicht etwa die Frage: »War es gut für dich?« oder »Wie fühlst du dich?« Nein, die Frage lautet: »War ich gut?« Das sollte unter uns bleiben. Und bitte nicht lachen, wenn die Frage das nächste Mal kommt. Das Männliche ist leistungsorientiert und darf es auch sein. Je leistungsorientierter Frauen sind, umso mehr nehmen sie diese männlichen Muster an. Heute sind es immer mehr Frauen, die die Frage stellen: »War ich gut?« Das ist immer ein Hinweis dafür, dass ihre Weiblichkeit am Verdursten ist und besonderer Pflege und Nahrung bedarf.

WEIBLICHE WEISHEIT

Das Männliche muss gut sein, um sich gut zu fühlen. Das Weibliche muss sich gut fühlen, um gut zu sein.

WER BIN ICH?

- Wie ist es bei dir? Ist es für dich wichtiger, dich gut zu fühlen oder gut zu sein, oder ist beides miteinander verknüpft?

Stille – Lärm/Bewegung

Stille: Bevor du irgendetwas unternimmst oder jemanden ersuchst, dir dabei zu helfen, etwas in dir oder deinem Leben zu verändern, solltest du alles daransetzen, das Lied der Stille zu hören. Die Stille ist immer da, nur sind wir gewohnt, uns auf die Geräusche zu konzentrieren. Wenn du die Stille nicht hörst, bedeutet das lediglich, dass du noch nicht ganz auf die weibliche Frequenz eingestimmt bist. Nimm dir die Zeit, dein Wesen auf die Stille einzutunen und umzupolen, sodass es lernt, die Stille wahrzunehmen und zu genießen. Dadurch wirst du einen Zugang zu deiner weiblichen Weisheit finden. In der Stille verborgen liegt die universelle Heilerin, die ewige Wahrheit, das vergessene Wissen, die unsichtbaren Helfer, deine geistigen Lehrer und Lehrerinnen, deine Beschützer und Beschützerinnen. Der weibliche Weg zielt darauf ab, dass du lernst, dich bewusst mit den Weisen der inneren Ebene zu verbinden. Sobald es in dir still wird, kannst du diese weisen Ratgeber anrufen und eine Verbindung herstellen, um deine Fragen zu klären.

WEIBLICHE WEISHEIT

Einkehr und Stille zu erfahren und zu genießen, ist nicht das Ziel des weiblichen Weges, es ist die Voraussetzung, um weiblich leben und wirken zu können. Stille ist keine Reaktion auf körperliche oder energetische Betätigung. Stille und Rückzug sind Balsam für die weibliche Seele.

WER BIN ICH?

• Wie wohl fühlst du dich in der Stille?
• Was war die längste Zeit, die du in Stille verbrachtest?
• Kannst du das Lied der Stille hören?
• Wie viel Raum hat Stille in deinem Leben?
• Was hindert dich daran, Stille zu genießen?

Lärm: Lärm und auch akustische Berieselung und Stimulation können die Stille und deine innere Stimme übertönen, bis du sie gar nicht mehr hören kannst. Es ist empfehlenswert, einen ruhigen Schlafplatz zu wählen, damit du dich in der Nacht erholen kannst und nicht noch zusätzlich stimuliert wirst. Ich möchte Musik nicht als Lärm bezeichnen, aber ich kann sie auch nicht der Stille zuordnen. Achte darauf, wie du Musik in deinem Leben einsetzt. Zur Stimulation, zur Meditation, zum Träumen, zur Ablenkung, zur Freude, aus Sentimentalität, als Background? Eine ständige Berieselung mit Musik kann deine Energie irritieren und schwächen. Lerne Musik bewusst auszuwählen und einzusetzen, sodass sie dich auf deinem Weg unterstützt und dich nicht überstimuliert und dadurch unsensibel macht oder schwächt. Manche Frauen sind sehr lärmempfindlich und stören sich an jedem Geräusch, das nicht durch sie selbst verursacht wird. Das ist ein ernst zu nehmendes Körpersignal, das sehr gut mit chinesischer Medizin, vor allem durch Kräuter und gezielte Ernährung, behandelt werden kann.

WER BIN ICH?

- Was ist deine Hauptmotivation, Musik zu hören?
- Erkennst du bei dir noch andere Gründe?

Was bedeuten all die Polaritäten für dich?

Was kannst du nun mit all diesen Informationen anfangen? Ich schlage dir vor, dein eigenes Leben, deine Aktivitäten und Gedanken anhand der neuen Erkenntnisse zu durchleuchten. So lässt du diese Informationen tiefer in dich einsinken und bereitest dich für deine weibliche Heilung vor.

Es geht nicht darum, dich zu verurteilen, wenn du eine überwiegend männliche Lebensart bei dir feststellen musst. Wichtig ist, dass du dich und deine Realität besser kennenlernst. Auf dem weiblichen Weg braucht alles seine Zeit. Jeder einzelne Schritt ist dabei wichtig. Dieser erste Schritt der Umorientierung ist eine wichtige Phase, in der du beginnst, dein Leben aus einer anderen Perspektive zu betrachten, in der du deine Gedanken, deine Gefühle, deine Beziehungen und auch meine Aussagen kritisch überprüfst, um deinen eigenen weiblichen Standpunkt zu finden.

Deinen weiblichen Weg beginnen

In diesem Buch wende ich mich an deine Intelligenz und deine Weisheit, deshalb werde ich dir hier auch keine vorgekauten Fertiggerichte auftischen. Du wirst in diesem Buch fast keine konkreten Tipps dazu erhalten, was du wie zu machen hast. Stattdessen wirst du Richtlinien finden, die dir auf den ersten Blick vielleicht etwas oberflächlich und vage vorkommen, insbesondere wenn du es gewohnt bist, dass dir jemand genau sagt, was du wie und wie oft zu tun hast. Für Frauen jedoch funktionieren vorgefertigte Schablonen nicht. Frauen in Systeme, Muster oder Übungsabläufe hineinzupressen und sie mit praktischen Tipps zu überhäufen, verhindert die Entwicklung ihrer weiblichen Intelligenz. Es ist deine Aufgabe, die hier vorgestellten Richtlinien und weiblichen Gesetze in dein Leben und deine individuelle Situation zu übersetzen. Durch deine persönliche Auseinandersetzung damit kann für dich etwas Neues wachsen, für deine weibliche Entwicklung ist diese persönliche Arbeit essenziell. Nur du kannst dir anhand deiner eigenen Erfahrungen weibliche Werte zurückerobern und dein Leben auf einem soliden Fundament neu aufbauen. In dieser Phase der Neuorientierung ist die Frage deiner Motivation von größter Bedeutung.

WER BIN ICH?

Bitte nimm diese Fragen in dich hinein. Sie sollten nicht auf die Schnelle beantwortet werden, sondern dich auf deinem Lebensweg begleiten.

- Warum mache ich das, was ich mache?
- Wo will ich hin?

Viele Frauen haben allerlei Träume und sind sehr erstaunt, wenn ihr Dasein komplett anders verläuft und sie sich plötzlich in einem Leben wiederfinden, das sie nie wirklich wollten. Dann fühlen sie sich wie im falschen Film. Dir immer wieder diese beiden Fragen zu stellen, dient dazu, dass du deine Träume und Visionen bewusst nach unten in die Realität bringst, damit sie wahr werden können. Träume, die frau heute »halt so vor sich hin träumt«, sind meist stark von unbewussten Inhalten geprägt. Diesen kollektiven weiblichen

Inhalten zu vertrauen, erachte ich in der heutigen Zeit als nicht sehr klug. Der Ausweg aus dem mächtigen Kollektiv ist, deine eigene Individualität zu entfalten und deinen Weg und deine Ziele selbst zu bestimmen.

Auf dem weiblichen Weg bedeutet das nicht, dass du nun die Zielerreichung kontrollierst. Nachdem du dir Ziele gesetzt hast, kannst du entspannen, deiner Weiblichkeit vertrauen und die Entwicklung zulassen. Dein Leben wird dir Lösungen präsentieren, auf die du selbst nie gekommen wärst. Bei mir ist das eigentlich immer so. Ohne eine bewusste Ausrichtung wäre ich sicherlich auch nicht in der Lage, ein Buch wie dieses zu schreiben.

Solange du dir nicht diese wichtigen Fragen gestellt und immer wieder ehrlich beantwortet hast, macht nichts wirklich Sinn. Dabei solltest du nie vergessen: In deinem tiefsten Inneren findest du das Tor zur unendlichen weiblichen Weisheit. Bei Unsicherheiten ist es viel schlauer, sich nach innen auszudehnen, um diese weibliche Weisheit anzuzapfen, als andere Menschen als Ratgeber zu konsultieren. Niemand außer dir selbst kann dir einen sinnvollen Rat erteilen, der dich dir näher bringt.

Aus weiblicher Kraft

Auf dem weiblichen Weg zu sein bedeutet nicht, dass du nur noch ruhig und still in deinem Kämmerchen sitzt, um deine Weiblichkeit zu nähren und zu schonen. Auf dem weiblichen Weg zu sein bedeutet vielmehr, mit der weiblichen Kraftquelle verbunden zu sein, egal was du tust und wo du bist. Dazu musst du die weiblichen Qualitäten kennen, um in dir die Voraussetzungen zu schaffen, dass die Weiblichkeit in dir wieder leben darf. Nur wenn deine Weiblichkeit wieder deine Heimat wird, kannst du aus ihr Kraft, Liebe und Weisheit schöpfen. Diese weiblichen Schätze ermöglichen es dir, deine Lebensaufgabe wirkungsvoll und voller Lust wahrzunehmen. Auf dem weiblichen Weg brauchst du dich nicht extra um deine männlichen Eigenschaften zu kümmern. Konzentriere dich voll und ganz auf die Entwicklung deiner Weiblichkeit. Denn hast du den tiefsten Punkt deiner Weiblichkeit erreicht, wird sie wieder gefüllt, dann beginnt sie automatisch überzufließen und verwandelt sich in Kreativität.

Ein wichtiges Ziel auf dem weiblichen Weg ist es, dass du deine beste Freundin wirst. Je mehr du dich mit dir abgibst, umso mehr kannst du dir und deiner inneren Kraft und Intuition vertrauen. Das Wesentliche ist, dass du als unabhängige, glückliche Frau ganz natürlich deinen heilenden weiblichen Beitrag zum Ganzen leisten kannst, weil du mit deiner inneren Heimat verbunden bist. Wenn nicht du jetzt, wer dann wann?

Männliche Überlebensstrategien

Noch einmal zum Männlichen: Dieser kleine symbolische dunkle Punkt beeinflusst das männliche Verhalten sehr. Unbewusst sind Männer ständig getrieben, dem bedrohlichen inneren Abgrund, diesem riesigen weiblichen schwarzen Schlund zu entrinnen. Dieser Teil repräsentiert ebenfalls ihre Mutter, ihre eventuell verletzte, gekränkte, frustrierte Mutter. Für einen Fötus ist die Mutter immer das direkte Tor zum unbewussten Kollektiv. Ob persönliche oder kollektive Prägungen, diese unbewussten Inhalte werden schon im Mutterleib auf die Kinder übertragen. Für Söhne ist das eine sehr große Verunsicherung. Es fragen mich immer wieder Frauen, was wäre, wenn da keine verletzte, sondern eine geheilte Mutter gewesen wäre. Wie würde sich der dunkle weibliche Punkt dann anfühlen? Wäre er dann immer noch ein Ort der Verunsicherung oder gar der Bedrohung? Ich glaube, dass sich eine geheilte Mutter sicher vor allem auf die emotionale und sexuelle Entwicklung ihres Sohnes positiv auswirken würde. Besonders diese beiden Bereiche werden durch verletzte Mütter sehr ungünstig geprägt, was es Männern erschwert, ihrer inneren und auch äußeren Weiblichkeit wirklich zu vertrauen und sich innig damit zu befassen.

Um diesem inneren »Schwächezustand«, der im Kern jedes Mannes steckt, zu entrinnen, werden Männer ziemlich erfinderisch. Denn Sensibilität, Offenheit und Verletzlichkeit werden bei ihnen immer noch häufig als Schwächen abgestempelt. So haben leider auch nur sehr wenige Männer einen unbeschwerten Zugang zu ihrem weiblichen oder auch spirituellen Potenzial. Männer werden von klein auf getrieben, dieser inneren Verunsicherung entgegenzuwirken. In der Welt, in der wir heute leben, ist das für sie eine notwendige Überlebensstrategie. Es ist wie ein unbewusster Trieb, den hochsensiblen, verunsicherten Kern zu schützen. Ohne Zweifel: Dieser empfindsame innere Bereich braucht Schutz. Und doch auch Auseinandersetzung.

Es gibt so viele Strategien, diesem inneren Abgrund zu entkommen, wie es Männer gibt. Meist handelt es sich nur um eine temporäre Überbrückung, nicht um eine endgültige Lösung. Sex ist auch zu diesem Zweck sehr beliebt, dabei spielt es keine Rolle, ob er sich nur im Kopf abspielt oder wirklich vollzogen wird. Macht, Geld, Sport, Geheimnisse gehören dazu, es kann auch ein Amt als Präsident im lokalen Kaninchenverein sein, das diese erlösende Funktion übernimmt. Wieso schützt ein Amt beim Kaninchenverein oder Geld oder Sport den inneren weiblichen Kern, wirst du dich vielleicht fragen. Es geht in all diesen Bereichen um Macht und um die Bestätigung, wichtig zu sein. Das hilft Männern, diesem inneren schwarzen Loch zu entrinnen.

Männliches Handicap

Weiblichkeit wird durch Tiefe, Liebe, Stille und Freiheit gestärkt, Männlichkeit braucht Höhepunkte, Erfolge und Anerkennung. Aufgrund dieser Tatsache macht es wenig Sinn, wenn Frauen ihre Wahrheitssuche auf männliche Wahrheiten abstützen. Selbst wenn Männer in diesen Bereichen absolut brillant und kompetent auftreten und mit ihrer Präsenz beeindrucken – rein hormonell gesehen haben Männer ein Handicap: In erster Linie müssen sie immer den inneren Unsicherheitsfaktor neutralisieren, überdecken und verstecken. Deshalb geht es in der männlichen Welt in erster Linie um Macht, Potenz, Anerkennung und das ewige Spiel mit dem Feuer. Da müssen Wahrheit und Integrität hintanstehen.

Es gab Zeiten, da leitete ich gemeinsam mit männlichen Kollegen Seminare. Ich empfand es irgendwann zu mühsam, ständig mit anzusehen, wie die Jungs sich in Szene setzen mussten, um zu zeigen, wie gut sie sind, vor allem besser als die Kursteilnehmer. Es war ihnen immer ein Hauptanliegen, dass sie bei den Teilnehmern und vor allem bei Teilnehmerinnen beliebt und respektiert waren und als Mann gut ankamen. Ich musste die Zusammenarbeit beenden, da es für die heilende, spirituelle Arbeit, wie ich sie für sinnvoll erachte, ein Hindernis ist, wenn der Lehrer oder die Lehrerin sich ständig beweisen muss und sich in den Vordergrund stellt. Im Unterricht für Männer ist das okay und sogar notwendig, aber bei spiritueller Heilarbeit mit Frauen ist diese Unterrichtsweise sehr kontraproduktiv. Da ist es erforderlich, die eigene Person und Energie zurückzunehmen und den Teilnehmerinnen den Raum für ihre eigenen Erfahrungen zu geben.

Zugegeben, Männer machen das zum Teil äußerst raffiniert, gekonnt und charmant, und die Zusammenarbeit ist dementsprechend belebend und witzig. Es gibt viele Frauen, denen es ausreicht, einen tollen, charismatischen Lehrer, Therapeuten oder Guru zu haben, den sie bewundern können. Sie wollen nicht mehr. Solange sie jemanden lieben und anbeten können, ist ihre Welt in Ordnung. Das ist bei Frauen ein sehr beliebter Weg. Leider hat er aber nicht viel mit dem weiblichen Befreiungsweg zu tun. Aber als eine von vielen Episoden im Leben einer Frau ergeben auch solche Erfahrungen wichtige Einsichten.

Der Weg des Wassers

Es ist an der Zeit, dass sich mehr Frauen am Weiblichen orientieren und Wege suchen, die ihrer eigenen Natur wirklich entsprechen. Wenn Frauen sich um ihre eigenen Angelegenheiten kümmern und Männer sich um die ihren, können die Voraussetzungen geschaffen werden, dass sich Männer und Frauen wieder in Liebe und Respekt begegnen und sich gegenseitig inspirieren. Wasser weist Frauen den Weg in ihre weibliche Heimat. Weibliche Entwicklung ist keine Instantsuppe. Mit der beständigen Kraft des Wassers können die härtesten Strukturen und ältesten Muster aufgelöst werden. Mit ihr wird deine weibliche Expedition zum tief greifenden, transformierenden Heilprozess.

Weibliche Expedition

Wie du im vorhergehenden Kapitel erfahren hast, ist der weibliche Weg anders als all die Wege, die wir kennen. Er wird seit sehr langer Zeit unterdrückt und manipuliert und ist heute richtiggehend verschüttet. Nicht nur in unseren Rechten wurden und sind wir Frauen beschnitten, selbst die Geschlechtsteile viel zu vieler Frauen werden noch heute verstümmelt. Das ist erschreckend! Das Einschneidendste von allem ist jedoch, dass die weibliche Spiritualität an ihrer Wurzel erstickt wurde. Durch die jahrtausendelange spirituelle Abwesenheit des Weiblichen sind religiöse Machtstrukturen entstanden, die es auf höchster Ebene verhindern, dass Frauen ihre spirituellen Kräfte entwickeln. Und das wirkt sich auf alle Lebensbereiche der heutigen Frauen aus.

Die spirituelle Unterdrückung der Frau ist in erster Linie dafür verantwortlich, dass Frauen ihr Potenzial nicht oder nur durch größten Einsatz entwickeln können. Ich erachte die spirituelle Unterdrückung als die Hauptursache dafür, dass Frauen so sehr leiden und gefangen in alten Mustern und Begrenzungen leben. Es würde sich nicht viel ändern, wenn Frauen zum Beispiel katholische Priesterinnen oder Oberhaupt der Buddhisten oder der Mullahs werden würden – weil Frauen anders sind, als es die heutigen Institutionen vorgeben, und auch andere spirituelle Wege gehen müssen. Es gibt viele Merkmale, die weibliche Wege von männlichen unterscheiden. Ein wesentlicher Unterschied ist sicherlich, dass Frauen, die nach weiblichen Gesetzen leben, im Gegensatz zu Männern keinerlei hierarchische Strukturen, Organisationen oder Dogmen benötigen, um ihre Spiritualität zu entfalten. Die weibliche Spiritualität wird durch strenge Formen, Schuldgefühle und Angst erdrückt, denn sie benötigt Freiheit, Liebe und Lust für ihr Wachsen, und sie wird von der persönlichen Weisheit und Authentizität einer Frau bestimmt.

Ich möchte mich in keiner Weise negativ über Religiosität äußern. In jeder Religion und in jedem religiösen Kult ist die spirituelle Essenz zu finden. Ich erachte es jedoch als die weibliche Aufgabe, wieder direkt in Kontakt mit dieser Essenz zu kommen. Für Frauen ist das heute ungewohnt, sind wir ja gerade zu spiritueller Unselbstständigkeit und Abhängigkeit erzogen worden, viele Ängste und Unsicherheiten versperren uns den weiblichen Weg. Aus diesen Gründen rate ich dir, langsam und gezielt vorzugehen. Die folgenden Seiten beinhalten Themen, mit denen du dich befassen solltest, bevor du dich auf deine weibliche Expedition begibst. Der weibliche Weg ist eine abenteuerliche Reise in dein Innerstes. Auf diesem Weg wirst du in die tiefsten unbewussten Gewässer eintauchen müssen. Dabei solltest du nie vergessen: Es gibt keine Frau, die deinen Weg schon gegangen ist. Du bist die erste Frau, die deinen spirituellen Weg beschreitet. Deshalb liegt es auch an dir, die Verantwortung für jeden einzelnen Schritt zu übernehmen. In diesem Kapitel wirst du ein paar wichtige Hinweise dafür finden.

Selbst ist die Frau

Egal was du tust, auf dem weiblichen Weg geht es um deine eigenen Erfahrungen, deinen Lernprozess und deine Entwicklung. Lass dich nicht verunsichern, wenn dich andere

Menschen psychologisch analysieren, bewerten oder verurteilen und dir sagen, was gut für dich ist und was nicht. Lass dir deine eigenen Erfahrungen nicht nehmen. Lass dir von niemandem vorschreiben, was oder wie du fühlen solltest. Erlaube dir, deine Sensibilität und deine Erfahrungen zuzulassen. Dazu musst du dich entspannt und wohlfühlen, denn in einem angespannten Zustand geht das nicht. Du brauchst nicht tausend Dinge zu tun. Es reicht, wenn du das, was du tust, richtig tust und deine eigenen Erfahrungen vertiefst. So kannst du immer besser hinter die Kulissen spüren und den verzerrenden Schleier lüften, der deine weibliche Realität verhüllt.

Du brauchst auch nicht eine andere Frau zu werden. Das wäre ja schade. Du hast schon alles, was nötig ist, in dir. Dich selbst zu ergründen ist weit mehr als eine Entdeckungsreise wert. Bei Körperübungen gilt das Gleiche: Auf dem weiblichen Weg ist es unwesentlich, wie toll und technisch perfekt du eine Körperübung ausführst. Was für dich während einer Übung oder Meditation im Inneren passiert, das ist das Wesentliche. Es ist wichtig, wie du dich dabei fühlst. Deine Ausdehnung nach innen, dein Kontakt zu dir selbst und deine höhere Ausrichtung zählen.

Die Erde leidet

Unsere Welt befindet sich zurzeit in einem großen Wandel, und ob sie die Verstümmelung, der sie durch habgierige und selbstsüchtige Menschen ausgesetzt ist, überleben wird, ist ungewiss. Wegschauen oder andere dafür verantwortlich machen funktioniert für viele Frauen nicht mehr. Sie wollen sich aktiv am Heilungsprozess der Erde, der Gesellschaft und ihrer Mitmenschen beteiligen.

Frauen leben ihr Leben zumindest in unserer Gesellschaft

zunehmend selbstbestimmt. Die große Gelegenheit ist gekommen, mehr Verantwortung zu übernehmen und die Welt mit weiblichen Qualitäten zu nähren und zu stabilisieren. Dass Frauen das dürfen und können, ist global gesehen relativ neu und noch lange nicht selbstverständlich, denn es betrifft erst eine kleine Minderheit. Die meisten Frauen leben noch heute in kultureller, religiöser oder familiärer Gefangenschaft. Doch es geht nicht, sich fremdbestimmt aus weiblichen Abhängigkeiten zu befreien. Deshalb ist es auf dem weiblichen Weg essenziell, selbst die Zügel in die Hand zu nehmen.

Dass wir Frauen in unserer Gesellschaft etwas mehr Freiheiten haben, bedeutet noch lange nicht, dass wir uns von alten Fesseln und Abhängigkeiten völlig befreit hätten. Der innere Befreiungsprozess steht noch bevor. Der weibliche Heilprozess ist auf Frauen wie dich angewiesen, die ihren kleinen oder größeren Beitrag dazu leisten können. Die weibliche Befreiung ist keine Revolution, bei der Frauen laut für ihre Rechte kämpfen, es ist auch nicht in erster Linie eine Rebellion, mit der frau sich gegen äußere Ungerechtigkeiten auflehnt. Es ist ein stiller, privater Prozess, der sich in deinem Inneren abspielt. Du brauchst nicht gleich dein ganzes Leben auf den Kopf zu stellen, einen neuen Beruf oder eine neue Beziehung zu finden. Es reicht, kleine Dinge anders anzugehen und sich dabei anders zu fühlen. Nur im tiefsten Inneren kannst du dich und deine weibliche Realität verändern. Indem du deinen weiblichen Tempel, deinen Körper, in Dankbarkeit pflegst, ehrst und nährst, gibst du auch der Erde gute Impulse. Sobald Frauen ihre eigene Weiblichkeit wieder erschlossen und die weiblichen Anteile geheilt haben, haben sie viele Möglichkeiten, die Erde zu unterstützen.

*Weibliche Ohnmacht soll nicht durch Macht ersetzt, sondern
mit Bewusstsein und Liebe geheilt werden.*

Das Nein der Frauen

Im Moment ist die Situation des Weiblichen etwas verwirrend: In gewissen Bereichen haben sich Frauen emanzipiert, sie wissen, was sie wollen, oder, noch häufiger, was sie nicht wollen. Frauen haben gelernt, Nein zu sagen. Sie sind auch selbstsicher genug, ihr Nein nicht zu begründen. Sie setzen sich durch, indem sie sagen: »Das stimmt nicht für mich, Punkt, Ende der Durchsage.« Frauen beschweren sich, wenn das Essen im Restaurant nicht schmeckt. Frauen setzen sich mit ihrem Leben auseinander, sie wollen es ergründen und ihre Lebensqualität verbessern. Sie haben eine Astrologin und besuchen ab und zu ein Medium oder einen Heiler. Noch vor ein paar Jahren hatten alle Frauen einen Therapeuten. Heute haben moderne Frauen einen Anwalt und einen Coach.

Frauen experimentieren, verwirklichen sich als Künstlerin, machen sich im Beruf selbstständig. Wenn gerade der passende Mann fehlt, kaufen sie sich den geeigneten Samen für ihr Kind auf der Samenbank. Frauen haben einen Massagestab in der Kommode und wissen, was sie sexuell erregt. Frauen können hemmungslos zicken, kritisieren oder flirten, wenn es ihnen Vorteile bringen soll. Frauen wollen Karriere machen, sie wollen Präsidentinnen werden und sie kämpfen für die Liebe, ihre Rechte und den Weltfrieden. An diesen Punkt zu kommen, wo Frauen all diese Dinge tun können, war ein wichtiger Schritt für die weibliche Entwicklung. Lernen, das kleine Machtwörtchen »nein« auszusprechen und im Alltag zu nutzen, brachte eine große Wende. Denn dieses kleine Wort verleiht Frauen Macht. Dieses Nein, diese kleine oder größere Auflehnung ermöglicht es ihnen, aus der weiblichen Ohnmacht auszubrechen. Dieses Nein, dieses »So nicht, ich will es anders« ist der Startschuss zu einem neuen Leben.

Frauen spüren, dass noch viel zu tun ist. Noch immer leben sie nicht ihrem weiblichen Potenzial entsprechend und noch immer stehen ihnen nicht all die weiblichen Kräfte zur Verfügung, die sie für ihre Befreiung und Verwirklichung so dringend bräuchten. Auch das macht die heutige Zeit etwas chaotisch. Nun geht es um mehr, es geht um die tief greifende weibliche Heilung.

Ja oder Nein?

Was für eine Befreiung, plötzlich Nein sagen zu dürfen! Dieses Nein vermittelt den Eindruck, jemand zu sein. Nein zu sagen gibt einem das Gefühl, etwas zu bewirken. Frauen ist es dadurch gelungen, eine kleine Kostprobe von Macht zu erfahren. Das Nein-Sagen hat sich wie ein Lauffeuer in der weiblichen Welt verbreitet. Die Neins haben sich in das Leben vieler Frauen eingeschlichen, und bei einigen ist daraus sogar eine chronisch verneinende Lebenshaltung entstanden. Es gibt Frauen, die sagen aus Gewohnheit zuerst einmal Nein, um so von anderen Ideen oder anderen Menschen nicht überrollt zu werden. Einige sagen sogar Nein, wenn sie Ja meinen.

Sehr beliebt unter Frauen ist auch der Austausch von Negativitäten, dann wird zum Beispiel über andere getratscht – als Vertrauensbeweis unter Freundinnen. Interessanterweise schließen sich Frauen häufig aus negativen Beweggründen zusammen: um Probleme zu besprechen, einen Missstand zu beheben oder sich gegenseitig zu trösten und zu stützen.

- Beobachte über die nächsten Wochen, aus welcher Lebenshaltung heraus du bestimmte Dinge tust.
- Empfindest du dich eher als eine positive oder eine negative Frau?
- Erinnere dich an ein paar Situationen, in denen du nicht authentisch handeltest. Wann sagtest du Ja, fühltest oder dachtest aber Nein, und umgekehrt?
- Nimm deine engsten Beziehungen unter die Lupe: Welche sind negativ, welche positiv orientiert?
- Beurteile diesbezüglich auch die Beziehung zu ferneren Freunden und Bekannten.
- Fällt es dir leichter, Ja oder Nein zu sagen, oder bist du vielleicht der Ja-Aber-Typ?

Ergründe dein Nein

Nein sagen hilft der Persönlichkeit, sich zu bestätigen und zu festigen. Das Nein war und ist wichtig. Auch ein Kleinkind kommt in die Trotzphase und wird später ein Teenager, der sein Leben, sein Geschlecht und seine Identität zu finden sucht. Diese Phasen der Auflehnung, die Episoden der Rebellion können für die Umwelt sehr anstrengend sein, doch sie sind wichtig für die Entwicklung der eigenen Persönlichkeit.

Auf dem weiblichen Weg ist es deine Aufgabe, hinter die Kulissen zu schauen. So ist es auch nötig herauszufinden, woher dein Nein kommt. Jedes Nein in dir speichert wichtige Informationen über dich selbst. Bevor du deine Umwelt mit deinem Nein beglückst, solltest du es ergründen, damit du weißt, welche Kraft dich antreibt.

Dein Nein ist eine starke Waffe. Um es bewusst einzusetzen, musst du all seine Nuancen gut kennen. Solange dein

Nein an unerledigte Emotionen, Frustration und Hass gekoppelt ist, macht es wenig Sinn, es nach außen zu projizieren. Es ist deine weibliche Verantwortung, diese Dinge zu heilen und so auch dein Nein von unnötigem Ballast zu befreien. Die Befreiung deines Neins dauert so lange, bis du von ganzem Herzen Ja sagen kannst, bis jede Zelle in dir mit dieser Ja-Schwingung vibriert. Du sollst nicht zur unkritischen Ja-Sagerin werden. Das Nein sollte nur nicht Ausdruck von Hass oder Frustration sein, sondern als Instrument der Liebe benutzt werden. Als verantwortungsvolle Frau wirst du in der Lage sein, dein Nein dort einzusetzen, wo du es für notwendig hältst.

WEIBLICHE WEISHEIT

»Nein« ist immer eine Einschränkung und Isolation, »ja« immer eine Ausdehnung und Integration.

Um genauer zu erfahren, was ich meine, kannst du folgendes Experiment machen: Sag Ja und fühle, was es in dir bewirkt. Anschließend tust du dasselbe mit dem Nein.

Eine lebensbejahende Einstellung bedeutet nicht, sich anzupassen, sondern sich zu befreien. Eine negative, pessimistische Lebenseinstellung bedeutet Gefangenschaft. Es gibt eine positive Kraft, die in der heilenden Weiblichkeit verwurzelt ist, und eine Kraft, die der eigenen Negativität entspringt. Bei Frauen, die ihre weibliche Heilung überspringen wollen, dockt sich die Macht meist an ihren unbewussten, negativen Emotionen wie Rachsucht, Hass, Eifersucht oder Angst fest.

Unabhängigkeit

Für Frauen heute ist es wichtig, dass sie lernen, Verantwortung für ihr Leben zu übernehmen, auf eigene Faust zu handeln und ihre finanzielle, emotionale, sexuelle und spirituelle Unabhängigkeit anzustreben. Das bedeutet nicht, dass nun alle Mütter arbeiten und Geld verdienen sollten. Die weibliche Befreiung ist nicht von äußeren Umständen abhängig. Weibliche Unabhängigkeit ist ein innerer Zustand, der sich für Frauen als höhere Lebensqualität manifestiert. Abhängigkeit und Unabhängigkeit, das ist nicht unbedingt das Lieblingsthema vieler Frauen. Lass es uns trotzdem etwas genauer betrachten.

Viele Frauen bekommen Kinder, um ihrem Leben einen Sinn zu geben – zumindest ist diese Idee als Glaubenssatz in Vielen gespeichert. Andere arbeiten, um Lob und Anerkennung zu bekommen. Es gibt abertausende Varianten solcher unbewussten Muster, die im Innenleben von Frauen gespeichert sind und sie daran hindern, sie selbst zu sein. Weibliche Befreiung bedeutet, diese unbewussten Prägungen und Muster zu erkennen und aufzulösen, damit die weibliche Energie unbeschwert und frei fließen kann, damit sich das individuelle Potenzial entfalten und frau ihr Leben in seiner Einzigartigkeit genießen kann.

WER BIN ICH?

Durchleuchte verschiedene Lebensbereiche. Benote in der folgenden Checkliste (siehe nächste Seite) jeweils, wie zufrieden du bist. 1 steht für höchste Zufriedenheit, 6 für die geringste.

	1	2	3	4	5	6
Wie steht es um deine Gesundheit?						
Wie fühlst du dich als Frau?						
Wie wohl fühlst du dich in deinem Körper?						
Wie ist dein Kontakt zu deinen Gefühlen?						
Wie ist deine Sexualität?						
Wie ist deine Orgasmusfähigkeit?						
Wie sind deine sexuelle(n) Beziehung(en)?						
Wie lustvoll ist dein Leben?						
Wie ist (war) das Verhältnis zu deiner Mutter?						
Wie ist (war) das Verhältnis zu deinem Vater?						
Wie gefällt dir deine Arbeit?						
Bist du zufrieden mit deiner Ausbildung?						
Wie ist deine finanzielle Situation?						
Wie steht es um deine Altersvorsorge?						
Wie beurteilst du deinen Bekanntenkreis?						
Wie ist deine Wohnsituation?						
Wie ernährst du dich?						
Wie ist deine Schlafqualität?						
Wie erlebst du deine Spiritualität?						
Wie gut kannst du dich entspannen?						
Wie beharrlich lebst du deine Vision?						
Wie steht es um deinen Lebenstraum?						

Pass auf, dass du dich beim Beantworten der Fragen nicht verurteilst. Diese Auseinandersetzung soll dir helfen, Klarheit in dein Leben zu bringen, denn vor lauter Bäumen ist es manchmal schwer, den Wald zu erkennen.

Will ich mich wirklich entwickeln?

Es ist notwendig, sich immer wieder mal die Vertrauensfrage zu stellen: Will ich mich wirklich entwickeln? Oder hoffe ich immer noch darauf, dass sich die äußeren Umstände, meine Beziehung vielleicht, meine Mutter, meine Arbeitskollegen oder meine Nachbarn, ändern?

WER BIN ICH?

- Will ich mich wirklich entwickeln und verändern? Schreib die ersten Gedanken, die dir in den Kopf schießen, ohne zu überlegen auf.
- Was bin ich bereit, für meine Entwicklung zu tun?
- Was habe ich bis jetzt für meine weibliche Heilung getan?

Gefahren und Chancen der Selbstheilung

Wenn sich Frauen auf ihre weibliche Heilung einlassen und sich erste kleine Erfolge bemerkbar machen, sind sie häufig so angetan und überwältigt, dass sie den Eindruck haben, bereits am Ziel angelangt zu sein und den weiblichen Heilprozess schon durchlebt zu haben. Besonders bei sehr männlich geprägten Frauen besteht die Gefahr, dass sie in dieser ersten Phase ihrer weiblichen Entwicklung bloß eine weibliche Maske über ihre Persönlichkeit stülpen und dann das Gefühl haben, sie hätten ihre weibliche Heilung schon vollzogen. Dabei haben sie bloß mal etwas an ihrer Weiblichkeit genippt.

Sobald sie einen ersten Zugang zu ihren Empfindungen haben und ihre Sexualität vielleicht etwas lustvoller geworden ist, sind sie so beeindruckt, dass sie sich selbst zur großen Expertin in Sachen Weiblichkeit auserkoren fühlen. In der ersten Begeisterung über ihre persönlichen Erfolge wollen sie gleich selbst Lehrerin, Therapeutin oder Heilerin werden. Sie sind aber den weiblichen Weg selbst noch nicht wirklich gegangen, sie verfügen noch über kein solides weibliches Fundament. Doch sie stürzen sich in therapeutische Ausbildungen und sind damit so beschäftigt, dass der sensible weibliche Samen gleich wieder verkümmert.

Jede Frau braucht eine Phase der Umorientierung, nicht nur gedanklich. Diese Umpolung umfasst das ganze Leben einer Frau und dauert so lange, bis sie eben vollzogen ist. Bei sehr stark männlich gepolten Frauen braucht es entsprechend länger, bis sie wieder in ihre eigene Tiefe vorgedrungen sind und vor allem all ihre unterdrückten Gefühle geheilt haben. Männlich gepolte Frauen sind es gewohnt, forsch und schnell voranzukommen. Da sie bislang mit ihren männlichen Lebensstrategien erfolgreich waren, wird sich ihre Persönlichkeit gegen die weibliche Entwicklung sperren. Das kann sogar so weit gehen, dass sich die Frau selbst Weiblichkeit vorspielt – das sind dann diese perfekten Frauen, die alles »richtig« und vorbildlich, in ihrem Sinne weiblich korrekt machen. Es sind Frauen, die nicht weibliche Erfahrungen und Authentizität leben, sondern ihre vermeintlich perfekten, weiblich gefärbten Ideen in die Welt tragen. Solche Frauen übernehmen dann in Seminaren sehr schnell die Funktion der Koleiterin und erklären den anderen die weibliche Welt – ohne authentische Erfahrung. Vor lauter Begeisterung für die weibliche Sache vertiefen sie nicht ihren eigenen weiblichen Weg, sondern wollen so schnell wie möglich eigene Gruppen oder Behandlungen anbieten. Die Abwehrmanöver verletzter Frauen sind zum Teil so verworren, dass frau zu ihrer eigenen Detektivin werden muss, um sich selbst auf die Schliche zu kommen.

Für erfolgreiche »Powerfrauen« ist es zuerst einmal eine große Herausforderung, eine andere Gangart und einen weiblicheren Lebensrhythmus zuzulassen und sich daran zu gewöhnen. Dieser Wechsel ist oft mit einer anfänglich großen Verunsicherung verbunden. Das ist normal, da sich alles, was bis jetzt seine Gültigkeit hatte, verändert, wenn die Frau bereit ist, sich dem weiblichen Prozess hinzugeben. Es ist ein enormer Schritt, plötzlich seiner Intuition zu vertrauen und sich nicht mehr vom »allwissenden« Verstand lenken zu lassen, zumal das Weibliche in einer Frau nach all den Jahren der Unterdrückung sehr verunsichert ist. Dies zu realisieren tut weh, sehr weh sogar. Ich weiß noch, wie das bei mir am Anfang war, als ich feststellte, wie männlich ich tickte: Ich war geschockt und wollte gar nicht hinschauen. Von heute auf morgen wird die innere Umkehr nicht geschehen. Diese Umpolung ist ein langfristiges Projekt, das die Beständigkeit des Wassers benötigt. Und wie immer auf dem weiblichen Weg kannst du nichts forcieren, sondern musst es geschehen lassen.

Der weibliche Weg birgt unermessliche Schätze. Frauen wurden schon so viele Lügengeschichten und Mogelpackungen aufgetischt, dass sie gar nicht glauben können, dass es diese weiblichen Kostbarkeiten wirklich gibt. Noch unglaublicher erscheint es ihnen, dass sie den Schlüssel zu dieser Schatztruhe selbst in der Hand halten. Der weibliche Weg ist die Reise zur Essenz. Die Weiblichkeit ist nicht die Endstation der Reise. Sie ist der Weg zu einer neuen Dimension des Daseins. Die Reise kann erst dann richtig beginnen, wenn frau den Schlüssel gefunden hat, der ihr die weiblichen Pforten öffnet.

WEIBLICHE WEISHEIT

Die größte Gefahr auf dem weiblichen Weg ist, dass Frauen aufhören, bevor es wirklich begonnen hat.

Weibliche Gesetze

Weibliches Leben wird von Schwangerschaften und Geburten geprägt. Es gibt Frauen, die sich entschließen, eine Schwangerschaft auf der materiellen Ebene auszutragen und Kinder zu bekommen. Andere Frauen entscheiden, dieses Potenzial auf der schöpferischen, künstlerischen oder spirituellen Ebene auszuleben. Es spielt keine Rolle, auf welcher Ebene eine Frau ihr Potenzial lebt, die weiblichen Gesetzmäßigkeiten bleiben die gleichen, und auch die Art und Weise, wie sich weibliche Projekte entfalten, entspricht immer dem Modell einer physischen Schwangerschaft: Zuerst kommt die Befruchtung, dann der Prozess der Reifung. Dabei braucht ein Projekt ebenso wie ein Embryo einen geschützten Raum, in dem es ungestört wachsen kann. Ist es stark und reif genug, wird es geboren, in die Welt gebracht. Dann zeigt sich, ob es die Kraft hat zu überleben. Auch weibliche Projekte brauchen diesen Raum und die Zeit, um zu wachsen. Wollen Frauen alles kontrollieren, kann sich die Lebendigkeit und Kraft eines Projekts nie richtig entfalten. Alles »machen« zu wollen, ist einer der größten Fehler von Frauen, die dadurch ihren wertvollen kreativen Projekten den Weg verbauen.

Schwangerschaften, das Wachsen von etwas Neuem im eigenen Inneren, sind Ausdruck des weiblichen Prinzips. Sie sind Ausdruck eines der größten Wunder des Lebens. Frauen haben immer die Möglichkeit, eine Schwangerschaft einzuladen oder zu verhindern. Ich gehe davon aus, dass du weißt, wie das auf der körperlichen Ebene funktioniert. Wenn du mit dem Inhalt des Buches vertraut bist, wirst du diese Prinzipien auch auf die anderen Ebenen übertragen können.

Das weibliche Potenzial ist ein eindeutiger Hinweis darauf, dass Frauen dafür bestimmt sind, Neues in die Welt zu bringen.

Schwangerschaften

Die Phase, in der ein Projekt, eine Heilung, eine spirituelle Qualität im Inneren ungestört heranwächst, ist essenziell. Werden diese wichtigen Prozesse abgekürzt oder ausgelassen, fehlt die Voraussetzung dafür, dass das Projekt gelingt. Dann kann kein kraftvolles überlebensfähiges Menschenkind heranreifen, keine Heilung stattfinden, keine neue spirituelle Qualität wachsen.

Alle weiblichen Prozesse sind diesen Gesetzmäßigkeiten unterworfen und sollten deshalb nicht gepusht, beschleunigt oder manipuliert werden. Sie müssen natürlich wachsen und reifen dürfen. Alle weiblichen Prozesse, sei das Heilung, Meditation, ein kreatives Projekt oder was auch immer, dauern genau so lange, wie es eben dauert, bis die Entwicklung vollzogen ist. Weil sie den weiblichen Gesetzen unterworfen sind, sind sie genauso eigenwillig, wie es Frauen selbst auch sind. Weibliche Projekte lassen sich selbst vom Intellekt der Frau nichts aufdiktieren.

Männer werden von männlichen Mustern regiert, sie können nun mal nicht empfangen, etwas in sich aufnehmen, eine Schwangerschaft durchleben und gebären. Je mehr die Frauen in männlichen Mustern leben, umso schwieriger werden ihre Geburtsprozesse, weil sie den Heimvorteil nicht nutzen können, den ihnen das Frausein eigentlich verschafft. Bei Frauen, die die weiblichen Gesetze nicht kennen, besteht die Gefahr, dass sie ihren Prozessen und Projekten nicht den Raum und die Zeit zum Reifen geben, sondern sie in eigener Regie managen und manipulieren. Sie wollen alles selbst bestimmen und verpuffen so unnötigerweise ihre kostbare weibliche Essenz. So kommt es, dass viele weibliche Früchte verfrüht gepflückt werden, bevor sie wirklich reif sind. Diese eigentlich ungenießbare Ernte wird dann mit Süßstoffen und künstlichen Aromen angereichert und wunderschön verpackt.

Richtlinien zur weiblichen Art, Projekte umzusetzen

♥ Um Projekte erfolgreich umzusetzen, sollte frau körperlich möglichst fit, gut drauf und selbstverständlich mit ihrer weiblichen Kraft verbunden sein. Ein Projekt aus Verzweiflung oder Angst anzuzetteln, ist nicht optimal.

♥ Gute Ideen werden auf dem weiblichen Weg nicht intellektuell ausgeheckt, sondern ausgebrütet.

♥ Jedes weibliche Projekt und jede Unternehmung braucht einen geschützten nährenden Raum und Zeit, um heranzuwachsen und zu reifen.

♥ Ständig über ein Projekt zu reden oder nachzudenken, schwächt es unnötig. Kein Projekt sollte mit ständigen Aktivitäten gefördert werden.

♥ Wenn ein Projekt reif ist, hat es auch genügend Durchsetzungskraft, in der Welt zu bestehen.

♥ Bei fast allen Projekten tauchen Hürden oder Schwierigkeiten auf; das gehört dazu. Der weibliche Weg, damit umzugehen, ist anzuhalten, um neue Kräfte zu sammeln, bis es weitergeht. Häufig sind die Blockaden innerlich. Dann solltest du dich um deine Lebensfreude und den Lebensfluss kümmern.

♥ Manchmal steht alles still, und weder die Projekte noch irgendetwas anderes bewegt sich. Das macht Frauen am Anfang oft sehr nervös, und sie beginnen wie wild herumzuagieren, um etwas in Bewegung zu setzen. Es lohnt sich aber, in diesen Momenten entspannt zu bleiben. Gönn dir eine Pause, um dich selbst zu regenerieren und in der Stille zu stärken. Irgendwann kommen die Dinge wieder zum Fließen.

♥ Die Voraussetzung für das Gelingen deiner Projekte ist, dass du das, was du machen möchtest, auch wirklich gut kannst. Dazu braucht es nicht nur die weibliche Weisheit, sondern auch fundiertes berufliches Know-how. Geht es beispielsweise um berufliche Selbstständigkeit, ist es immer gut, so lange einen Brötchenjob zu haben, bis das neue Projekt Power hat und auf eigenen Füßen steht.

Von meinen eigenen Projekten weiß ich, wie viel Energie und körperliche Kraft sie einem abverlangen. Plötzlich entsteht eine Art Eigendynamik, wie ein starker Sog, dem ich mich bis zur Vollendung des Projekts nicht mehr entziehen kann. Es ist extrem wichtig, dass du dir nach einem intensiven Projekt genügend Zeit einräumst, um dich zu regenerieren. Nach jedem Projekt entsteht im Inneren eine Leere. Erlaube dir, diese Leere zu spüren. Vor allem wenn deine Projekte erfolgreich sind, solltest du dich davon nicht blenden und beeindrucken lassen. Nimm dich zurück, lass diese Leere zu und pflege und nähre dich, bis du wieder gestärkt bist. Weiblicher Erfolg wird nicht im Außen gemessen, sondern daran, wie du dich im tiefsten Inneren fühlst. Weiblicher Erfolg ist unabhängig von dem, was die Außenwelt über dich denkt, ob sie dich gut findet oder nicht. Eine starke Innenorientierung ist auch (oder gerade dann) wichtig, wenn deine Projekte finanziell erfolgreich sind und der Rubel rollt.

Meditieren statt therapieren

Der weibliche Weg ist eine Verschmelzung von Widersprüchen. Einerseits solltest du dein Leben in die Hand nehmen und die Verantwortung für deine Entwicklung selbst übernehmen, und gleichzeitig ist es erforderlich, dich dem natürlichen Fluss hinzugeben und Entwicklung geschehen zu lassen. Der Verstand kann so etwas nicht verstehen, und das ist auch nicht nötig. Der weibliche Heilprozess ist kein therapeutischer Weg, der in Begleitung einer therapeutisch ausgebildeten Fachperson besprochen oder bearbeitet und somit immer auf Verstandesebene gebracht wird. Es ist eine Expedition ins Innere, ein spiritueller Weg, der von einer ganzheitlichen weiblichen Schulung und von weiblicher Meditation begleitet wird. Es handelt sich immer um den individuellen, selbstbestimmten Weg einer einzelnen Frau – unter der Obhut ihres spirituellen Selbst, das ihr den Weg in ihre spirituelle weibliche Heimat weist.

WEIBLICHE WEISHEIT

Meditieren statt therapieren macht Frauen heil und weise.
Weil Frauen so viel therapieren, können sie nicht meditieren.

Weibliche Traditionen

Seit es Menschen gibt, gibt es Frauen, die den weiblichen spirituellen Weg gehen. Einzelne Frauen hatten schon immer Zugang zu den weiblichen Mysterien, das waren Frauen, die über eine sensitivere Wahrnehmung verfügten als ihre Mitmenschen. Schon immer stellten einige Frauen ihr Leben in den Dienst der weiblichen Heilung, der großen Göttin, Binah, Maria, Isis oder wie immer sie ihre weibliche spirituelle Quelle oder ihre spirituellen Prinzipien nennen. Es sei dahingestellt, ob es für das höchste weibliche Prinzip, für die große Urmutter überhaupt einen Namen braucht. Es gab Zeiten, da waren weibliche Spiritualität, weibliche Kulte und weibliche Fertigkeiten, zu denen magische Schutzrituale, die Arbeit mit Heilkräften, Fruchtbarkeitsrituale und weibliche Einweihungen gehören, wesentliche Bestandteile verschiedenster Gemeinschaften und Kulturen der Erde.

Erinnern wir uns nur an all das weibliche Wissen, über das Hebammen und Krankenschwestern jahrhundertelang verfügten. Das weibliche Know-how und die weiblichen Bereiche, die wir Frauen uns heute mühsam zurückerobern müssen, galten in anderen Zeiten als selbstverständlich. Sicher ist, dass die weiblichen Wahrheiten, die weibliche Göttin, die weiblichen Kraftquellen und die weibliche Weisheit nicht verschwunden sind. Sie sind gegenwärtig wie eh und je, nur haben sich die meisten Frauen von dieser Realität oder Ebene abgewandt. Indem wir heute wieder weibliche Wege gehen, können wir zu dieser in Vergessenheit geratenen weiblichen Welt zurückfinden.

Esoterisch oder exoterisch

In allen spirituellen und religiösen Bewegungen, seien das Kirchen, Kulte, Mysterienschulen, Klöster, Bruderschaften und so weiter, erkennen wir bei genauerer Betrachtung zwei Bereiche: einen exoterischen, den äußeren, oberflächlichen, und einen esoterischen, den inneren Bereich. Die exoterischen Ebenen sind öffentlich, also fast allen Menschen zugänglich. Dazu gehören zum Beispiel religiöse Feste, Prozessionen, Taufen und Gottesdienste, aber auch Lieder, Geschichten und Bräuche. An all diesen Aktivitäten können Menschen teilnehmen, die über keinerlei spirituelle Schulung oder übersinnliche Begabung verfügen.

Es gibt sehr viele Menschen, meiner Ansicht nach die Mehrheit der Menschen, die einfach gern mitmachen. Sie sind gern Teil einer größeren Vision, ohne sich für ihre innere Entwicklung einsetzen oder zu irgendetwas verpflichten zu wollen. Deshalb sind spirituelle Großevents und religiöse Gemeinschaften heute so populär, und sie haben durchaus eine wichtige Funktion. Für ein paar Stunden an etwas Größerem teilzuhaben – das stillt den Hunger vieler Menschen.

Der esoterische Bereich ist traditionellerweise der innere Bereich, der nur bestimmten Menschen zugänglich ist, und zwar solchen, die bereit sind, sich für ihre spirituelle Entwicklung verbindlich einzusetzen. Ihnen wird wegen ihrer Hingabe und ihrem Einsatz die Aufnahme in den inneren Kreis oder die Einweihung in die Mysterien zuteil. Ich spreche hier nicht von Reiki oder sonstigen Einweihungen, die an jeder Straßenecke gekauft oder gar im Internet ersteigert werden können. Echte Einweihungen in die Geheimnisse der Menschheit finden auf einer sehr tiefen Ebene statt und sind nicht käuflich. Schüler und Schülerinnen, die bereit sind, eine größere Verantwortung zu tragen, werden anhand ihres langfristigen, hingebungsvollen Einsatzes, ihrer Meditationspraxis und ihres persönlichen Entwicklungsgrades erkannt und ausgewählt sowie Schritt für Schritt in die Mysterien der Menschheit oder die weiblichen Geheimnisse eingeweiht. Ein Prozess, der sich durchaus über einen Zeitraum von mehreren Inkarnationen eines Menschen erstrecken kann.

Mein Anliegen ist es, Frauen zu motivieren, sich nicht mit oberflächlicher Exoterik, die sich heute interessanterweise Esoterik nennt, zu begnügen, sondern sich auf den weiblichen Weg zu machen, um die Schätze, die im Inneren einer Frau verborgen liegen, zu entdecken und die Geheimnisse des Lebens zu ergründen.

Verborgene Weisheit

Der weibliche Weg zurück zu den alten verborgenen Weisheiten, zurück zur göttlichen Weiblichkeit, ist eine innere Reise. Es ist der individuelle Prozess, die Schleier zu lüften, die die großen Geheimnisse der Weiblichkeit, die Mysterien der großen Isis verhüllen. Es ist eine innere Expedition für Frauen, die ahnen, dass es mehr gibt als die materielle Welt, die wir sehen und messen können. Der weibliche Weg ist etwas für neugierige, lernwillige Frauen, die sich in der sichtbaren und in den unsichtbaren Welten verantwortungsvoll, unbeschwert und sicher bewegen möchten. Er ist etwas für Frauen, die sich in den Dienst der höchsten Weiblichkeit stellen wollen. Dieses Abenteuer ist für Frauen, die ihre weibliche Verantwortung lustvoll wahrnehmen wollen.

Und das kann jede Frau. Die Tätigkeit, die sie ausübt, und insgesamt ihre Lebenssituation spielen dabei keine ernsthafte Rolle. Es gibt immer tausend Gründe, etwas nicht zu tun. Der Zeitpunkt ist nie ideal zum Meditieren, die äußeren Umstände sind meist unpassend. Es gibt Frauen, die es trotzdem tun und sich Zeit für die innere Entwicklung nehmen. So entsteht die weibliche Kraft. Das ist das große Geheimnis: es trotzdem tun. Der weibliche Prozess öffnet sich durch die Bereitschaft, sich dem eigenen Heilprozess hinzugeben und sich auf tiefere Schichten und höhere Realitäten einzulassen. Es ist der Weg zurück in die mystische weibliche Heimat.

WEIBLICHE WEISHEIT

Weibliche Entwicklung sollte immer in einem größeren Zusammenhang stehen. Die einzelnen Schritte sollten sorgfältig aufeinander und auf die verschiedenen Lebensbereiche abgestimmt werden. Das ist eine der wichtigen Richtlinien für den weiblichen Weg.

Weibliches Fundament

Auf dem weiblichen Weg ist es notwendig zu verstehen, warum du etwas tust. Du musst dich ebenso intellektuell mit dem Thema auseinandersetzen wie energetisch, emotional und spirituell. Es ist sinnvoll, die weibliche Reise gut vorzubereiten und dir als ersten Schritt ein solides weibliches Fundament zu errichten. Das bedeutet, dass du dich in deiner Weiblichkeit solide verwurzeln musst, denn:

- ♥ Wie könnte sich eine Frau, die keine soliden weiblichen Wurzeln hat, auf Tiefe einlassen, ohne sich dabei im kollektiven Meer der Emotionen zu verlieren?
- ♥ Wie könnte sich eine Frau ohne weibliches Fundament dem enormen Sog des Kollektivs widersetzen und ihren eigenen weiblichen Weg gehen?
- ♥ Wie könnte eine Frau ohne weibliches Fundament bewusst Kraft aus ihren weiblichen Wurzeln schöpfen?
- ♥ Wie könnte eine Frau ohne weibliches Fundament ihre tiefen weiblichen Wunden heilen?
- ♥ Wie könnte eine Frau ohne weibliches Fundament ihre weibliche Unabhängigkeit genießen?
- ♥ Wie könnte eine Frau ohne weibliches Fundament sich selbst heilen und von hemmenden Mustern befreien?

Weg der Ent-Täuschung

Die weibliche Reise ist der Weg der Selbsterkenntnis. Es ist eine Reise in dein Inneres, eine Expedition in die Tiefe. Es ist dein Prozess, deine Weiblichkeit zu entdecken und deiner Realität zu begegnen. Diese Wahrheitssuche führt dich in alle möglichen Enttäuschungen hinein. Bis du deiner Realität begegnen kannst, wirst du gründlich und immer wieder enttäuscht werden. Das gehört dazu. Da gibt es weder eine Abkürzung noch eine Umfahrung, denn Enttäuschungen führen dich direkt in die Tiefe. Dort und nirgendwo anders findest du die kostbaren Perlen. Wenn Träume zerbrechen, Erwartungen nicht erfüllt werden oder eine Hoffnung erlischt, lösen sich die Täuschungen auf. In diesen wertvollen Momenten hast du die einzigartige Gelegenheit, der Realität von Angesicht zu Angesicht gegenüberzustehen.

WEIBLICHE WEISHEIT

Enttäuschungen sind nicht negativ und müssen weder therapiert noch analysiert oder beweint, sondern von Herzen gefeiert werden. Was gibt es denn Befreienderes, als der Wahrheit ein Stück näher zu kommen?

Deine Heimkehr

Deine spirituelle Heimat zu suchen und zu finden ist Teil deiner weiblichen Expedition. Wo deine spirituelle weibliche Heimat liegt, kannst du nur herausfinden, indem du sie suchst und nicht locker lässt, bis du sie gefunden hast. Je tiefer du deine Weiblichkeit heilst, Schicht um Schicht, umso natürlicher und lustvoller wird auch deine Heimreise sein. Eine tiefe Verbundenheit mit deiner spirituellen Heimat zu etablieren und sie zu genießen, egal wo du bist, gibt dir die Freiheit, so zu sein, wie du bist, und das zu tun, wozu du bestimmt bist. All diejenigen, die sich ernsthaft auf ihre spirituelle Heimreise eingelassen haben, wissen, was für ein waghalsiges Abenteuer das ist. Die beinahe unmöglichen Aufgaben, die zum Beispiel von Herkules gelöst werden mussten, beschreiben sehr treffend den Pfad eines spirituellen Suchers mit all den Hindernissen, Gefahren und Prüfungen, die ihm auf seinem Weg begegnen. Weil der spirituelle Weg eine sehr große und komplexe Unternehmung ist, werden Entschlossene seit Tausenden von Jahren von anderen, die den Weg kennen, gründlich geschult – in Klöstern, Ashrams und Mysterienschulen, in der persönlichen Unterweisung durch weibliche oder männliche erleuchtete Meister, Priester, Mystiker oder Magier.

Es wird auch schwierig werden

Der weibliche Weg ist immer eine abenteuerliche Expedition. Wer sich auf eine Tour in den Himalaja begeben will, bereitet sich klugerweise optimal darauf vor. Du würdest bestimmt nie freiwillig allein eine Gletscherwanderung unternehmen, in deinen schicken Designerschuhen, ohne Eispickel und Seil. Du würdest dem erfahrenen Bergführer, der dich vor Gefahren warnt, nicht antworten: »Ich weiß genau, was ich tue, ich spüre, es stimmt für mich, ich habe bereits mit meinem Therapeuten darüber geredet.« Die Reise ins Unbekannte und Unbewusste ist immer eine waghalsige Unternehmung, und es ist hilfreich, wenn du dich schon im Vorfeld auf herausfordernde Eventualitäten vorbereitest. Denn die Schwierigkeiten werden kommen, genauso wie die Momente der inneren Ekstase und Entzückung.

Eine innere Reise ist zudem mit Strapazen und Gefahren verbunden, da begegnest du den tiefsten Abgründen, da gibt es gefährliche Gratwanderungen und du wirst deine innere Wüste, die dunkle Nacht der Seele, auf allen Ebenen durchqueren müssen. Auch auf der inneren Reise lauern die süßesten Versuchungen, die dich von deinem Weg abbringen wollen, indem sie dir tolle materielle Dinge oder gar eine originelle Abkürzung versprechen. Ich möchte dir raten, einfach wach und aufmerksam zu sein und deine Schwachpunkte und Reaktionsmuster kennenzulernen. »Erkenne dich selbst« steht auf dem Tor zu jeder echten Mysterienschule, und ganz gleich, was du auf deiner weiblichen Reise unternimmst: Dich selbst zu erkennen hat immer die oberste Priorität. Es ist wesentlich, dass du mit deiner inneren Stimme in Kontakt kommst. Dazu ist es notwendig, dass du zu dir stehst und dich niemals in irgendein System oder eine Übung hineinpresst, während du deine warnenden Empfindungen ignorierst oder abwürgst. Dich frei und natürlich in der Welt zu bewegen, lernst du nicht, indem du dich an irgendwelchen vorgegebenen Strukturen orientierst und diese als Schablonen benutzt.

Deshalb ist es auf dem weiblichen Weg unerlässlich, dass du dich selbst wahrnimmst und spürst, ohne sofort etwas zu tun. Denn du solltest ja dich spüren und nicht irgendwelche Energien oder Emotionen, die du zuvor aktiviert hast. Wenn du deine Wahrnehmung immer weiter sensibilisierst, wird sie alles, was du tust, begleiten. Auf dem weiblichen Weg geht es niemals darum, dass du eine Technik oder Übung gut kannst oder beherrschst, es geht immer nur um das, was durch die Übung in deinem Inneren passiert. Es geht um deine Erfahrung, die dir niemand vorgeben oder ausreden kann.

WEIBLICHE WEISHEIT

Der weibliche Weg ist kein Übungsweg, der gemacht werden kann, sondern ein lustvoller innerer Prozess, der dich in deine weibliche Heimat führt.

Schwachpunkte kennen

Es sind immer deine eigenen Schwächen, die bestimmte Menschen in dein Leben einladen. Es sind deine Schwächen, die darauf hoffen, erlöst zu werden. Es sind deine eigenen Schwächen, die dich blind machen, die Realität zu erkennen. Deshalb ist es nicht nur für die spirituelle Entwicklung erforderlich, sich selbst zu erkennen, Selbsterkenntnis bringt auch im praktischen Alltag gewisse Vorteile.

Ich zum Beispiel habe einen Schwachpunkt, der mir schon öfter zum Verhängnis wurde: Unbewusst reagiere ich in stets der gleichen Weise auf bestimmte männliche Stimmen. Diese Stimmen lösen in mir einen tiefen Entspannungszustand und große Zuversicht aus. Das fühlt sich natürlich super an und ich genieße diesen Zustand sehr. Weniger nett wird es aber dann, wenn ein Geschäftspartner eine solche Stimme hat und ich vor lauter Hinlauschen etwas duselig und unaufmerksam werde, sodass ich diesen Menschen nicht mehr richtig einschätzen kann. Dann stehe da mit einem unfertigen Projekt und einem Geschäftspartner, der eine unglaublich erotische Stimme hat, aber sonst eine Niete oder Mogelpackung ist und die Leistung, die versprochen wurde, nicht erbringen kann.

Wenn du deine Schwächen kennst, kannst du leichter herausfinden, in welchen Bereichen oder mit welchen Mitteln du am einfachsten zu gewinnen bist. Ich kenne einen sehr gerissenen Journalisten, der als spiritueller Lehrer tätig ist. Getrieben von seinem Trieb nach Anerkennung baggert er in seinen Vorträgen und heiligen Events Frauen an, natürlich hoch spirituell. Ich hatte die Gelegenheit, diesen Herrn etwas genauer zu beobachten. Sein Stichwort ist Seelenverwandtschaft: Da sitzt eine junge hübsche Frau im Publikum, meist war sie noch nie zuvor bei einer esoterischen Veranstaltung. Dann kommt dieser oberheilige Schönredner in der Pause direkt auf sie zu, weil sie ihm als spirituell hoch entwickeltem

Lehrer inmitten all der anderen Menschen aufgefallen ist. So etwas kann es nur bei einer echten Seelenverwandtschaft geben, das ist so etwas Besonderes, tönt er. Welche Frau möchte da vermuten, dass es sich bloß um einen Schürzenjäger in spiritueller Tarnung handelt? Die Angesprochenen fühlen sich in ihrem tiefsten Wesen erkannt: »Endlich sieht mich jemand.«

Zu diesem Thema könnte ich Bücher füllen. Was ich da in all den Jahren erlebt habe, hat mich oft schockiert, oft amüsiert. Doch ich möchte die kostbaren Buchseiten nicht mit solchen Beispielen vergeuden. Es dürfte dir aber klar geworden sein, wie wichtig es ist, die eigenen Sehnsüchte und Schwachstellen gut zu kennen.

WER BIN ICH?
- Was sind deine Schwachpunkte?
- Auf welcher Ebene oder in welchem Lebensbereich bist du am leichtesten beeinflussbar?
- Wie kann man dich am besten beeindrucken?

Krisen

Auf jeder spirituellen Reise gibt es Krisen. Lebens(sinn)krisen sind wichtige Bestandteile deines inneren Wachstums. Es gibt die zermürbenden Phasen des Selbstzweifels, es gibt Zeiten, da fühlst du dich so allein und hoffnungslos – auch die gehören dazu, auch da musst du hindurch. Ab und an kommst du an Grenzen, die dir Angst machen und vor denen du am liebsten umkehren möchtest. Aber du weißt gar nicht mehr, wohin du fliehen könntest. Immer mal wieder wirst du selbst Teil der kollektiven Verwirrung oder des kollektiven Schmerzes sein. Du wirst dich verwirrt und kraftlos fühlen und keinen Ausweg sehen – auch das gehört dazu.

Gut vorbereitet kannst du entspannen, denn du hast gelernt, dir zu vertrauen. Du hast eine spirituelle Reiseleitung gefunden oder stehst in Kontakt mit deinen unsichtbaren inneren Helfern. Du hast dir eine weibliche Notfallapotheke angelegt und dich mit spirituellen Themen gründlich auseinandergesetzt. Du weißt, dass du nicht bei jedem dir unbekannten Zustand gleich zum Psychiater rennen musst. Du wirst dich daran erinnern, mal gehört zu haben, dass diese Momente kommen, weil sie für deine Entwicklung essenziell sind. Du wirst dann auch wissen, wie du dich am besten verhalten kannst.

Ich finde es immer sehr schade, wenn eine Frau auf ihrem inneren Weg unnötig kostbare Zeit verliert oder sich durch unrealistische Ideen von ihrem Weg abbringen lässt. Es kommt leider häufig vor, dass Frauen, sobald es etwas in die Tiefe geht und innerlich alles ein bisschen wackelig wird, ihre eigenen Kräfte und die Meditation vergessen. Ihnen ist plötzlich nicht mehr bewusst, dass das, was sie gerade erleben, grundsätzlich etwas Gutes ist. Je mehr du dich mit deiner Heilung befasst und regelmäßig meditierst, umso schneller kannst du dich auch an deine heilenden inneren Zustände und deine privaten Heilerfolge erinnern. Und es gibt doch nichts Schöneres, als im Notfall auf sich selbst zählen zu können.

Eine meiner Schülerinnen, Mara, befand sich einmal in einem sehr dunklen Zustand. Interessanterweise wusste ich nichts davon. Sie ging zu ihrer Hausärztin und klagte ihr ihr Leid. Die Ärztin wollte Mara sofort in eine psychiatrische Klinik überweisen. Die Ärztin meinte, sie hätte eine starke Depression und bräuchte sofortige Behandlung und Betreuung. Da fiel es ihr wie Schuppen von den Augen. Sie ging nach Hause und erinnerte sich an das, was sie bei mir gelernt hatte. Sie nahm sich Zeit, diese wichtige Transformationsphase geschehen zu lassen. Sie kam alleine gestärkt und erneuert aus dieser Lebenskrise heraus und traute sich von da an viel mehr zu als vorher. Dabei muss ich erwähnen, dass Mara bereits einige Jahre lang unter Anleitung sehr intensiv an sich selbst gearbeitet und sich tief auf die weibliche Schulung eingelassen hatte.

Wenn eine Frau die Kunst der weiblichen Selbstheilung richtig erlernt hat, ist sie für das Schlimmste gewappnet. Dann braucht sie keine Angst zu haben und kann sich den Luxus gönnen, sich vom Leben überraschen zu lassen. Eine andere meiner Schülerinnen war in Italien in den Ferien und machte einen langen Spaziergang, sie war eine sehr abenteuerlustige und sportliche Frau. Sie kam zu einer Straße und sah, wie ein ganzer Schwarm Käfer nicht mehr vom Asphalt loskam. Sie entschloss sich, die Tierchen auf die andere Straßenseite zu bringen. Sie nahm ein Tuch zu Hilfe, kam aber doch irgendwie mit den Käfern selbst in Berührung. Auf dem Heimweg durch die Felder entwickelte sie eine allergische Reaktion, die so stark war, dass ihr ganzer Körper aufquoll und juckte. Sie konnte richtig zuschauen, wie ihre Hände immer dicker wurden und die Lippen, die Beine, der ganze Körper anschwollen. Sie dachte, sie müsse sterben. Da sie in einer sehr abgelegenen Gegend auf freiem Feld war, konnte sie keine Hilfe erwarten. Sie erinnerte sich plötzlich an das, was sie bei mir gelernt hatte, legte sich hin, atmete, zentrierte sich und machte das intensiv über zwei Stunden lang, bis sie die Kraft hatte, aufzustehen und zum Hotel zurückzugehen. Sie wurde umgehend ins Krankenhaus gebracht, und alle waren erstaunt, dass sie überlebt hatte.

Eine andere Frau hatte Angstzustände im Wasser und deshalb auch nie schwimmen gelernt. Es war jedoch ihr sehnlicher Wunsch, einmal im Leben mit Delfinen schwimmen zu können. Als ein Teil ihrer Selbstheilung nahm sie Schwimm-

147

unterricht und meldete sich danach für eine Reise an, bei der sie mit Delfinen in Berührung kommen konnte. Im Ozean überkam sie dann eine Panikattacke. Mitten im weiten, tiefen Meer. Auch sie erinnerte sich plötzlich an ihre Meditationen und Übungen und konnte sich so von ihrem Panikschub distanzieren – und das große Abenteuer und diesen neuen Heilungsschritt in vollen Zügen genießen.

Hindernisse

Jeder Weg ist mit Hindernissen gepflastert. Menschen brauchen Hindernisse, um über sich hinauswachsen zu können. So sind auch in jeder spirituellen Schulung Hindernisse eingebaut. Sie halten nicht zuletzt unreife Menschen oder solche mit falschen Motiven von der Weiterreise ab. Es gibt Hindernisse als Wachstumschance oder als Prüfsteine. Zu sehen, wie du mit Hindernissen, die dir den Weg versperren, umgehst, ist sehr aufschlussreich. Wie reagierst du, wenn es schwierig wird? Bleibst du in deiner Weiblichkeit verwurzelt und behältst du deine spirituelle Perspektive oder spaltest du deine Empfindungen ab, wechselst ins männliche Lager und beginnst herumzuagieren? Redest du darüber? Suchst du Hilfe? Oder gehst du nach innen, um dich mit deiner eigenen Weisheit zu verbinden? Viele Frauen geben schon beim kleinsten Widerstand auf, ändern die Richtung, die Methode oder wechseln die Lehrerin.

Auf dem weiblichen Weg geht es in erster Linie darum, dass du selbst zu einem heilenden weiblichen Kelch wirst. Dann trägst du die weiblichen Schätze in dir, egal wo du bist und was du tust. Es ist deine Aufgabe, diese inneren weiblichen Schätze zu bewahren und zu schützen. Und dies nicht nur als eine tolle Idee, sondern als weibliche Verantwortung.

Hindernisse sind immer dazu da, dich herauszufordern. Sie

spornen dich an, für deine Werte einzustehen, auch in deinen schwierigsten und dunkelsten Momenten. Hindernisse sind dazu da, das Beste in dir hervorzubringen.

WER BIN ICH?

- Wie gehst du mit Hindernissen um? Liste ein paar Strategien auf, die du normalerweise einsetzt, wenn es schwierig wird und dein Weg durch irgendwelche Hindernisse versperrt ist.
- Gäbe es noch andere heilende Möglichkeiten, die du künftig ausprobieren könntest? Was kommt dir da in den Sinn?

Prüfungen

Je tiefer du dich auf den weiblichen Weg einlässt, umso mehr kommst du auch in Kontakt mit der weiblichen Kraft. Je mehr Kraft und Macht dir zur Verfügung stehen, umso intensiveren Prüfungen wirst du unterzogen. Immer wieder wirst du getestet, ob du der Verantwortung gewachsen bist und wie du die Kräfte, zu denen du Zugang hast, einsetzt. Diese Prüfungen werden dir direkt von deinem Leben gestellt. Je mehr du für eine bestimmte Aufgabe gebraucht und geschult wirst, umso härter und schwieriger werden die Prüfungen. Aber du kannst sicher sein, du wirst nur vor Prüfungen gestellt, denen du auch gewachsen bist. Diese Erkenntnis kommt jedoch meist erst im Nachhinein. Lass dich überraschen. Das Leben hat nur ein Ziel: Es möchte, dass du dazulernst und dich entwickelst. Zu diesem Zweck setzt es alle Hebel in Bewegung.

Die Prüfungen tauchen in allen Lebensbereichen auf, meist dort, wo du sie am wenigsten erwartest. Eine Prüfung kann eine berufliche Herausforderung sein, ein Verlust, eine Beziehung, Kinder, Mütter, eine giftige Nachbarin oder eine Mobbingsituation, es kann dein Ehemann sein, der eine schöne junge Freundin schwängert, und so weiter. Sie alle dienen dem einen Zweck: Du sollst daran wachsen und deine wahre Bestimmung erkennen. Je mehr du dich gegen dein Wachstum sperrst, umso schmerzhafter werden die Erfahrungen.

Als ich achtundzwanzig Jahre alt war, bewarb ich mich spontan für einen Job als Leiterin eines Luxusaltenheims und bekam die Stelle. Bald wusste ich, dass diese Position in sehr kurzen Abständen immer wieder neu besetzt wurde. Ich bekam sie, wie sich später herausstellte, weil ich jung, unerfahren, hübsch und blond war, große blaue Augen hatte und vom Verwalter deshalb als naiv und ungefährlich eingeschätzt wurde.

Neben der Leitung des Pflegedienstes war ich für das gesamte Personal zuständig, immerhin fünfzig oder sechzig Angestellte. Immer mehr Beschwerden über die Machenschaften des Verwalters kamen mir zu Ohren. Er war eine dubiose Gestalt, ein ehemaliger Autoverkäufer, der nun die reichsten alten Menschen unter seiner Obhut hatte. Anfangs hörte ich einfach zu, ich hatte wirklich keine Lust auf solche Negativitäten. Ich war ja bloß auf dem Sprung, ich wollte etwas Geld verdienen und dann wieder nach Indien fahren. Aber irgendeine Stimme sagte mir, ich sollte der Sache nachgehen. Als Kind wollte ich immer Geheimagentin werden, nun kam die Gelegenheit, diese wilden Geschichten zu prüfen und Beweismaterial zu sammeln. Natürlich musste die Aktion topgeheim verlaufen. Ich konnte meinen Augen kaum trauen, was ich da alles fand. Die Angestellten, die mich in diese Geschichte einweihten, halfen mir sehr, und innerhalb von ein paar Monaten hatte ich ein richtig dickes Dossier erstellt.

Eine der Angestellten, die mich aufgefordert hatte, etwas gegen die Missstände zu unternehmen, ging dann plötzlich zum Verwalter und erzählte ihm alles. Ich vermute, dass sie

Geld brauchte und auf diese Weise eine Lohnerhöhung herausschlug. Bevor ich irgendetwas unternehmen konnte, wurde ich plötzlich von allen Seiten gemobbt und gemieden. Eine sehr unangenehme Situation, in der ich plötzlich steckte. Erst hatte mich die gesamte Belegschaft aufgerufen, etwas zu tun, und nun waren alle gegen mich. Da vor allem hilflose Patienten betroffen waren, ließ ich mich nicht beirren und brachte das ganze Beweismaterial direkt zum Verwaltungsratspräsidenten. Als zwei Monate später immer noch nichts geschehen war und der Verwalter sichtlich den ganzen Betrieb gegen mich aufhetzte, indem er gemeinste Lügen über mich verbreitete, entschloss ich mich zu kündigen. Ich hatte getan, was getan werden musste, und habe dafür immerhin neun Monate meines Lebens investiert. Wie sich später herausstellte, war diese Erfahrung sehr wichtig für meine weitere Entwicklung.

Monate später bekam ich einen Brief vom Verwaltungsratspräsidenten mit einer saftigen Entschuldigung, dazu gab es einen riesigen Blumenstrauß zum Dank. Es hätten sich alle Vorwürfe bewahrheitet, und der Verwalter sei fristlos entlassen worden. Ob es zu einer Strafanzeige gekommen ist, weiß ich nicht. Zudem bot er mir die Stelle wieder an und dazu noch die Verantwortung für ein weiteres Luxusaltenheim im Tessin, das sich gerade im Aufbau befand. Das war zwar sehr schmeichelnd, aber ich hatte keinerlei Interesse. Diese knallharte Prüfung hatte ich bestanden und nun war ich bereit für eine nächste Etappe.

Diese Erfahrung war für mich eine sehr große Enttäuschung. Zu sehen, dass Menschen so feige und bestechlich waren, war für mich unfassbar. Vorher hatte ich das nicht realisiert. So lernte ich, für meine Werte wie Wahrheit und Fairness einzustehen, auch wenn sich alle gegen mich verbündeten. Es war eine heftige Konfrontation mit der Realität, ich war ja noch relativ jung. Zu dem Zeitpunkt wohnte ich einer fünfköpfigen Männer-WG und die Jungs haben mich super unterstützt. So wurde ich relativ sanft durch diesen Enttäuschungsprozess begleitet, der für mich zu einer großen inneren Befreiung wurde. Damals wäre ich noch nicht in der Lage gewesen, das ohne fremde Hilfe zu durchleben. Aus diesem intensiven und über lange Zeit unangenehmen Erleben konnte ich schon oft viel Kraft für weitere Erfahrungen schöpfen. Denn bei dieser einen Prüfung ist es nicht geblieben. Ich kann dir sagen, dass sie jedes Mal kniffliger werden. Auch das macht die innere Reise so abenteuerlich und abwechslungsreich.

WEIBLICHE WEISHEIT

Weibliche Heilung geschieht, wenn du in den unmöglichsten Situationen deines Lebens deine Lust und deinen Spaß nicht verlierst.

WER BIN ICH?

- Erinnere dich an mindestens fünf Prüfungen, die dir das Leben gestellt hat. Halte schriftlich fest, was du dadurch gelernt hast.
- Versuche dich auch an Prüfungen zu erinnern, die du nicht annehmen wolltest, vielleicht weil sie dir Angst machten und du dich überfordert fühltest. Es kann auch sein, dass du die Prüfung nicht als solche erkennen konntest und versuchtest, gegen die Situation anzukämpfen. Vielleicht dachtest du auch, das Leben sei gegen dich. Erinnere dich und halte deine Gedanken dazu fest.

Gut vorbereitet starten

Eine solide Vorbereitung für die spirituelle Reise dauert Jahre, das war immer so und wird vermutlich immer so bleiben. Es gibt heute viele moderne Schulen, die anderer Meinung sind. Sie verkaufen neue oder »uralte« spirituelle Heilmethoden, die sofort greifen und ihre Schüler für viel Geld zu spirituellen Meistern und beeindruckenden Heilern machen. Sicherlich auch ein Weg. Aus meiner Erfahrung ist es langfristig sinnvoll, dass Menschen sich auf ihrem inneren Weg zuerst festigen und bewähren und dass sie ihren Körper und ihren Energiehaushalt auf eine höhere Energiefrequenz vorbereiten, bevor sie andere Menschen unterrichten und ihnen den Weg zeigen.

Werden Menschen über Nacht zu Meistern gemacht, unvorbereitet und bevor sich ihr spirituelles Selbst entwickelt hat, kann das für ihre Entwicklung sehr hemmend sein. Sofortige Erleuchtungen und Meisterschaften, die für viel Geld erstanden werden, entsprechen dem männlichen Prinzip. Auf dem weiblichen Weg dauern alle Prozesse und Entwicklungsschritte länger. Und wenn ich hier vom weiblichen Prozess rede, bedeutet das nicht, dass es bei Männern schneller geht.

Alle inneren Prozesse brauchen Zeit, bis sie sich in deinem physischen Körper manifestiert und integriert haben. Die Dauer einer weiblichen Schulung hängt auch davon ab, in welchem Alter sie beginnt. Es macht einen Unterschied, ob ein Kind geschult wird oder eine Oma. Deshalb gibt es Kindergärten für die Kleinen, und an fast jeder Volkshochschule und auch im Altenheim gibt es spezielle Kurse für Senioren. Es ist etwas anderes, ob man eine junge Frau für ihre weibliche Reise vorbereitet oder ob man eine reife Frau dazu bewegt, ihre über Jahrzehnte praktizierten Persönlichkeitsstrategien infrage zu stellen und loszulassen, um der Heilung ihrer Weiblichkeit Platz zu machen.

Besonders für die Frauen, die schon mit den unterschiedlichsten Therapie- und »Eso«-Methoden auf ihre Persönlichkeit und ihren Energie- und Gefühlskörper eingewirkt haben, braucht es erfahrungsgemäß eine beständige Zeit der Heilung, bis die weiblichen Anteile, speziell die Gefühle, ihre unbeschwerte Natürlichkeit wiedererlangt haben. Erst wenn frau wieder weiblich gepolt ist und ihre weiblichen Energien und Gefühle natürlich fließen, wenn der strapazierte, verletzte und häufig auch überstimulierte Gefühlskörper sich regeneriert hat, kann die eigentliche Schulung beginnen.

Neue alte Wege

Heute haben wir Zugang zu einer riesigen Flut von altem Wissen und Weisheiten. Dem modernen Menschen steht eine enorme Auswahl an religiösen, spirituellen und okkulten Lehren zur Verfügung. Dazu kommt ein riesiges Angebot der New-Age-Szene, die alte Weisheiten in einer neuen Form wieder aufgreift und verbreitet. Schamanen aus den unterschiedlichsten Kulturen nehmen willig neue Schüler aus anderen Kulturkreisen auf. Viele moderne Schulen locken Menschen an, indem sie ihnen eine baldige Lehrerschaft oder einen lukrativen Heilberuf in Aussicht stellen. Ob es sich um uralte Praktiken aus Ägypten, von den Inkas, direkt aus dem chinesischen Kaiserhaus oder woher auch immer handelt – solche Aussagen sind kein Beweis für Qualität und Wirksamkeit und auch keine Garantie dafür, dass sich dieser Weg für dich eignet.

Ich möchte die Schätze alter Kulturen keineswegs kleinreden oder ihren Wert infrage stellen. Ich appelliere lediglich dafür, dass wir das Ganze etwas realistisch angehen. Wir sollten nämlich die modernen Lebensumstände und ihre Folgen gut im Auge behalten und uns bewusst sein, dass die Menschen damals, als diese Praktiken und Lehren entstanden sind, ganz anders waren: Menschen, die unter komplett anderen Umständen gelebt haben, die sich auf einer anderen Entwicklungsstufe befanden, vielleicht auch Menschen, die sich noch nicht so stark von ihrer Natur entfernt hatten, wie das in unserer Zivilisation heute der Fall ist.

Bevor sich ein moderner Mensch heute auf irgendwelche spirituellen Abenteuer einlässt, ist es notwendig, dass er sich richtig darauf vorbereitet und zuerst seine Neurosen und Alltagsprobleme löst. Dies gilt insbesondere für Frauen. Wir leben noch heute in einer Welt, wo Frauen in vielen Traditionen zur spirituellen Schulung nicht zugelassen werden. Das Naheliegendste: Dürfen Frauen katholische Priesterinnen werden? Das ist nur ein Beispiel. Du kannst zu diesem Thema gern für dich genauer recherchieren. Ich weiß nicht, ob es tatsächlich Traditionen gibt, die ihre Schulungen auf die Lebensumstände der modernen Frau und ihre weibliche Geschichte ausrichten.

WEIBLICHE WEISHEITEN

Viele Frauen nehmen heute an männlichen Schulungen teil und tun so, als sei das immer schon so gewesen. Indem sie ihre weibliche Geschichte und ihre weibliche Realität ignorieren, verhindern sie eine tief greifende weibliche Entwicklung. Nach so langer Zeit der spirituellen Unterdrückung sollten Frauen sich nicht nahtlos, ohne Vorbereitung, Heilung oder Reflexion, auf einen spirituellen Weg stürzen und sich an männlicher Spiritualität orientieren.

Kollektiver Sog

Während meiner langjährigen Tätigkeit in der Psychiatrie bin ich immer wieder Frauen begegnet, die in ihrem Therapieprozess versehentlich in der kollektiven Ebene gelandet sind. Was dann auch der Grund war, warum sie in die psychiatrische Klinik gebracht wurden. Körperlich geschwächte Frauen mit einem chronischen Blut- und Substanzmangel, zum Beispiel solche, die im Dauerstress leben, suchen sehr oft therapeutische Hilfe. Die häufig aus einem männlichen Lebensstil entstandene Schwäche ist auch meist von einem geschwächten Ich gekennzeichnet. Solche Frauen befinden sich in einem derart sensiblen, durchlässigen Zustand, dass auch die Grenzen von ihren persönlichen Anteilen zum weiblichen Kollektiv sehr dünn oder gar durchlöchert sind. Viele therapeutische Prozesse zielen nun darauf ab, im Unbewussten der Patienten nach möglichen Problemursachen zu suchen. Sind das Ich und der Körper einer Frau aber geschwächt, kann es dann sehr leicht geschehen, dass die Frau durch ihre verletzte persönliche Weiblichkeit hindurch gleich in das weibliche Kollektiv abrutscht. Sie kann dadurch regelrecht im Weltschmerz, im kollektiven Leid ertrinken. Sie erfährt Schmerzen, die kaum auszuhalten und bei denen moderne Therapien auch nicht wirksam sind. Ich erachte es deshalb für unerlässlich, dass Frauen vor dem Eintauchen in ihre Tiefe ihr Lebenszentrum (siehe Seite 224 ff.) entwickeln und lernen, sich mit ihrer spirituellen Heimat zu verbinden. Das ist eine Sicherheitsmaßnahme, damit sie sich nicht versehentlich in tiefen unbewussten Gewässern verirren.

Blutschwache Frauen sind besonders gefährdet und sollten immer zuerst ihre körperliche Essenz gut aufbauen, bevor sie Ausflüge ins Unbewusste oder ins Universum unternehmen. Das gilt auch für Ausflüge, die durch eine therapeutisch arbeitende Person angeleitet werden. Weil Therapeuten, ob männlich oder weiblich, in der Regel nicht geschult werden, ihre übersinnliche Wahrnehmung zu entwickeln, sondern sich an ihrem angelernten Wissen, ihren Konzepten und Symptomen orientieren, kann das Abrutschen ins Kollektive leicht passieren, es ist häufiger, als du denkst. Durch die kollektive weibliche Prägung fühlt sich jede Frau in ihrem Inneren irgendwie als Opfer, jede Frau trägt auch das Missbrauchthema in sich. Eine Frau in der Therapie in diesen Zustand zu führen und sie mit einem eventuellen Missbrauch zu konfrontieren, der vielleicht in ihrer frühesten Kindheit passiert sein soll, ist kein Kunststück und auch kein heilender Akt, sondern eine unsensible Manipulation und ein erneuter Missbrauch. Ich habe zu viele Frauen erlebt, die wegen solchen diffusen Vermutungen eines Therapeuten oder einer Therapeutin völlig verzweifelt und verunsichert zu mir kamen. Ja, es gibt Frauen, die in ihrer Kindheit missbraucht wurden, und gerade ihnen schadet ein solches Vorgehen besonders. Vor allem betroffene Frauen müssen lernen, auf ihre innere Stimme zu hören und ihren eigenen Erfahrungen und Wahrnehmungen zu trauen. In der weiblichen Heilarbeit generell und insbesondere im Heilprozess von missbrauchten Frauen geht es niemals darum, was Therapeuten, Astrologen, Hellseher oder wie diese Helfer alle heißen, finden, sehen, projizieren oder vermuten. Es geht darum, dass Frauen einen geschützten, neutralen Raum bekommen, um in ihrem eigenen Rhythmus auf ihre eigene Art und Weise in Kontakt zu sich selbst zu kommen. Sie müssen immer selbst entscheiden, welche Anteile oder Themen für sie gerade wichtig und richtig sind. Wenn eine Frau diesen Raum bekommt und lernt, sich nach der höchsten Möglichkeit auszurichten, wird sie, wenn die Zeit dafür reif ist, alle in ihr versteckten Dinge erkennen und auch in der Lage sein, diese selbst zu bewältigen und zu heilen.

Manipulation und Missbrauch sind in Therapien leider gang und gäbe, nicht nur bei Frauen. Auch Kinder sind heute diesbezüglich stark gefährdet. Indem Frauen ihre Weiblichkeit heilen und entwickeln und dadurch stärker mit ihrer Intuition verbunden sind, können sie nicht nur sich, sondern auch ihre Kinder besser begleiten und beschützen. Es gibt bis heute zu viele Kinder, die ungeschützt aufwachsen. Wie viele Kinder sogar in der Obhut religiöser Institutionen sexuell ausgebeutet wurden und werden, ist inzwischen ansatzweise bekannt. So ist es höchste Zeit, dass wir Frauen wieder die Kraft und Macht erlangen, all die Kinder auf unserem Planeten besser zu schützen.

Bevor du dich auf spirituelle, therapeutische oder sonstige innere Abenteuer einlässt und beginnst, mit irgendwelchen Methoden an dir herumzuprobieren, solltest du ein Verständnis für Heilung und die größeren Zusammenhänge entwickeln. Es spielt dabei keine Rolle, wie viele tausend Jahre alt die Methode angeblich schon ist, die du anwenden willst. Es ist nicht entscheidend, ob sie vor 5000 Jahren in China, in Afrika, bei den Schamanen in Peru oder auf einem anderen Planeten praktiziert wurde. Dich unvorbereitet auf solche intensiven Experimente einzulassen oder wild draufloszuüben, ohne zu wissen, was du genau damit bezwecken willst, ist in der heutigen Zeit etwas leichtsinnig.

Eine Freundin von mir hat sich vor ein paar Monaten aus einem intensiven Gefühl heraus in eine peruanische schamanische Tradition einweihen lassen. Bis dahin hatte sie weder mit Peru noch mit Schamanismus etwas zu tun. Sie fühlte sich von einem Flyer im Bioladen berührt und angezogen. Nach der Einweihung hatte sie dann sehr merkwürdige Träume mit Symbolen und Menschen, die ihr fremd waren und die sie als sehr düster beschrieb. Was war geschehen? Durch diese Einweihung war sie plötzlich mit einer anderen Realität verbunden. Da sie sich erst am Anfang dieses Weges befand und realisierte, was da mit ihr passierte, konnte sie sich innerlich wieder lösen und die Schamanen, die plötzlich in ihrer inneren Welt auftauchten, bitten, wieder zu gehen.

Ohne Kenntnis und Sensibilität für die unterschiedlichen Ebenen und Bestandteile des weiblichen Wesens sind Therapien, »Eso«-Techniken, Energiearbeit, Magie und auch sexuelle Experimente sehr riskante Unternehmen. Du musst immer davon ausgehen, dass die Person, die dich anweist, nicht so sensibel ist wie du selbst. Deshalb liegt es an dir, von Anfang an die Verantwortung für deine Reise zu übernehmen.

Schon C. G. Jung hatte uns Abendländer vor fernöstlichen Praktiken gewarnt. Heute, Jahrzehnte später, nach all den Erfahrungen, die ich gemacht habe, kann ich diese Aussage nur unterstreichen. Die fernöstlichen Praktiken sind weder auf die »neurotische Persönlichkeitsstruktur« der westlichen Menschen noch auf die sensiblen Energiemuster von Frauen ausgerichtet. Werden Abspaltungsmuster, sexuelle Unterdrückung, emotionale Probleme oder psychische Krankheiten nicht ernst genommen und geheilt, sondern unterdrückt, werden sie sich mit Sicherheit zu einem späteren Zeitpunkt auf einer anderen Ebene in verstärkter oder pervertierter Form zeigen.

WEIBLICHE WEISHEIT

Die neuen Töchter lernen, für ihre weibliche Essenz Sorge zu tragen. Sie wissen, wie sie ihre Weiblichkeit aufbauen und nähren können, damit sie sie auch im hohen Alter noch in vollen Zügen genießen können.

Heilung im Inneren

Es spielt keine Rolle, welchen Weg du als Frau gehst. Wenn du zuerst die Kunst der weiblichen Selbstheilung erlernst, bist du danach in der Lage, Probleme und Schwierigkeiten jeder Art zu lösen, sobald sie sich dir präsentieren. Überall, in jedem Beruf und in jeder Situation hast du die Möglichkeit, an Herausforderungen zu wachsen oder daran zu zerbrechen. Das Schlimmste ist, wenn du beginnst, die Dinge, die dir nicht passen, hinzunehmen und dadurch dein Herz zu belasten. Weibliche Selbstheilung bedeutet, jede Gelegenheit wahrzunehmen, dich zu entwickeln, innerlich auszudehnen und zu entlasten. Der Trick bei der weiblichen Heilung ist, dass du alles in dir selbst heilst und deine Energie nicht dafür verpuffst, deine Umwelt oder dein Äußeres verändern oder heilen zu wollen. Wenn also dein Chef oder deine Chefin in dir Stress auslöst, ist das ein Hinweis darauf, dass du deine Entspannungskünste noch mehr vertiefen solltest. Wenn du so an die Dinge herangehst, übernimmst du immer mehr Verantwortung für dein Leben und gestaltest es deinen Werten entsprechend. Es geht immer darum, dass du deine Lebensqualität in dir selbst verbesserst und deine Energie verfeinerst, damit du der Unendlichkeit und der mystischen Sonne Stück für Stück näherkommst.

Werden negative Emotionen, sexuelle Kräfte oder Lebensprobleme langfristig unterdrückt oder ignoriert, können sie ein Eigenleben entfalten und sich gegen die innere Entwicklung der betreffenden Frau auflehnen. Nicht selten zeigt sich das unter dem Deckmantel einer Depression oder auch als eine Art Illusion. Es kann dann sein, dass sich eine Frau von irgendwelchen fremden, negativen Energien belästigt fühlt und dabei nicht merkt, dass es ihr eigenes Unbewusstes ist, das gegen sie kämpft.

Die weibliche Sprache lernen

Es braucht Jahre, um eine gute berufliche Qualifikation zu erlangen. Danach kommt die Zeit, Erfahrungen zu sammeln. Die Frauen von heute sind gewillt, diese Mühe auf sich zu nehmen, damit sie in ihrer Arbeit vermehrt Verantwortung übernehmen können. Ich freue mich sehr zu sehen, wie Frauen sich in ihren Berufen engagieren und wie gut qualifiziert viele, besonders auch junge Frauen heute sind. Die Weiblichkeit zu entwickeln unterscheidet sich vom zeitlichen Aufwand und dem persönlichen Engagement her nicht von einer guten beruflichen Ausbildung. Auf ihrem Weg muss sich frau genauso etwas erarbeiten, wie sie das in einem Beruf tut. Im Bereich Weiblichkeit aber erwarten Frauen gern sofortige Erfolge, und klappt es nicht auf Anhieb, meinen sie schnell, der Weg tauge nichts. Sie verlangen tolle Resultate, ohne sich selbst dafür wirklich einsetzen und Zeit in den eigenen Prozess investieren zu wollen. Viele Frauen wollen ihre weibliche Lehrzeit überspringen und gleich bei der Meisterschaft beginnen. Statt sich selbst zu heilen und zu entwickeln, wollen sie andere belehren und therapieren.

Die spirituelle Heilarbeit für Frauen steckt momentan in den Kinderschuhen und braucht noch viel Zeit zum Reifen. Noch sind es sehr wenige, die über einen fundierten Hintergrund und über langjährige spirituelle Erfahrung verfügen, deshalb kannst du deine weibliche Reise nicht auf andere Frauen abstützen. Frauenarbeit und Frauengruppen mit sexuellen, therapeutischen, körperbetonten oder spirituellen Inhalten haben, solange sie nicht wirklich im Einklang mit den universellen weiblichen Gesetzen geschehen, an sich nichts mit weiblicher Heilarbeit zu tun. Lehrerinnen müssen den weiblichen Weg selbst gehen und sich selbst tief auf den weiblichen Heilprozess eingelassen haben, um aus ihrer weiblichen Intuition und urweiblichen Erfahrung heraus wirken zu können, sodass jeder Moment die Chance bekommt, zu einer heilsamen Überraschung zu werden. Es entspricht nicht der weiblichen Heilarbeit, sich an Konzepten, Theorien oder Techniken zu orientieren.

Wir leben im Zeitalter des Materialismus, dem Zeitalter der großen Täuschung, da erscheinen die meisten Dinge und auch Menschen anders, als sie wirklich sind. Es bleibt dir keine andere Wahl, als dich selbst um deine Entwicklung zu kümmern und deinen weiblichen Weg immer wieder neu zu erfinden. Du musst selbst den Mut aufbringen, dich zu deiner authentischen Weiblichkeit zu bekennen, und lernen, spirituelle Absichten von kommerziellen Interessen zu unterscheiden.

Die weibliche Sprache zu erlernen ist für Frauen heute so, als würden sie eine Fremdsprache lernen – eben weil wir in einer männlich geprägten Welt leben. Eigentlich wäre die weibliche Sprache ja unsere Muttersprache. Hätten unsere Mütter mit uns weiblich gesprochen, wäre es uns heute nicht fremd. Eine Sprache zu lernen dauert so lange, bis du sie kannst. Je konzentrierter du lernst und je öfter du sie anwendest, umso besser verstehst du sie und umso besser kannst du dich verständigen. Es gibt wie immer Frauen, die darin etwas talentierter sind als andere.

Die weibliche Sprache ist die Sprache des Lebens, es ist die Sprache, die dein Leben spricht. Wenn du sie lernst, wirst du dich und das Leben verstehen können, nicht intellektuell, sondern auf einer sehr tiefen existenziellen Ebene. Du wirst dann auch spüren, dass mit Frauen, die die weibliche Sprache sprechen, eine völlig andere Kommunikation möglich ist als mit Frauen, die aus dem Verstand heraus reden und agieren. Die weibliche Sprache zu verstehen ermöglicht es dir, die Dinge so zu sehen, wie sie sind. Du wirst die unzähligen Schleier lüften können, die die Wahrheit verzerren. Dann wirst du wissen, wozu du bestimmt bist.

Göttliche Magie

Der weibliche Heilprozess könnte auch als göttliche Magie bezeichnet werden. Damit sich weibliche göttliche Magie in einer Frau entfalten kann, muss die weibliche Sexualität geheilt werden. Sexualität ist immer ein wesentlicher Bestandteil des weiblichen Heilprozesses. Weibliche Sexualität ist umfassend und reduziert sich nicht auf erotische Momente. Schwangerschaft, Menstruation und magische Heilkraft sind Teile davon. Mit der Unterdrückung der Weiblichkeit, der Verbrennung der Hexen zum Beispiel, wurden auch die magischen Heilkräfte der Frauen verbannt. Anstelle von heilen und zaubern lernen Frauen heute psychologisieren, analysieren und therapieren. Auf diese Weise werden Sexualität und Weiblichkeit nur kosmetisch verändert. Doch das reicht nicht. Die verlorenen spirituellen Kräfte der Frau müssen wieder rehabilitiert werden. Sie gehören in jede Hausapotheke. Mütter bilden das Fundament der Gesellschaft. Mit der riesigen Verantwortung, Kinder zu gebären und in ihren ersten Jahren zu begleiten, liegt die Entwicklung der Menschheit im Schoß der Frauen.

Göttliche Magie bedeutet, dass du dein Inneres bewusst veränderst, damit das Göttliche durch dich wirken kann. Heilung, Reinigung und die Verfeinerung deines Körpers und deiner Energie auf allen Ebenen, auch das macht die göttliche Magie aus. Es bedeutet, deine weibliche Seele zu befreien, sodass du mit der Unendlichkeit verschmelzen und mit dem Puls der großen Göttin schwingen kannst.

Mit der Beständigkeit des Wassers

Jede Reise beginnt mit dem ersten Schritt. Dich unvorbereitet auf den weiblichen Weg zu machen, ist unklug. Du kannst dich leicht verirren oder von deinem eigenen Weg abbringen lassen. Viele Frauen lassen sich schon von der kleinsten Schwierigkeit von ihrem Vorhaben weglocken. Sobald irgendetwas an ihrer Oberfläche kratzt oder sie mit einem kleinen eigenen Schatten konfrontiert sind, sagen sie: »Ah, dieser Weg stimmt nicht für mich.« Die Weiblichkeit zu erforschen ist ein großes Abenteuer. Je besser frau darauf vorbereitet ist, umso leichter fällt es ihr, sich von den Hindernissen und Prüfungen, die ihr immer wieder den Weg versperren, nicht entmutigen zu lassen. Dazu ist weibliches Know-how – ich nenne es die »Weiblichen Juwele« – sehr hilfreich. (Du wirst noch Anregungen dazu bekommen.) Eine Frau, die gut für die weibliche Reise vorbereitet ist und dazu eine gute Reiseapotheke bei sich hat, hat gute Voraussetzungen, dass ihr Vorhaben gelingt. Sie lässt sich auch von großen Hindernissen, persönlichen Problemen und kniffligen Schwierigkeiten nicht einschüchtern. Sie weiß, dass mit der Beständigkeit des Wassers das Unmögliche möglich wird.

WEIBLICHE WEISHEIT

♥ *Frauen brauchen ein solides Zentrum, damit sie auch in Notsituationen ihrer inneren Stimme trauen können.*

♥ *Der weibliche Weg ist der Weg der meditativen Genießerinnen; genieße deinen Weg, denn er könnte unendlich lang sein.*

♥ *Die moderne Frau ist eine Heilerin, die gelernt hat, Negativitäten im Inneren und im Außen zu bewältigen, anstatt daran zu zerbrechen.*

♥ *Die moderne Frau reinigt ihr Wesen auf allen Ebenen, damit sie wieder einen Zugang zu ihrer weiblichen Sensibilität und Intuition bekommt.*

♥ *Die moderne Frau meditiert regelmäßig, damit ihr spirituelles Selbst Nahrung bekommt, wächst und gedeiht.*

Materiell, spirituell oder sexuell?

Im richtigen Modus

Wir Menschen sind sehr komplexe Wesen, wir bestehen aus unterschiedlichen Körpern, Funktionen und Prinzipen. Wir können denken, fühlen, wollen und Unzähliges mehr. In diesem Kapitel werde ich ein paar dieser unterschiedlichen Funktionen und die damit zusammenhängenden Ebenen etwas durchleuchten. Ich werde mich dabei auf die Informationen beschränken, die mir im Zusammenhang mit dem weiblichen Prozess wichtig erscheinen. Du kannst Fehlendes gern durch deine eigenen Erfahrungen und Recherchen ergänzen.

Menschen besitzen die Fähigkeit, sich in unterschiedlichen Modi zu bewegen und in diesen zu funktionieren. Jeder Modus verschafft uns den Zugang zu einem Körper oder einer bestimmten Ebene. Jeder Modus hat dabei seine Eigenheiten, er ist für bestimmte Funktionen geschaffen. Um den Zugang oder eine Art Mitspracherecht auf einer bestimmten Ebene zu erhalten, solltest du dich im entsprechenden Modus befinden.

Es ist wie bei einem Computer. Wenn du einen Text schreiben möchtest, wählst du das Textverarbeitungsprogramm. Um eine komplizierte Tabelle zu erstellen, wählst du das dafür geeignete Programm. Du würdest sicherlich nicht dein Photoshop-Programm benutzen wollen, um deine Buchhaltung zu machen, oder deinen Taschenrechner dafür einsetzen, deine Adressen zu verwalten. Und wenn du fernsehen möchtest, schaltest du deinen Fernseher ein und nicht den Backofen, obwohl der auch mit einem großen Sichtfenster ausgestattet ist. Genauso funktioniert der Mensch. So hast du Beine zum Gehen, einen Verstand zum Denken und wieder andere Voraussetzungen zum Fühlen. Um deine verletzten Gefühle zu heilen, würdest du sicherlich nicht dein Bein eingipsen.

Ich habe einmal in meinem Leben ein Seminar über Ernährung gegeben. Damals war die chinesische Ernährungslehre in Europa noch kaum bekannt und der Andrang entsprechend groß. Die Teilnehmer waren alles ausschließlich Menschen, die nie im Leben ein Seminar zum Thema Sexualität oder emotionale Heilung bei mir besucht hätten. Wie ich an diesem Wochenende lernte, wollen viele Menschen sämtliche inneren Konflikte und Probleme über die Ernährung lösen. Für sie ist es total wichtig, ob sie ihren Linseneintopf mit gelben oder roten Linsen machen sollen. In diesem Seminar versuchten die Teilnehmer mit einer solchen Dringlichkeit, solche Ernährungsprobleme mit mir zu diskutieren. Ich war beinahe sprachlos. Ich merkte bald, dass es hier um etwas ganz anderes als Ernährung ging. Anders herum kommen immer wieder Männer zu mir in die Sexualberatung, die aber in erster Linie eine Ernährungsberatung benötigen.

Das Leben ist einfach zu kurz, als dass frau sich zu viele unnötige Leerläufe erlauben könnte. Je differenzierter und zentrierter deine Wahrnehmung wird, umso besser kannst du den Kern der Sache erkennen und zum Punkt kommen. Die Beschreibung der verschiedenen Ebenen, wie sie dir dieses Kapitel bietet, kann dir dabei helfen, die unterschiedlichen Modi kennenzulernen.

Andere Ebene – anderer Zugang

Es ist so eine Art Gesetz, dass du dich immer im richtigen Modus befinden solltest, um gezielt auf eine bestimmte Ebene einwirken, sie reinigen, nähren oder entwickeln zu können. Um deine Gefühle zu heilen, musst du dich im Gefühls-modus befinden, das heißt du solltest in Kontakt mit deinen Empfindungen sein und fühlen. Solange du von deinen Ge-fühlen abgetrennt bist und dich in einem anderen Modus befindest, zum Beispiel im Verstandesmodus, sind deine Möglichkeiten stark eingeschränkt und du wirst selbst mer-ken, dass hier irgendetwas nicht stimmt.

Wir haben einen materiellen Körper, den wir gut kennen, weil wir ihn sehen und fühlen, messen und sogar wiegen kön-nen. Neben diesem grobstofflichen Körper besitzen wir noch weitere sogenannte feinstoffliche Körper. Ein wesentlicher Teil einer spirituellen Schulung ist es, die für die meisten Menschen weder sichtbaren noch wahrnehmbaren Körper zu entwickeln. Das ist deshalb wichtig, weil diese Körper die Brücke in die spirituelle Welt sind, durch sie kannst du direkt mit der geistigen Welt in Kontakt treten. Mit der Entwick-lung bestimmter »unsichtbarer« Körper verstärkt sich meist auch die übersinnliche Wahrnehmung eines Menschen.

Menschen können sich im körperlich-energetischen, im Fühl-, im Verstandes-, im Männlichkeits-, im Persönlichkeits-oder auch im Weiblichkeitsmodus befinden. Das entspricht in etwa unserer Standardausrüstung. Selbstverständlich gibt es noch weitere Modi, auf die ich hier jedoch nicht weiter eingehen werde. Ein anderer wichtiger Teil der spirituellen Schulung besteht darin, die verschiedenen Bestandteile des eigenen Wesens, die unterschiedlichen Daseinsebenen, Kör-per oder Modi, identifizieren und voneinander unterscheiden zu lernen.

Weiterhin gehört es dazu, dass du deine Körper für deine spirituelle Reise vorbereitest, indem du sie reinigst, ausgleichst, nährst und sie nach deinem höchsten Ziel ausrichtest, damit sie ihre Funktion gut erfüllen können. Außerdem müssen eventuelle Fehlfunktionen, Schwächen oder Störungen, die sich zum Beispiel in den Gefühlskörper eingeschlichen haben, aufgelöst werden. Dazu gehören sämtliche Konditionierungen, anerzogenen Muster und Glaubenssätze, die dich und deine Entwicklung in irgendeiner Weise einschränken.

Um all dies tun zu können, musst du jeweils wissen, welche Methoden auf welcher Ebene wirken. Das kannst du dir in etwa so vorstellen: Wenn dein weißer Küchenboden mit roter Tomatensauce verschmiert ist, gibt es unterschiedliche Möglichkeiten, mit dieser Situation umzugehen. Du kannst stundenlang in tiefster Meditation dasitzen und einen makellos sauberen Boden visualisieren. Außer, dass die Tomantensauce in dieser Zeit eindickt und so richtig schön festpappt, wird sich an der Verschmutzung nichts ändern. Du kannst es auch mit einem Heilritual oder einer emotionalen Heilbehandlung versuchen, den großen Engel der göttlichen Reinigung anrufen oder deinen Partner beschuldigen. All das wird die klebrige rote Masse nicht zum Verschwinden bringen. Ob du es magst oder nicht, es gibt keine schickere oder feinstofflichere Lösung: Dir bleibt nichts anderes übrig, als dich zu bücken und den Boden zünftig zu schrubben, bis er wieder sauber ist.

Ursachen beheben

Bei deiner weiblichen Heilung ist es genauso. Du solltest wissen, auf welcher Ebene, im Innen oder Außen, die Störung, die Probleme oder die Disharmonie liegen und auf welchen Körper du einwirken möchtest. Lerne zu unterscheiden, ob dein Zustand Reinigung, Auflösung, Nährung, Integration oder etwas anderes braucht. Ich weiß nicht, wie viele blutleere, yin-schwache, also körperlich ausgepowerte und ausgelaugte, erschöpfte Frauen ich schon getroffen habe, die auf der energetischen Ebene an sich arbeiteten und sich ergänzend dazu in einer homöopathischen Behandlung befanden. Um die weibliche Substanz, das Blut, die Knochen und die inneren Organe zu nähren, sind aber in erster Linie materielle Nährstoffe, Kraftsuppen und anderes gutes Essen sowie genügend Ruhe nötig. Energiearbeit und Homöopathie wirken auf einer anderen Ebene. Sie können den Körper niemals mit den nötigen Nährstoffen versorgen. Solange solche Frauen nicht auf der körperlichen Ebene direkt mit Nahrung und Kräutern gestärkt werden, bleiben sie schwach. Wenn du ein Haus bauen willst, brauchst du dazu echte Baustoffe. Du kannst die Arbeiter noch so gut anspornen und für ein fantastisches Arbeitsklima sorgen, wenn die Baustoffe fehlen, können dir die besten Handwerker nichts bauen. Es ist schon möglich, den Körper mit Energien aufzuladen, ist er aber in seiner Substanz geschwächt, ist er nicht in der Lage, diese Kräfte aufzunehmen und zu speichern.

WEIBLICHE WEISHEIT

Weibliche Heilung ist kein unergründliches Geheimnis, sie ist den universellen Gesetzen genauso unterworfen wie alles andere auf dieser Welt. Wenn du dich etwas tiefer auf diese Themen einlässt, wirst du die grundlegenden Gesetzmäßigkeiten erkennen.

Ich werde dir auch in diesem Kapitel kein Fertiggericht auftischen, sondern dir Hintergrundwissen für dein Forschungsprojekt zur Verfügung stellen. Auf dem weiblichen Weg solltest du nicht einfach übernehmen, was andere sagen oder tun. Weibliche Weisheit entsteht weder durch Nachäffen oder Nachplappern noch indem sich frau mit fremden Federn schmückt. Sie entsteht einzig durch deine eigenen weiblichen Experimente und Erfahrungen. Es geht nicht darum, dass du von mir oder irgendeiner anderen Lehrerin begeistert bist und alles genauso machst wie sie oder ich. Wie langweilig wäre das, wenn es lauter Kopien und Klons gäbe! Es geht darum, dass du dein eigenes Potenzial und deine eigenen Talente entdeckst und lernst, deine eigene weibliche Intelligenz und Originalität anzuzapfen.

Hinter den Kulissen

Hinter die Kulissen zu schauen hilft dir, ein besseres Verständnis für innere und äußere Vorgänge zu entwickeln. Normalerweise siehst du nur die Oberfläche eines Menschen oder eines Gegenstandes. Du siehst sozusagen an Dinge heran, nicht in sie hinein. Um die Essenz oder den inneren Kern eines Menschen oder Gegenstandes zu erfassen, musst du eine Wahrnehmung entwickeln, die nicht an die Sinne und damit die sinnliche Wahrnehmung gebunden ist, sondern die übersinnlich ist. So wird es möglich, durch die schillernden Fassaden hindurchzuschauen und dem Wesen oder den Kräften, die dahinter wirken, zu begegnen. Übersinnliche Fähigkeiten zu erlangen ist eine natürliche Nebenerscheinung bei Frauen, die sich auf den weiblichen Heilprozess einlassen. Heute liegt es im Trend, gezielt Methoden anzuwenden, um übersinnliche Fähigkeiten zu stimulieren, losgelöst von einer spirituellen Schulung. Werden die sensiblen Energiezentren, die Chakren einer Frau stimuliert, bevor sie eine bestimmte innere Entwicklung vollzogen hat, verfügt sie auch nicht über die Reife und innere Kraft, mit diesen Fähigkeiten verantwortungsvoll umzugehen. Übersinnliche Fähigkeiten sollten immer einer höheren Sache dienen und nicht für eigennützige Zwecke wie Selbstbestätigung, persönlichen Machtgewinn, Geldgier oder spirituelle Wichtigtuerei missbraucht werden.

Wenn du regelmäßig meditierst, entwickeln sich deine übersinnlichen Fähigkeiten ganz natürlich. Deine Wahrnehmung verschärft sich, sodass du plötzlich Dinge anders siehst oder intensiver fühlst als vorher. Es wird dir möglich sein, die Prinzipien, Kräfte und persönlichen Beweggründe zu erkennen, die deine Welt zu dem machen, was sie ist.

Die Ebenen und Körper

Unser menschliches Leben findet, wie bereits angedeutet, auf unterschiedlichen Ebenen, in unterschiedlichen Welten und verschiedenen Körpern statt. Deine materielle Welt, der auch der physische Körper angehört, ist der Ausdruck oder die Manifestation der verschiedensten Kräfte, die hinter den Kulissen durch dich wirken. Gedanken oder Gefühle beispielsweise gehören dazu. Wenn du deine Weiblichkeit befreien möchtest, solltest du dir immer bewusst sein, auf welcher Ebene du gefesselt bist und auf welches Prinzip du einwirken möchtest. Intuitiv irgendetwas zu tun, was du weder wirklich spürst noch wirklich kennst, wird dich irgendwo hinbringen, vielleicht ans Ziel, vielleicht aber auch dorthin, wo du gar nicht sein möchtest.

WER BIN ICH?

- Mach es dir in den nächsten Wochen zu einer Übung, in den unterschiedlichsten Situationen mit allen möglichen Menschen hinter die Kulissen zu fühlen. Du brauchst niemandem zu sagen, was du tust, experimentiere damit einfach für dich. Es geht nur um deine Erfahrungen.
- Mach es dir zur Gewohnheit, dich im Alltag zu beobachten. Wenn du irgendetwas tust, dann frage dich: »Warum tue ich das wirklich?« Es ist besonders wichtig zu lernen, hinter die eigenen Kulissen zu schauen.

Verschiedene Lebensprinzipien

Es wurden viele Modelle entwickelt, um das Wunder menschlichen Lebens zu begreifen. In diesem Kapitel möchte ich dir ein Modell der unterschiedlichen Ebenen aus der westlichen Einweihungstradition vorstellen. Es handelt sich um universelle Erkenntnisse, die von verschiedenen eingeweihten und erleuchteten Menschen auf ihrem Pfad der Wahrheit zusammengetragen wurden. Ich sage nicht, dass dieses Modell das Einzige und einzig Richtige ist. Mir hat diese Perspektive in der praktischen Anwendung viel Klarheit gebracht, deshalb habe ich es für unsere weibliche Heilarbeit weiterentwickelt.

In diesem Kapitel wirst du die verschiedenen Körper und Funktionen sowie die damit verbundenen Ebenen, auf denen sie wirken, kennenlernen. All diese unterschiedlichen Modi, das heißt Funktionen eines bestimmten Körpers und einer bestimmten Ebene, sind zudem bestimmten Prinzipien und universellen Gesetzen unterstellt, die durch sie wirken. Diese Gesetze und Weisheiten sind sozusagen die Gebrauchsanweisung, wenn du dich entwickeln willst. Solange deine innere Wahrnehmung noch nicht ausgeprägt ist und du noch keinen Zugang zu den einzelnen Bereichen in dir hast, wirkt das eventuell etwas kompliziert. Das ist es aber überhaupt nicht. Je tiefer du dein Wesen erforschst, umso deutlicher wirst du diese unterschiedlichen Bereiche erkennen.

Vielleicht wird es auch dir helfen, dich im Lebenshilfe-Dschungel besser orientieren zu können. Für mich sind diese universellen Weisheiten sehr nützliche und inspirierende Instrumente. Ins eigene Leben übersetzt helfen sie, sinnlose Anstrengungen und Leerläufe zu vermeiden, damit mehr Zeit für Wesentliches bleibt.

Richtige Währung

Eines der Universalgesetze lautet: Alles hat seinen Preis. In der spirituellen weiblichen Entwicklung ist es genauso wie überall, nichts ist umsonst. Für alles, was du wirklich haben oder erreichen möchtest, musst du auch bereit sein, etwas zu bezahlen oder zu opfern. Opfern heißt dabei nicht, den überflüssigen Krempel wegzugeben, dessen du sowieso überdrüssig bist, oder die Beziehungen aufzugeben, die dich schon lange belasten. Hier sind Gaben oder Handlungen gemeint, die dir etwas bedeuten.

Jedes Prinzip benötigt eine andere Form von Nahrung oder Zahlung. Genauso wie in der materiellen Welt bekommst du auch in der unsichtbaren Welt nichts, wenn du versuchst, mit der falschen Währung zu bezahlen. In der inneren Welt ist Geld nicht die richtige Währung. Das ist auch der Grund, weshalb wir spirituelle Anliegen nicht mit materiellen Absichten vermischen sollten. So dürfen auch spirituelle Einweihungen niemals mit Geld bezahlt werden.

Die Opfergaben, die in der folgenden ausführlichen Übersicht für jede Ebene genannt sind, sind keinesfalls negativ gefärbt. Opfer darzubringen sollte immer ein freudiges Ereignis sein, das in Dankbarkeit erfolgt. Sonst wirken sie auch gar nicht. Heute hat das Wort »Opfer« häufig einen bitteren Beigeschmack und wird als Form einer Strafe oder als Druckmittel benutzt oder als heldenhaftes Märtyrertum betrachtet: »Ich habe dir mein ganzes Leben geopfert, und du …!« Im Englischen wird für Opfergaben im hier gebrauchten Sinne meist das Wort *offerings* benutzt und nicht *sacrifice*. Leider vermischt sich im Deutschen beides ein bisschen. In der ägyptischen Tradition werden diese Gaben »Geschenke« genannt. In diesem Sinne darf es auch Freude machen, diese Opfer zu bringen. Haben Opfergaben einen negativen Beigeschmack, erzielen sie eine andere Wirkung.

Materieller Körper

Das Potenzial: Gesundheit, genügend Blut und starke Knochen

Die Nahrung: Essen, Luft, Unterkunft, Kleidung

Die Währung: Geld, mit dem diese Notwendigkeiten gekauft werden können

Die Opfergabe: Geldverdienen, Arbeitsleistung

Die materielle Ebene ist die konkrete, grobstoffliche, manifestierte Welt, die wir sehen können, die Welt aus Atomen und chemischen Verbindungen. Sie wird durch die vier Elemente Wasser, Erde, Luft und Feuer geformt und durch das Wechselspiel von Positiv und Negativ aufrechterhalten. Solange du in diesem Körper lebst, musst du dich mit der materiellen Welt auseinandersetzen. Du musst dafür sorgen, dass du ausreichend zu essen bekommst, ein Dach über dem Kopf, Kleider und Schuhe zum Anziehen hast und dass du gesund bleibst. Solange du in diesem Körper bist, musst du dich in erster Linie darum kümmern, dass du irgendwie überlebst – und dazu benötigst du Geld. Das ist ein Teil des irdischen Spiels.

Diese Ebene ist sehr vielfältig und verwirrend. Für Menschen ohne spirituelle Ausrichtung wird die materielle Welt immer häufiger zum großen Labyrinth, in dem sie sich verirren. Im Zeitalter des Materialismus, in dem wir uns heute befinden, leben die meisten Menschen von der spirituellen Ebene abgeschnitten. Sie verfügen nicht über die feinstoffliche Wahrnehmung, die es ihnen ermöglichen würde, sich als ein Teil eines großen Ganzen zu erfahren. Für diese Menschen existiert nur das, was sie sehen oder messen können. Ihr Lebensstil ist auf materielle Werte und materielle Sicherheit ausgerichtet und darauf beschränkt.

Geld regiert die Welt – zumindest die materielle

Ein wichtiger Teil der weiblichen Heilung findet auf der materiellen Ebene statt. Sehr viele weibliche Abhängigkeiten und Ängste stehen in engem Zusammenhang mit dem nackten Überleben. Und auf dieser Ebene sollten sie auch praktisch gelöst werden. Es gibt viele Frauen, die sich nicht bewusst sind, dass sie von einer panischen Überlebungsangst getrieben werden und ihr unbewusstes Streben nach Macht und Geld ihr Leben regiert. Viele haben gelernt, ihre echte Motivation geschickt hinter einer schönen, spirituellen Maske zu verhüllen.

Andere Frauen trauen sich nicht, finanziell erfolgreich zu sein, und verdrängen diese Wünsche ins Unbewusste – auch das ist ein veraltetes Muster. Im unbewussten Bereich geraten die Dinge leicht außer Kontrolle. Das Christentum hat tiefe Spuren in unserer Gesellschaft hinterlassen. Bescheidenheit und Nächstenliebe sind nach wie vor Eigenschaften, mit denen sich Frauen gern schmücken, um ihr Ansehen zu erhöhen. Für die spirituelle Entwicklung einer Frau ist es aber sehr hilfreich, wenn sie keine Geldprobleme hat, wenn sie in der Lage ist, ihr Geld zu verdienen und auch kein schlechtes Gewissen hat, es zu genießen. Wir alle haben eine materielle Frau in uns, die sich ums Überleben kümmern muss. Im materiellen Zeitalter der großen Täuschung ist es unsere Aufgabe, unsere eigenen Beweggründe in Bezug auf die Finanzen zu erkennen und ein unverkrampftes Verhältnis zur materiellen Welt und auch zu Geld zu erlangen.

Auf der materiellen Ebene geht es in erster Linie ums Geschäft. Dort ist die Kundin Königin, und es wird alles darauf ausgerichtet, sie an die Angel zu bekommen. Spirituell, weiblich oder sexuell angehauchte Verpackungen kommen werbetechnisch besonders gut an. Um materielle Erfolge zu erreichen, wird gern gemogelt, was auf dieser Ebene gut zu funktionieren scheint. So gelten auf jeder Ebene andere Werte, ob man die nun gut findet oder nicht. Was auf der materiellen Ebene kurzfristig Erfolge bringt, kann jedoch die Entwicklung auf einer anderen Ebene blockieren. Auf der materiellen Ebene gilt das Gesetz: Wer zahlt befiehlt und wer viel Geld hat, ist mächtig, zumindest in der materiellen Welt. Das ist Business!

So ist sie, unsere Welt, die Welt der geschickten Manipulation und der großen Täuschung, die Welt der Werbung, der tollen Glanzprospekte und der geschliffenen Konzepte, die Welt der Halbwahrheiten und Mogelpackungen. Ich muss jedes Mal lachen, wenn ich einen Gratisanzeiger vom Naturkostladen durchlese: Die PR-Texte sind so gut geschrieben, dass ich bei jedem Produkt den Wunsch habe, es gleich zu kaufen.

Werber und Journalisten sind keine Gesundheitsexperten. Magazine und Zeitungen sind nicht die Quelle weiblicher Weisheiten oder kompetenter Gesundheitsauskünfte, ebenso wenig sind es die Klatschblätter, die du beim Frisör liest. Viele Frauen merken kaum, dass sie ständig manipuliert und getäuscht werden. Es gibt aber auch viele sensible Frauen, die spüren, wenn etwas nicht stimmt. Aus einer inneren Unsicherheit heraus zweifeln sie jedoch eher an ihren eigenen Wahrnehmungen, als dass sie eine Autoritätsperson, einen Trend oder einen sinnfälligen Tipp zur Weiblichkeit infrage stellen würden.

Geld verdienen – spirituell korrekt

Auch wenn jede Ebene ihre eigenen Werte und Währungen hat, ist es für einen Menschen auf dem spirituellen Weg wichtig, seine Grundausrichtung im Auge zu behalten. So kannst du auf der materiellen Ebene geschickt und erfolgreich manipulieren und dich und andere täuschen. Das wird dann aber Auswirkungen auf die anderen Ebenen haben und vor allem deine eigene spirituelle Entwicklung hemmen.

Es empfiehlt sich also auch beim Geldverdienen, darauf zu achten, dass du spirituell korrekt handelst, das heißt, dass du wahrhaftig, ehrlich und authentisch bist und deine eigenen Beweggründe im Zusammenhang mit Geld überprüfst. Viele Frauen blockieren ihre spirituelle Entwicklung bereits von der materiellen Ebene her, weil sie für Geld ihre Ideale und ihre Seele verkaufen und sich und andere dabei täuschen. Andere Menschen zu täuschen und in die Irre zu führen, gilt auf der spirituellen Ebene als ein sehr schlimmes Vergehen, das niemals ohne Konsequenzen bleibt. Deshalb ist es besonders wichtig, dass Menschen, die in esoterischen, spirituellen und therapeutischen Bereichen tätig sind, wahrhaftig sind und nur das lehren und weitergeben, was ihrer eigenen Realität entspricht und was sie selbst wirklich erfahren und nicht bloß gehört, gelesen oder abgeschaut haben, was sie vermuten, glauben oder was ihnen Geld bringt. Wir führen andere mit täuschendem Verhalten nicht nur in die Irre, wir stecken andere mit unserer Grundhaltung an, die Täuschungen billigt. Um dies zu vermeiden, sind wir Lehrer und Therapeuten besonders gefordert, die eigene Realität ständig neu zu überprüfen. Wenn es Phasen gibt, in denen wir den inneren Kontakt verloren haben und nicht in Verbindung mit der spirituellen oder mystischen weiblichen Welt sind, ist es erforderlich, die Tätigkeit für eine Weile einzustellen. Da es in jeder spirituellen weiblichen Entwicklung solche Phasen gibt, rate ich Frauen, die in diesen Bereichen wirken wollen, immer zu ihrem eigenen Schutz, neben dieser Tätigkeit noch ein anderes Standbein zu haben, eine Tätigkeit, die nicht von ihrer eigenen spirituellen Verbundenheit oder ihrer Weiblichkeit abhängig ist.

Arbeit am weiblichen Körper

Ein weiteres Symptom einer materiellen Lebensausrichtung ist der übertriebene Körperkult, dem heute sehr viele Menschen verfallen sind. Deshalb genießen Sport, Körperübungen, Körperarbeit jeglicher Art und körperliches Training größte Popularität. Das alles wird in unzähligen Variationen angewandt, um fit, schön, gesund, sexy und stark zu sein. Körperarbeit hat auch auf dem weiblichen Weg ihren Platz, wenn sie auf den weiblichen Gesetzmäßigkeiten aufgebaut ist. Hierbei hat die Arbeit am Körper folgende Prioritäten:

- ♥ Verwurzelung und Erdung im weiblichen Körper (Weiblichkeitsmodus)
- ♥ Weibliche Gesundheit
- ♥ Das Nähren und die Erhaltung der weiblichen Essenz
- ♥ Innere und äußere Reinigung des weiblichen Körpers
- ♥ Sensibilisierung
- ♥ Vorbereitung des weiblichen Körpers für die spirituelle Reise

Spirituelle Körperarbeit

Es gibt immer mehr Körperübungen, die sich »spirituell« nennen. Doch gibt es so etwas wie spirituelle Körperarbeit überhaupt? Körperarbeit wirkt auf der körperlichen Ebene. Es gibt auch Arbeit am Körper, die durch die Stimulation bestimmter Zonen oder Muskelverhärtungen auf die Emotionen übergreift. Dass sich durch Körperarbeit oder Körperübungen der spirituelle Körper automatisch entwickelt, ist hingegen sehr unwahrscheinlich. Nehmen wir das Beispiel körperlicher Yogaübungen: Sie dienen in erster Linie dazu, den Körper für spirituelle Erfahrungen fit zu machen, die durch spirituelle Praktiken hervorgerufen werden können.

Die großen Yogis wussten, dass echte spirituelle Erfahrungen so heftig sein können, dass ein unvorbereiteter Körper diese Intensität gar nicht überleben würde. Deshalb entwickelten sie diese jahrelange physische Vorbereitung. Auch taoistische Körper- und auch Energieübungen können diesen Zweck erfüllen. Wir dürfen dabei nicht vergessen, dass das alles Systeme sind, die für den männlichen Körper und Energiehaushalt entwickelt wurden.

Wenn du regelmäßig körperliche Yogaübungen oder Chi Kung praktizierst, ist das im Grund eine reine Körperübung und keine spirituelle Praxis. Wenn eine Frau hingegen wirklich den Weg des Yoga geht, sind die Körperübungen bloß die Nebensache, Meditation und spirituelle Arbeit stehen dann im Zentrum, und die finden auf einer anderen Ebene und in einem anderen, nicht sichtbaren Körper statt.

Spirituelle Praktiken wirken auf der spirituellen Ebene im spirituellen Selbst oder einem der spirituellen Körper. Da diese Ebene nicht mit der materiellen, körperlichen Ebene identisch ist, wie jeder hellsichtige oder medial begabte Mensch bestätigen wird, sind diese Übungen keine Körperübungen. Spirituelle Körperübungen im eigentlichen Sinne gibt es nicht, so wie es auch keinen spirituellen Sex gibt. Es kann sein, dass ein Mensch durch Sex eine spirituelle Erfahrung macht, die dann keine sexuelle Erfahrung mehr ist. Das sind wesentliche Unterschiede.

Die Arbeit am Körper ist wichtig, eine Überbetonung des Körpers und der Arbeit an ihm kann jedoch dazu führen, dass für die Entwicklung auf anderen Ebenen keine Energie und Zeit mehr zur Verfügung steht. Besonders Frauen können zudem durch männlich ausgerichtete Körperarbeit ihre spirituelle weibliche Entwicklung regelrecht verhindern.

Spirituelle Erschütterungen

Der spirituelle Weg, wie ich ihn erlebe und wie ihn auch viele andere Menschen erlebt und beschrieben haben, ist nicht ein sanfter Weg, der sich dir in einer milden, bachblütenhaften Dosierung zeigt. Wenn sich deine spirituellen Kanäle und Zentren öffnen und du plötzlich mit der inneren Welt verbunden bist, können so starke Energien in deine verschiedenen Körper hineinfließen, dass dein ganzes Wesen zutiefst erschüttert wird. Als ich so einen Zustand zum ersten Mal erlebte, war das so extrem, dass es einen sehr tiefen Respekt für spirituelle Arbeit in mir erweckte. Mir war auch klar, dass ich da wieder hin wollte. Ich realisierte, dass ich mich dafür allerdings optimal vorbereiten müsste, was einige Jahre dauern würde. Aber das war es mir wert. Nie hätte ich mich ohne solide Vorbereitung je wieder an einen solchen inneren Ort gewagt. Ich verstand nun die Notwendigkeit, sich körperlich, energetisch gut auf die spirituelle Reise einzustimmen. Es gibt Menschen, die durch solche Erfahrungen regelrecht aus ihrem Körper geschleudert werden. Der Körper muss gut präpariert sein, um die spirituellen Erfahrungen integrieren zu können. Ideal ist es, langsam, Schritt für Schritt vorzugehen und sich allmählich auf andere energetische Verhältnisse und Zustände vorzubereiten.

Weibliche Arbeit am Körper

Der weibliche Weg bietet sehr viele Vorteile. Damit du sie nutzen kannst, muss sich dein Körper allerdings im bereits angesprochenen Weiblichkeitsmodus befinden, das heißt du solltest in der weiblichen Polung sein. Im Weiblichkeitsmodus bist du offener und empfänglicher, und das vereinfacht dir den Zugang zur spirituellen Welt. Zudem werden in diesem Modus spirituelle Erfahrungen auf eine ganz natürliche

Weise integriert und Nebenwirkungen wie zu viel Feuer und Hitze im Körper und auch Ego-Probleme treten nicht in einem so starken Maße auf, wie das auf einem männlichen Weg der Fall sein kann. Spirituelle Kräfte und Licht sind sehr heiße Energien. Frauen im Weiblichkeitsmodus können viel mehr von solchen Energien in sich aufnehmen, ohne dass ihr Energiesystem, ihr Körper oder ihre Emotionen überstimuliert werden und durcheinandergeraten.

Frauen, die ständig in einer feurigen Intensität leben und ihren Körper mit Energieübungen und Körperarbeit zusätzlich aufladen, können ein höheres Energieniveau und spirituelle Erfahrungen selten in sich bewahren und in sich reifen lassen. Sie halten sie einfach gar nicht so lange aus. Bevor innerlich etwas Neues entstehen kann, flüchten sie in Aktivitäten, nehmen Drogen oder finden andere Wege wie beispielsweise Sex, um sich dieser intensiven Kräfte wieder zu entledigen. Im Weiblichkeitsmodus kann eine Frau spirituelle Kräfte in sich bewahren, und es wird ihr sogar möglich, eine sogenannte spirituelle Schwangerschaft auszutragen. Ich wage zu behaupten, dass Mutter Maria mit der unbefleckten Empfängnis genau die Erfahrung einer spirituellen Schwangerschaft durchlebte und so ein neues Bewusstsein, das Christusbewusstsein, auf die Erde brachte.

WEIBLICHE WEISHEIT

Mit Körperarbeit und körperlichem Training sollten Frauen sehr sensibel sein und darauf achten, ob sie dabei ihre männlichen Anteile wie die Energie stärken oder ihre weiblichen Anteile durch ihre Empfindungen nähren. Werden die feurigen männlichen Anteile aktiviert, wird dadurch sehr leicht die materielle Ebene überbetont und die materielle Ausrichtung und die materiellen Interessen werden genährt. Je stärker eine solche Ausrichtung oder auch Körperüberbetonung einer Frau wird, umso schwieriger wird es für sie, in Kontakt mit ihrer eigenen Spiritualität zu kommen.

Den weiblichen Körper nähren

Der weibliche Körper muss gesund sein und über ein gutes Fundament verfügen. Auf körperlicher Ebene bedeutet das, genügend gutes Blut, starke Knochen, gesunde innere Organe und Drüsen zu haben. Mit einer guten Ernährung und einem gesunden Lebensstil geben wir unserer Seele eine Heimat, von der aus sie wichtige Entwicklungsschritte unternehmen kann. Für die weibliche Entwicklung ist es essenziell, dass der Körper sich im Weiblichkeitsmodus befindet und nicht männlich gepolt ist.

Richtlinien zur Vorbereitung des weiblichen Körpers

♥ Lebe deinen ureigenen Rhythmus und presse dich nicht in einen Lebensstil, der nicht deiner Natur entspricht.

♥ Harmonisiere deine Menstruation und bringe sie in Einklang mit deinem Mondzyklus.

♥ Gönne dir guten, erholsamen Schlaf, der weibliche Körper braucht genügend Ruhe. Nimm dir genügend Freiräume zur Entspannung und Verarbeitung aller Eindrücke und Erfahrungen, die du täglich machst.

♥ Lerne die Sprache deines weiblichen Körpers kennen. Dazu gehören auch die sogenannten Überhitzungssymptome; das sind typische Körpersignale, die durch zu viel Hitze entstehen können, zum Beispiel Mundtrockenheit, Unruhe, Schlafprobleme. Sie können durch einen männlichen Lebensstil, meist in Kombination mit falscher Ernährung oder intensivem körperlichem Training und Energieübungen, entstehen oder auch durch die Erschöpfung der weiblichen Substanz, die die Energien nicht mehr halten kann.

♥ Viele Frauen sind heute körperlich so ausgepowert, dass sie zuerst einmal ihre körperliche Essenz wieder aufbauen müssen. Solange die Weiblichkeit auf körperlicher Ebene geschwächt ist, durch Krankheit, Blutmangel, Knochenschwäche, einen ungesunden Lebensstil und so weiter, macht es wenig Sinn, die Weiblichkeit auf emotionaler oder sexueller Ebene heilen zu wollen. Ist das körperliche Fundament geschwächt, muss es als Erstes aufgebaut werden, bis die weibliche Substanz wieder stark ist. Speziell Frauen über vierzig sollten sich genügend Zeit dafür einräumen.

♥ Lerne, so zu essen und zu trinken, dass deine weibliche Essenz gestärkt wird.

♥ Vernetze dich mit deinen inneren Organen, indem du immer wieder in sie hineinspürst, bis du sie deutlich fühlen kannst. Das sollte nicht in der Vorstellungskraft geschehen, sondern durch die Sensibilisierung der emotionalen Wahrnehmung. Es geht darum, dass du dich gefühlsmäßig im Körper verwurzelst. Visualisierungstechniken wirken auf einer anderen Ebene.

♥ Dein weiblicher Körper ist abhängig von der Ausschüttung weiblicher Hormone. Wenn du als Frau in männlichen Mustern lebst und deinen Körper nach männlichen Mustern trainierst, werden vermehrt männliche Hormone freigesetzt. Dadurch vermännlichst du deinen Körper. Wenn du zudem einen stressigen extrovertierten Lebensstil pflegst, werden die männlichen Muster in dir zusätzlich gefestigt. Bevor du etwas für deinen Körper tust, überprüfe, ob es in Einklang mit den weiblichen Gesetzen geschieht.

♥ Je stärker sich dein Körper im Männlichkeitsmodus befindet, umso schwächer wird deine Weiblichkeit.

♥ Für die weibliche Heilung ist es wichtig, dass du dich auf der materiellen Ebene, also in deinem Körper verwurzelst. Es ist weiblicher Balsam, still und genüsslich in deinem Tempel, dem Körper, zu ruhen und deine sensible Wahrnehmung zuzulassen.

♥ Zur Heilung deines weiblichen Körpers ist es nicht nötig, den Körper zu stimulieren, sensationelle Körperempfindungen oder Emotionen sind nicht wichtig. Auf dieser Ebene geht es in erster Linie um die Verwurzelung und die Entwicklung deiner Sensibilität.

♥ Körperübungen sollten sanft und mit Gefühl erfolgen. Jüngere Frauen können den Körper ab und zu etwas intensiver betätigen, jedoch sollte das nicht auf Kosten der Entwicklung ihrer Sensibilität und Gefühle geschehen.

♥ Lerne deinen Lebensstil auszugleichen. Bist du eine sehr aktive Frau, dann fokussiere dich auf Entspannung und passive, empfangende Momente. Bist du eine Frau, die in ihrem Beruf überwiegend sitzt, bewege dich ab und zu, um einen Ausgleich zu schaffen.

♥ Der weibliche Körper sollte regelmäßig entgiftet und gereinigt werden. Dafür gibt es diverse Kräuterkuren. Ich mache immer wieder andere Entgiftungskuren, einmal für die Leber, dann für das Blut, dann wieder Klopfmassagen mit einem selbst genähten Bohnensäcklein oder ich nehme ein Meersalzbad. Es ist gut, sich ein gewisses Repertoire anzueignen und dranzubleiben. Im Frühling sind diese Kuren besonders wirksam.

♥ Gönne dir ab und zu eine Massage mit viel natürlichem Öl.

♥ Entspanne dich regelmäßig, damit du offen und empfänglich bleibst. Finde heraus, wie das für dich am besten funktioniert, ohne dass du dabei aktiv werden musst. Als Einstieg finde ich zum Beispiel autogenes Training sehr gut geeignet.

♥ Oshos Kundalinimeditation ist eine wunderbare Methode, den weiblichen Körper im Fluss zu halten, sich zu erden und dann den Körper tief zu entspannen.

WER BIN ICH?
- Wie gut kennst du die Sprache deines Körpers?
- Was tust du für deinen weiblichen Körper?
- Was siehst du für zusätzliche Möglichkeiten, deinen weiblichen Körper zu unterstützen?

Der Wille ist ein wichtiges Lebensprinzip, das durch uns alle wirkt. Da der Wille über den Körper und die Energie gestärkt wird, behandle ich ihn hier unter den verschiedenen Körpern. Es ist mir wichtig, dem Willen ausreichend Platz einzuräumen. Lass uns also an dieser Stelle dieses mächtige Instrument etwas genauer unter die Lupe nehmen.

Der Wille

Das Potenzial: Macht, Veränderung, etwas bewegen
Die Nahrung: Energie, Sexualkraft
Die Währung: Atmung, Bewegung, Disziplin
Die Opfergabe: Sport, Atemübungen, Energiearbeit, Körperübungen, Kampfsport, sexuelle Erregung

Wird der Wille nicht bewusst gelenkt und entwickelt, verwandelt sich das an sich nützliche Instrument in eine unberechenbare, gefährliche Waffe, insbesondere wenn sich der Wille mit unbewussten Anteilen einer Persönlichkeit verbündet. Das Potenzial des Willens ist Macht, die Macht, etwas zu bewegen oder zu verändern, es ist auch das Potenzial, mächtig zu sein. Für viele Frauen haben die Worte »Wille« und »Macht« einen bitteren Beigeschmack. Sie haben das Gefühl, Wille habe etwas mit Härte und Männlichkeit zu tun. Aus Angst vor ihrer eigenen Macht bleiben viele Frauen in ihrer weiblichen Ohnmacht stecken.

Macht ist an und für sich nichts Schlechtes. Es kommt lediglich auf die Entwicklungsstufe des Menschen an und darauf, wie er seine Macht einsetzt. Manche Frauen entdecken auf der Suche nach neuen Wegen ihre männliche Seite und ihren männlichen Willen, sie finden Geschmack an dem männlichen Machtgefühl, das plötzlich all ihre Unsicherheiten in den Schatten stellt und sie Erfolge feiern lässt. Wird der Wille nicht bewusst in Liebe und Mitgefühl verwurzelt und dem spirituellen Selbst unterstellt, kann er auch Frauen verführen. Wenn sie einmal Macht erfahren haben, wollen die meisten Menschen mehr. Nicht selten sind sie auch bereit, für ein bisschen Macht und Erfolg Halbwahrheiten zu verbreiten oder gar ihre Seele zu verkaufen. Wie wir in Politik und Wirtschaft, aber auch im kleineren Umfeld sehen können, ist es nicht einfach, mit Macht umzugehen. Immer wieder können wir erkennen, wie Menschen an ihrer Macht zerbrechen, wie sie ihre Würde und ihre Ethik verlieren, korrupt werden, wie sie ihre Macht und ihren Status missbrauchen.

Der weibliche Wille wurde über viele Generationen hinweg gebrochen und nicht respektiert. Da ist es verständlich, dass für viele Frauen das Verhältnis zum weiblichen Willen etwas arg strapaziert ist. Doch der Wille ist ein Lebensprinzip, dem alle Menschen unterworfen sind, ob Mann oder Frau. Da wir in einer materiell orientierten Gesellschaft leben, kennen wir den Willen vor allem im Zusammenhang mit egoistischen eigennützigen Motiven.

Verletzungen, Erniedrigungen, Ungerechtigkeit oder Ohnmacht können Ursachen eines gebrochenen Willens sein. Aber auch ein ausgelaugter Körper oder körperliche Krankheit können den Willen zutiefst schwächen. Wie alles hat auch der Wille eine männliche und eine weibliche Seite. Wie auch in anderen Bereichen entspricht die schnelle Art, den Willen zu entwickeln, dem männlichen und die langsame, tief greifende Art dem weiblichen Prinzip. Gerade für Frauen ist es wichtig, sich mit den verschiedenen Facetten des Willens vertraut zu machen.

Im Umgang mit dem Willen, den wir meist als männlich gepolte Kraft kennen, ist Folgendes wichtig: Der Wille als männliche Macht wird über körperliche Vitalität und Energie gestärkt. Durch Bewegungsübungen, Sport, Atemübungen und durch Heilmethoden, die ausschließlich innerhalb der Polarität wirken, wird diese Form des Willens aktiviert. Auch Energiearbeit gehört hierhin, also all die tausend Formen und auch formlosen Praktiken, die auf die feinstoffliche Energie einwirken und sehr häufig im Zusammenhang mit Körper-, Atem- oder Konzentrationsübungen praktiziert werden. Mithilfe all dieser Methoden kann ein Mensch relativ schnell Kraft und Macht erfahren.

Frauen, die nicht in ihrer Weiblichkeit verwurzelt sind, können durch solch männliche Methoden und Praktiken sehr schnell ihre Ohnmacht überwinden. Aber ohne weibliches Fundament ist das eher der Weg aus der lähmenden Ohnmacht in die entwurzelte Selbstüberschätzung. Denn auf der Ebene des Willens werden die verletzten weiblichen Gefühle einmal mehr übergangen. Mit Energie-, Sexual- und Körperübungen können sämtlich Muster, auch weibliche Wunden, verstärkt werden.

WEIBLICHE WEISHEIT

Durch Energie- und anderer Power- und Vitalitätsübungen wird der männliche Wille gestärkt. Emotionale Wunden werden so nicht geheilt, sondern verstärkt, weil es nicht die Ebene ist, auf der tief greifende emotionale Heilung geschehen kann. Mit solch männlichen Methoden lernen Frauen, ihren verletzten Emotionen auszuweichen und sich trotz ihrer ungeheilten Gefühle mächtig und vital zu fühlen.

Richtlinien zur Entwicklung des weiblichen Willens

♥ Der weibliche Wille wird im Zuge der emotionalen Heilung langsam, aber sicher entwickelt.

♥ Erst wenn du dich wirklich für den weiblichen Weg und deine spirituelle Schulung entschieden und die Grundlagen der weiblichen Selbstheilung fundiert gelernt hast, ist es ratsam, sich in hochpotente Methoden der Energiearbeit instruieren zu lassen. Werden diese kraftvollen Übungen losgelöst von einer sorgfältigen spirituellen Schulung auf eigene Faust praktiziert, wirken sie bloß auf der Ego-Ebene und unterstützen deine spirituelle Heilarbeit nicht.

♥ Kraft und Machtgefühle haben an sich nichts mit weiblicher Heilung zu tun und damit auch nicht mit der Entwicklung eines weiblichen Willens.

♥ Frauen, die auf der Ebene des Willens wirken wollen, benötigen zuerst ein solides weibliches Fundament, damit der Wille verbunden und verwurzelt und nicht nur auf eine verletzte Weiblichkeit aufgepfropft ist. Ohne Verwurzelung hat der Wille die Tendenz, sich loszulösen und eigenmächtig zu handeln. Der Wille an sich ist nicht intelligent, deshalb ist es wichtig, ihn mit der weiblichen Intelligenz und einem mitfühlenden Herzen zu verbinden.

- ♥ Menschen, die mit hochpotenten Methoden arbeiten, die auf den Willen einwirken, sollen ihre Arbeit dem göttlichen Willen unterstellen. Nur so lassen sich Persönlichkeitsprobleme verhindern.
- ♥ Energieübungen und Sexualpraktiken verleihen nicht nur Kraft, sie intensivieren alle Eigenschaften einer Frau. So werden unwissentlich auch Abspaltungsmuster, negative Persönlichkeitsstrukturen und weibliche Wunden durch Energiearbeit verstärkt.
- ♥ Energiearbeit setzt auf der feinstofflichen und materiellen Ebene an und ist an sich kein spiritueller Akt. Und sie hat auch nichts mit weiblicher oder spiritueller Heilung zu tun.
- ♥ Gezielt eingesetzt ist gründlich erlernte Energiearbeit ein wertvolles Instrument, dass dir auf dem spirituellen Weg und auch im Umgang mit Reinigung und Purifikation nützlich sein kann. Es sollte jedoch erst angewandt und eingesetzt werden, wenn du deine Gefühle geheilt und deinen Gefühlskörper rehabilitiert hast.

Die östlichen Praktiken, die auf eine männliche Weise den Willen nutzen und stärken, erfahren heute allerorts begeisterte Lobpreisung. Doch es ist an der Zeit, tiefer zu gehen und die Kräfte und Absichten, die dabei im Verborgenen wirken, zu erkennen. Und da gibt es eine Menge zu entdecken, Erfreuliches und Ernüchterndes. Es ist leider tatsächlich so, dass wir ganz von vorn anfangen müssen und immer wieder neu weiblich von männlich unterscheiden müssen.

Wegen der spektakulären Wirkung von Energiearbeit und weil so viele Chinesen in den Westen kommen und mit ihren Übungen ihren Lebensunterhalt bestreiten, Schulen gründen und massenweise Lehrer ausbilden, werden diese hochpotenten Übungen aus dem Zusammenhang gerissen und losgelöst von einer spirituellen Schulung zu kommerziellen Zwecken verbreitet. Wenn es so viele tun, ist das aber noch längst kein Beweis dafür, dass es für dich richtig ist.

Wenn Frauen solide in ihrer Weiblichkeit verwurzelt sind, ist Energiearbeit kein Problem, dann können sie bedenkenlos experimentieren, denn sie fühlen genau, was sie bewirken. Sie wissen um die Ebene, auf der sie sich befinden, und haben die Möglichkeit, gezielt wieder auszugleichen, was sie versehentlich ausgelöst haben. Aber solide weibliche Wurzeln müssen erst einmal gewachsen sein. Dazu brauchen Frauen viel Blut, starke Knochen, einen starken Gefühlskörper und ein solides Lebenszentrum (siehe Seite 224 ff.).

Befindet sich eine Frau im Weiblichkeitsmodus, wird auch der Wille dadurch weiblich gepolt. Das bedeutet: Er ist stark, aber offen und empfänglich. So können Frauen sehr leicht ihren Willen ihrem spirituellen Selbst oder auch dem göttlichen Willen, wie es oft genannt wird, unterstellen und so Verantwortung und Aufgaben übernehmen, die dem Wohle der Menschheit dienen. Wird der Wille nicht bewusst einer höheren Instanz unterstellt, wird er sich mit der Persönlichkeit verbinden – die Frau (ebenso wie Männer) wird dann überwiegend eigennützige Ziele verfolgen. Wo das unsere Gesellschaft hingeführt hat, können wir in allen Bereichen, die wir uns genauer anschauen, eindeutig erkennen.

Der Gefühlskörper

Das Potenzial: Glück
Die Nahrung: Fühlen
Die Währung: Lieben, Stille
Die Opfergabe: Kreativität, künstlerische Tätigkeit

Was machen Menschen nicht alles, um sich anders zu fühlen, um sich gut zu fühlen oder um überhaupt etwas zu fühlen? Frauen wollen fühlen, Frauen wollen sich gut fühlen. Unangenehme Gefühle werden verhindert, verändert oder verdrängt. Aus der Unfähigkeit heraus, Emotionen zu heilen, werden Gefühle auch häufig abgespalten und in den unbewussten Bereich verschoben. Das geschieht auch durch Traumata, Missbrauch und chronischen seelischen Schmerz; dies sind aber die eher extremen Fälle.

Ein stressiger männlicher Lebensstil verhindert einen tieferen Kontakt zur Gefühlsebene. Viele ambitionierte Mütter wollen aus ihren Mädchen etwas machen, was diese nicht wirklich sind. Sie sind mitverantwortlich dafür, dass ihre Töchter sich von ihren Gefühlen distanzieren, noch bevor sich der Gefühlskörper entwickeln konnte. Wenn Mütter ihren Töchtern keinen Raum geben, natürlich zu sein, wenn sie ihr Leben mit Aktivitäten und Unterhaltungsprogrammen vollstopfen, hat das Kind keine Möglichkeit, sich selbst zu entfalten. In solchen Fällen kann sich der Gefühlskörper nicht entwickeln. Er braucht genauso Zeit für seine Entfaltung wie der physische Körper. Wird seine Entwicklung schon in frühen Jahren behindert oder blockiert, sind im späteren Leben der betreffenden Frau sehr große Bemühungen nötig, wenn sie das Versäumte nachholen will.

Fühlen ist die Basis

Wenn du dich von deinen Gefühlen distanzierst, entziehst du dem Gefühlskörper die Kraft, und er beginnt langsam zu schrumpfen. Dann wird es umso schwieriger, Gefühlsempfindungen zu erleben, und du bist emotionalen Verschmutzungen zunehmend schutzlos ausgeliefert. Je mehr du fühlst und je unbeschwerter du dich auf der Gefühlsebene bewegst, umso stärker wird dein Gefühlskörper. Er kann wachsen oder schrumpfen, er kann verletzt sein, er kann sogar Löcher bekommen, er kann durcheinander oder aufgewühlt sein. Er kann die unterschiedlichsten Schwingungen, Stimmungen und Färbungen in sich tragen.

Ein starker, gut entwickelter Gefühlskörper und die Fähigkeit, unbeschwert zu fühlen, sind die Voraussetzung für emotionale Gesundheit. Um einen verletzten Gefühlskörper zu heilen und die Fähigkeit zum Fühlen zu rehabilitieren, müssen wir zuerst verstehen, was eine Verletzung der Gefühle eigentlich ist. Es gibt unterschiedliche Ursachen von emotionalen Verletzungen. Oben konntest du lesen, dass Liebe die Währung ist, mit der auf der Ebene des Gefühlskörpers bezahlt wird. Deshalb ist es auch so wichtig, dass ein Kind geliebt wird, damit es sich gut entwickeln kann. Eine Beziehung zu einem Tier ist für Kinder beispielsweise sehr hilfreich bei der Entwicklung des Gefühlskörpers.

Wenn ein Mensch erwachsen ist, ist er selbst für die Qualität seiner Gefühle und die Nahrung seines Gefühlskörpers zuständig. Je mehr du abgeschnitten von deinen Gefühlen lebst und handelst, umso weniger Nahrung bekommt dein Gefühlskörper. Und er braucht gute Nahrung, um sich gut zu entwickeln. Ein geschwächter Gefühlskörper ist verletzlich und besitzt nicht die Kraft, Emotionen zu verdauen und zu integrieren.

Emotionale Wunden

Emotionale Wunden sind fast immer unverdaute Erlebnisse. Sie können aus einem Schockerlebnis heraus entstehen, aus psychischer oder körperlicher Gewalteinwirkung oder auch im Stress, um nur einige Ursachen zu nennen. Wird ein Erlebnis emotional nicht verdaut, bleibt es unverarbeitet irgendwo in deinem Gefühlskörper liegen. Das gilt nicht nur für extreme Erfahrungen, sondern auch für banale Alltagssituationen und auch Filmszenen, Tratschgeschichten, Zeitungsmeldungen und so weiter. Alle Eindrücke, die dich tagtäglich überfluten, müssen emotional verarbeitet werden. Es kann sogar sein, dass sich langfristig unverdaute Anteile im physischen Körper einnisten und sich dort in Form von Beschwerden und Krankheiten manifestieren. Diese Vorgänge spielen sich überwiegend im Unterbewusstsein ab. Doch es kostet viel Kraft, all diese »Leichen im eigenen Keller« eingesperrt zu halten.

Du kannst dir eine emotionale Wunde auch als einen Fleck vorstellen, der so dunkel ist, dass du ihn nicht sehen kannst. Dieser Fleck kann sich in eine Art Vakuum verwandeln, das Gleichgeartetes, also andere negative Emotionen anzielt. So kann eine emotionale Wunde in deinem Inneren wachsen und es entsteht etwas, was ich gern »Emobeule« nennen. Und plötzlich einmal platzt diese Beule: In einem Gefühlsausbruch ergießen sich all die aufgestauten Emotionen nach außen. Andere unerledigte Emotionen stecken wie ein Stachel im Gefühlskörper und verursachen dort energetische Löcher.

Emotionale Belastungen erkennen

Die Heilung deiner Gefühlwelt ist eine große und wichtige Aufgabe. Da sich all diese unbewussten Vorgänge in deinem Inneren abspielen, kannst du sie auch nur in deinem Inneren erkennen. Sobald du sie hochkommen lässt oder ausdrückst, bist du nicht mehr in der Lage, sie differenziert wahrzunehmen und zu fühlen. Gefühle erkennen, das heißt auf dem weiblichen Weg: fühlen. Ein gesunder Gefühlskörper ist in der Lage, Eindrücke und Emotionen zu verarbeiten. Deshalb ist es extrem wichtig, dass du lernst, deinen Gefühlskörper richtig zu nähren und zu reinigen.

Die meisten von uns leben in einem emotional sehr verschmutzten Umfeld, was eine große Belastung für den Gefühlskörper darstellt. Je schwächer er ist, umso verletzlicher ist er auch, und das wiederum macht dich sehr verletzlich, es wird sehr schwierig für dich sein, dich abzugrenzen. Insbesondere Menschen in heilenden Berufen, die direkt am Körper, an der Energie oder am Gefühlskörper eines anderen Menschen arbeiten, sind extremen emotionalen Belastungen ausgesetzt, die in den meisten Fällen nachhaltige Spuren hinterlassen. Emotionale Verschmutzungen können regelrecht energetische Verkrustungen im Gefühlskörper bewirken, was die feinstoffliche Wahrnehmung der Betroffenen abstumpfen lässt. Vermutlich sind viele nur so in der Lage, ihre Arbeit zu machen.

Der erste Schritt der emotionalen Heilung sollte Meditation sein, in diesem Fall solltest du Bewusstsein und Licht in dein Inneres bringen, damit du deine unbewussten Anteile erkennen kannst. Außerdem solltest du deine innere und äußere Welt regelmäßig reinigen und lernen, in dir und um dich herum eine Wohlfühloase zu kreieren, in der sich dein Gefühlskörper richtiggehend baden und nähren kann.

Um deine emotionale Heilung auf einer tiefen Ebene zu vollziehen, benötigst du ein solides Lebenszentrum (siehe Seite 224 ff.). Alle unbewussten Anteile müssen dann einzeln mit diesem Lebenszentrum verbunden werden, damit sie kein Eigenleben führen, sondern ein bewusster Teil von dir werden. So kannst du Schritt für Schritt in deinem Tempo deine Emotionen heilen und deinen Gefühlskörper rehabilitieren. Die Kundalinimeditation von Osho ist eine fantastische Unterstützung für diesen inneren kraftspendenden und befreienden Prozess.

Weitere Ursachen für einen gestörten Emotionalkörper

Emotionale Unausgeglichenheit, negative Emotionen oder ein erschwerter Zugang zu den eigenen Gefühlen können viele weitere Ursachen haben, beispielsweise:

- ♥ Stress
- ♥ Zu viele Aktivitäten
- ♥ Gewisse planetarische Konstellationen (so gibt es Zeiten, in denen du einfach in Konflikten und Emotionen stecken bleibst, und andere Phasen, in denen du Stagnationen gut auflösen kannst)
- ♥ Unzufriedenheit
- ♥ Drogenkonsum
- ♥ Chemische Nahrungszusätze
- ♥ Elektrosmog
- ♥ Wasseradern
- ♥ Schlechte Gesellschaft
- ♥ Ungelöste chronische Konflikte

Emotionale Stimulation

Viele Menschen mit einem geschrumpften Gefühlsköper machen es sich zur Gewohnheit, diesen an sich schon geschwächten Körper zu stimulieren, um Emotionen aus ihm herauszupressen und dadurch wenigstens irgendetwas zu spüren. Ich habe drei fußballverrückte Cousins, die mich ab und zu mit zu einem Spiel schleppen. Diese Jagd nach Emotionen hat der Älteste mal selbst so ausgedrückt: Nach einem für meinen Geschmack eher nervenaufreibenden Spiel sagte er: »Oh, das war ein super Spiel, es gab so viele tolle Emotionen!« Und in der Tat, da schreien sie mit ihrer Wurst in der Hand wie die Wilden herum, in der Pause schimpfen sie empört über die

Entscheidungen des Schiedsrichters – die Emotionen bekommen mal so richtig Raum.

Viele Menschen schauen sich Filme an, um Emotionen zu erleben. Je nach Typ sind das dann Soaps, Komödien, Thriller oder Epen. Andere lesen Bücher, wiederum andere haben dauernd Beziehungsstress – Eifersucht beispielsweise ist eine gewaltige Emotion. Extremsportarten und Mutproben erfüllen auch häufig den Zweck, die Menschen mit ihrer Lebendigkeit in Kontakt zu bringen. Wer einen geschrumpften Gefühlskörper hat, ist meist nicht besonders wählerisch, sondern einfach froh, überhaupt etwas zu fühlen und etwas zu erleben. Je mehr Stimulation der Gefühlskörper erfährt, umso unsensibler wird er und umso stärkere Stimulanzien werden wiederum benötigt, um etwas zu fühlen. Dies könnte auch eine Erklärung dafür sein, warum so viele Menschen für ein paar Gefühle der Geilheit die perversesten Fantasien einsetzen.

Auch im therapeutischen Rahmen kann es geschehen, dass mithilfe einer bestimmten Methode die Emotionen stimuliert werden. Geschieht dies mit einem geschwächten Gefühlskörper, verletzt ihn das noch zusätzlich und raubt ihm weitere Kraft.

WEIBLICHE WEISHEIT

Um deinen Gefühlskörper zu heilen, braucht es gute Gefühle. Und zwar nicht irgendwelche, sondern vor allem deine zarten, sanften, eigenen Herzgefühle.

Emotionale Verschmutzung

Die meisten Menschen leben heute materiell orientiert und sind dabei meist sehr gestresst. Sie leben abgeschnitten von der feinstofflichen, unsichtbaren Welt. Sie können die emotionale Müllhalde, die sie umgibt, nicht erkennen und merken nicht, was sie aus ihnen macht. Die emotionale Verschmutzung, insbesondere in Großstädten, gleicht einer grauen, diffusen Masse, die die Menschen umhüllt, ihre Sinne überreizt und ihre Wahrnehmungskanäle verstopft. In ständiger emotionaler Verschmutzung zu leben, macht Menschen entweder verrückt, verwirrt, unsensibel, stumpf oder zutiefst unzufrieden. Nicht nur Großstädte sind emotional verschmutzt, es betrifft mittlerweile den ganzen Planeten.

In okkulten Traditionen geht man davon aus, dass geisteskranke Menschen nicht wirklich krank sind, sondern dass es sich dabei um außerordentlich sensitive Menschen handelt, die negative Emotionen oder Ähnliches ungefiltert aus ihrem Umfeld aufnehmen und dadurch die Symptome einer Krankheit entwickeln. Hinzu kommt die ärztliche Diagnose einer Psychose oder Schizophrenie, die den Betroffenen nicht selten das letzte Quäntchen Selbstvertrauen raubt und die Symptomatik in ihrem Wesen festigt und versiegelt.

Selbstverständlich können nicht alle psychischen Schwierigkeiten auf eine emotionale Verschmutzung oder energetische Besetzung reduziert werden. Ich habe jedoch häufig beobachtet, dass sensitive, offene Menschen und übrigens auch viele Haustiere stark auf solche Verunreinigungen reagieren. Dies gilt allerdings nicht für Katzen. Katzen bekommen durch negative Schwingungen und Spannungen Kraft. Durch diese Eigenschaft haben sie die Gabe, unsere Wohnräume von negativen Schwingungen zu reinigen. Mit Katzen zu leben, ist deshalb für Menschen sehr angenehm und heilsam. Hunde nehmen die negativen Emotionen ihrer Umgebung auch auf, werden aber wie Menschen dadurch krank. Oder besser gesagt: Sie werden für ihre geliebten Menschen krank.

Sensitive

Durch meine Arbeit kam ich in Kontakt mit vielen hochsensiblen Menschen, die von der Gesellschaft als Verrückte abgestempelt wurden. Viele von ihnen sind gar nicht so verrückt, sondern extrem offene Menschen mit einer ausgeprägt differenzierten Wahrnehmung. Häufig handelt es sich sogar um Menschen mit einer besonderen übersinnlichen Begabung. Damit sie dies in der enormen Menge von Reizen, die sie ständig durchfluten, erkennen können, brauchen sie Hilfe. Sie müssen außerdem lernen, sich gegen negative Eindrücke abzugrenzen. Sie sollten sich auch nicht mit dem Stempel »krank«, der ihnen von der Gesellschaft aufgedrückt wird, identifizieren. Das ist sehr schwierig, und es erfordert viel Mut und Kraft. Das sind jedoch keine Gründe gegen diesen Weg. Ich habe schon bei einigen meiner ehemaligen Patienten erlebt, dass es funktioniert.

Leider verfügen therapeutisch arbeitende Menschen meist nicht über eine feinstoffliche Wahrnehmung, mit der sie erkennen können, wie es wirklich um Betroffene steht. Auch deshalb werden sensible Menschen häufig für krank erklärt und jahrelang erfolglos therapiert, anstatt esoterisch geschult zu werden, damit sie lernen, mit ihrer Sensitivität oder auch Medialität umzugehen.

Die häufigsten Ursachen emotionaler Verschmutzung

Schuldzuweisungen: Jeder Mensch ist für die Emotionen verantwortlich, die er empfindet. In einer christlichen Kultur lebend werden wir darauf gedrillt, in emotionalen Situationen als Erstes die Frage der Schuld zu klären. Schuldzuweisungen und Schuldgefühle sind eine veraltete, ziemlich unsinnige Gewohnheit, die eigene Macht abzugeben und in die Rolle des hilflosen Opfers zu flüchten. Jedes Bestreben, die eigene Negativität selbst aufzulösen, wird an der Wurzel erstickt und unterbunden, wenn jemand anderes ermächtigt wird, für diese Gefühle verantwortlich zu sein. Negative Emotionen werden durch Schuldzuweisungen nur bestätigt und verstärkt. Die Konditionierung darauf beginnt schon sehr früh, zum Beispiel wenn eine Mutter ihr Kind ständig für ihre negativen Emotionen verantwortlich macht: »Es ist deine Schuld, dass ich wütend/traurig bin!« Sie geschieht auch, indem Kinder belohnt werden, wenn sie den Wünschen und Vorstellungen ihrer Eltern entsprechen. Hinter solchen Verhaltensmustern liegen meist sehr verzwickte emotionale Verstrickungen.

Viele Menschen wurden so auf Schuld konditioniert, dass sie gar nicht mehr anders können, als andere für ihr Leid verantwortlich zu machen. Vermutlich wird es auch in deinem Umfeld Menschen geben, die dich für ihr Unglück verantwortlich machen wollen. Lass dich dadurch nicht beeindrucken und lass dich auch nicht in das negative Energiefeld des oder der anderen hineinziehen. Einzig sinnvoll ist, dass du in solchen Situation das lernst, was du zu lernen hast.

Projektionen: Projektionen gehen meist Hand in Hand mit Schuldzuweisungen. Sobald wir unsere negativen Gedanken, Gefühle, Verurteilungen und Vorwürfe gegen eine andere Person richten und diese Negativität auf sie übertragen, ist das eine Projektion. Projektionen verursachen immer eine emotionale Verschmutzung im anderen oder in der Umgebung. Negativität auf andere abzuwälzen ist niemals ein konstruktiver Beitrag, die Gesamtsituation zu verbessern. »Im Namen der Gerechtigkeit« heißt es dann gern. Doch das ist kein akzeptables Argument dafür, Hass, Aggression und Destruktivität auf andere Menschen zu richten. Gewalt und Negativität sind niemals die Mittel, sinnvoll mit Gewalt umzugehen, auch nicht im Sinne der Gerechtigkeit oder im Namen Gottes.

Wir Frauen haben die Tendenz, nicht nur negative Gefühle auf andere Menschen abzuwälzen. Mit den guten Gefühlen machen wir es genauso: Wir machen andere beispielsweise für die Liebe verantwortlich – den Geliebten, den Therapeuten, den Lehrer, den Superstar oder sonst jemanden. Doch indem frau ihre ganzen guten Gefühle auf andere projiziert, bleibt ihr eigenes Inneres leer, und sie braucht wiederum Menschen oder Situationen, die sie mit Anerkennung und guten Gefühlen versorgen. So entstehen Abhängigkeiten.

Unterhaltung: Unterhaltung zielt darauf ab, Emotionen zu erzeugen, positive und negative. Die Gewalttätigkeit und die Negativitäten, die Abend für Abend über die Fernseh- und Computerschirme in die Stuben flimmern, machen einen immer größeren Teil der emotionalen Verschmutzung aus. Für Erwachsene ist diese Form der Berieselung bereits eine Extrembelastung. Kindern, die diesen Vibrationen ausgesetzt sind, werden diese negativen Verhaltensmuster regelrecht in die Zellen eingraviert. Gewalt und Negativität werden somit ein fester Bestandteil ihres Wesens, denn alle diese Bilder werden im Unterbewusstsein gespeichert. Unbewusste Handlungen und Reaktionen werden dadurch in einem extremen Maß unberechenbar.

Diese tief in das Unterbewusstsein eingeprägten Verhaltensmuster und Bilder im Erwachsenenalter einfach wegtherapieren zu wollen ist ein Ding der Unmöglichkeit. Es wird trotzdem ständig versucht. Nur durch Meditation und innere Anwesenheit werden diese Schichten erkennbar. Während einer spirituellen Schulung lässt sich erlernen, wie sich diese Schichten gezielt neutralisieren und transformieren lassen.

Sexuelle Fantasien: Sex wird zunehmend von Liebesbeziehungen und der Realität abgetrennt und in der Fantasie gelebt. Immer mehr Menschen, überwiegend Männer, leben ihre Sexualität mithilfe von Masturbationsvorlagen aus. Sie verbinden sich in intensivster Weise mit pornografischem Material, häufig mit gewalttätigen oder perversen Inhalten. Die meisten haben keine Ahnung, was sich dabei auf den verschiedenen Ebenen wirklich abspielt und was sie dadurch bewirken. Ein paar Sekunden Lust zu empfinden ist nur eine kleine Nebenwirkung der magischen Kraft der Sexualität. Verbindet ein Mensch seine Sexualkraft mit negativen Emotionen und Fantasien, wird es möglich, eine gewisse Intensität zu erleben. Speziell Menschen, die von ihren Gefühlen abgeschnitten leben, kennen oft keine andere Möglichkeit, in Kontakt mit einer Art lustvollem Lebensgefühl zu kommen. Werden diese Fantasien und inneren Bilder mit Lebenskraft genährt – und das geschieht dadurch, dass sie mit der Sexualkraft und den Emotionen verbunden werden –, entstehen »lebendige« Gedankenformen. Solche Gedanken und Bilder, die mit Lebenskraft und sexueller Energie gefüttert wurden, sind sehr mächtig. Und sie besitzen die Kraft, den Augenblick zu überleben, sich zu vermehren, sich zu verbreiten und andere Menschen zu beeinflussen.

Ein Kind oder ein offener Mensch kann im Wachzustand oder auch im Schlaf plötzlich von so einer lebendigen Gedankenform besetzt werden, das kann Angst oder Unsicherheit oder auch entsprechende Träume oder Albträume auslösen. Wenn ein Mensch einen anderen in seine Fantasiewelt einbezieht und diesen anderen als Masturbationsvorlage benutzt, kann dieser merkwürdige, immer wiederkehrende Träume oder Gedanken haben, die er/sie nicht einzuordnen weiß. Sensible Menschen merken schon, wenn jemand an sie denkt oder ein Gefühl auf sie projiziert oder wenn andere über sie reden. Im Zusammenhang mit Sex ist das alles noch viel stärker.

Die meisten Menschen haben keine differenzierte Wahrnehmung für solche Vorgänge. Sie sind sich über innere Abläufe und darüber, wie stark fremdbestimmt sie leben, nicht bewusst. Vielleicht hegen sie plötzlich eine bestimmte sexuelle Fantasie, die sie noch nie hatten und die sie eventuell sehr befremdet. Dann versuchen sie vielleicht, diesen ihnen merkwürdig erscheinenden Gedanken zu verdrängen. Aber solche von jemand anderem mit Sexualkraft und Emotionen aufgeladene und imprägnierte Gedankenformen sind oft zu kraftvoll, als dass man sie einfach so unterdrücken oder vorüberziehen lassen könnte. Heimlich nisten sich solche Gedankenformen ein. Millionen von Menschen werden ständig mit negativen und auch destruktiven Gedankenformen genährt, und die Gewalttätigkeit auf unserem Planeten wird mit jeder negativen sexuellen Fantasie stärker und realer.

Selbstverständlich gilt das auch für alle sexuellen Aktivitäten, die im Zusammenhang mit negativen Gedanken und Gefühlen stehen. Frauen sind daran nicht unbeteiligt, der Mechanismus ist bei ihnen lediglich etwas anders. Mehr dazu im Kapitel über die Gebärmutter (siehe Seite 227 ff.).

Es braucht mehr Sensibilität

Ich halte die mangelnde Sensibilität für eine der größten Belastungen für unsere Gesellschaft. Dumpfen und abgestumpften Menschen, die nicht fühlen, bleibt nur der Verstand, und der ist nicht in der Lage, Schwingungen und Stimmungen zu erkennen und das Leben in seiner Vielfalt zu erfahren. Viele Frauen sind von Natur aus sehr sensibel. Da sie nie lernten, mit ihrer Feinfühligkeit umzugehen, werden sie von ihren Wahrnehmungen überfordert und lernen ihre Sensitivität sozusagen auszuschalten, indem sie Dinge tun, die sie abstumpfen lassen. Sehr häufig verschreiben sie sich dann männlichen Mustern. Durch eine vermehrte Ausschüttung von Testosteron, die eine stark männliche Lebensweise nach sich zieht, werden sie unsensibler. Jede Frau hat ihre eigenen Mechanismen, mit denen sie ihre Sensibilität dämpft. Du solltest herausfinden, welche es bei dir sind. Um deine Sensibilität rehabilitieren zu können, musst du deine weiblichen Wunden heilen. Erst die emotionale Heilung wird deine Sensibilität zu einem wichtigen Kompass für deinen weiblichen Weg werden lassen.

Auch unsensible Menschen wollen fühlen. Das erreichen sie, indem sie ihre Sinne und Emotionen stimulieren. Je abgestumpfter ein Mensch ist, umso deftigere Hilfsmittel und stärkere Stimulationshilfen werden eingesetzt. Dieses Prinzip gilt auch in den Bereichen Therapie und Sexualität. Die Methoden, um mit einem reellen Gefühl in »Kontakt« zu kommen, werden immer heftiger – aber damit keinesfalls heilender.

Die Gesellschaft hat kein Interesse, diese alarmierende Entwicklung des Emotionalen zu stoppen, denn abgestumpfte Menschen sind die besten Konsumenten und Patienten. Da sie keinen Zugang zur unsichtbaren Welt haben, fühlen sie sich nicht und sind mit sich allein gelangweilt. Sie haben immer den Eindruck, dass ihnen etwas fehlt, deshalb stopfen sie sich mit materiellen Dingen, mit Fernsehbildern, Videos und Spielzeugen voll, in esoterischen Kreisen werden sie zu »Energiejunkies«, die sich mit möglichst viel Energie aufladen. Sie konsumieren, benötigen Genussmittel und schlucken freiwillig Medikamente. Sicher stellen sich nun viele die Frage: Wie ist es möglich, die eigenen Gefühle zu heilen, wenn ich ständig von neuen negativen Emotionen überflutet werde? Die Antwort lautet: dranbleiben und erfinderisch sein. Ein paar Richtlinien folgen.

WEIBLICHE HEILUNG

Die Rehabilitierung der eigenen Sensibilität ist der erste Schritt gegen die innere und äußere emotionale Verschmutzung. Die Wohnung und die Lebenssituation auf allen Ebenen gründlich zu entrümpeln und eine innere und äußere Reinigungskur zu machen, ist ein sinnvoller Auftakt.

Richtlinien zur emotionalen Heilung

- ♥ Die Heilung des hochsensiblen weiblichen Empfindungskörpers ist Teil deiner Aufgabe auf der Gefühlsebene. Die Heilung der verletzten Gefühle findet in den verschiedenen Schichten des Gefühlskörpers statt.

- ♥ Um deine Gefühle zu heilen, musst du dich total wohlfühlen.

- ♥ Für die emotionale Heilung ist es sehr hilfreich, eine Frau zu sein. Als Einstieg und zur Unterstützung deiner emotionalen Heilung ist es wichtig, zuerst die körperliche weibliche Substanz (Blut, Knochen und Organe) aufgebaut zu haben, damit sie deine Heilung unterstützen kann. Speziell die weiblichen Hormone, die sich dabei vermehren, sind eine große Hilfe für den weiblichen Emotionalkörper.

- ♥ Dein Herz ist für die emotionale Heilung essenziell. Wenn es deine Liebe verströmt, wenn es sich der göttlichen Liebe öffnet, dann findet die Heilung der weiblichen Seele statt.

- ♥ Die Heilung verletzter Gefühle findet immer im Weiblichkeitsmodus statt.

- ♥ Um Gefühle zu heilen, werden Emotionen auf dem weiblichen Weg weder stimuliert noch auf der energetischen oder der Verstandesebene bearbeitet.

Transformation

Es ist kein Ziel der weiblichen Heilung, unterdrückte Gefühle zu stimulieren, bis sie hochkommen, um dann darüber zu reden oder sie auszudrücken. Die weibliche Heilung der Emotionen findet in der Tiefe statt, indem du die Flamme deines Bewusstseins und deine Liebe direkt in deine tiefen Wunden fließen lässt, bis sie geheilt sind. Dieser Vorgang wird auch Transformation genannt. Es gibt immer wieder Therapeuten, die mir in diesem Punkt widersprechen, und dies, bevor sie diesen Weg selbst ausprobiert haben. Sie bringen Argumente wie: Es sei doch wichtig, dass Frauen lernen, Unterdrücktes auszudrücken und rauszulassen.

Meine Erfahrung ist eine andere: Sobald Frauen in Kontakt mit ihrer Tiefe und ihrer inneren Kraft sind und sobald sie ihr Lebenszentrum entwickelt haben, ist es ihnen möglich, auch die Gefühle natürlich fließen zu lassen. Dadurch können sie sich dann automatisch im Außen durchsetzen. Meiner Erfahrung nach macht es wenig Sinn, Frauen in Kontakt mit negativen Emotionen zu bringen, bevor sie die Grundlagen der Selbstheilung erlernt haben und in der Lage sind, ihre Verletzungen und Wunden wirklich zu heilen und Unverdautes zu verarbeiten. Erst wer den spirituellen Weg selbst kennenlernt und geht, bekommt plötzlich eine Vorstellung davon, was für ungeahnte Möglichkeiten sich dadurch eröffnen. Folgendes ist mir im Laufe meiner Erfahrungen immer wichtiger geworden:

- ♥ Negative Emotionen verbal auszudrücken, darüber zu reden und sie zu analysieren hat nichts mit weiblicher Heilung zu tun. Es entspricht dem männlichen Weg.
- ♥ Denken, ohne zu fühlen, verletzt den weiblichen Gefühlskörper.
- ♥ Wenn sie nicht fühlen, besitzen Frauen keinen Schutz.

♥ Auf dem weiblichen Weg braucht es eine tief greifende Heilung der Gefühle, damit der Empfindungskörper genährt werden kann und sich gut entwickelt. Ein unterentwickelter, verletzter Empfindungskörper ist ein großes Handicap, wenn frau sich sicher in der unsichtbaren Welt bewegen möchte.

WEIBLICHE WEISHEIT

Weibliche Heilung bedeutet, den Gefühlskörper von allen Belastungen zu reinigen. Alle dunklen und groben Energien, die sich im Gefühlskörper verstecken, müssen verfeinert werden, bis der Gefühlsköper zu einem klaren, zuverlässigen Vehikel geworden ist, das frau unbeschwert und sicher in der nicht sichtbaren Welt bewegt.

Astralebene

Die Astralebene führe ich hier unter den Gefühlen auf, obwohl das nicht ganz richtig ist, dennoch passt sie in diesen Teil am besten. Die astrale Ebene ist feiner als die physische, aber grobstofflicher als die mentale. In ihr entstehen neue Formen. Die formbare Astralmasse ist wie ein Sammelpool mit sämtlichen Informationen und Erfahrungen aus allen Zeiten und Orten. Alle Manifestationen dieser Erde entstehen aus dieser Masse. Die Gebärmutter ist ein wichtiges Tor zu dieser Ebene, deshalb kann darin auch ein Kind Form annehmen und wachsen.

Die Astralmasse ist wie ein unendliches Meer, das uns umgibt und durchdringt. Die Gefühle stehen in einem engen Zusammenspiel mit dieser Ebene. Ab und an wird die Astralebene sogar als Gefühlsebene bezeichnet, was ich als unvollständig ansehe. Die Astralebene ist viel mehr als eine Welt der Gefühle. Zweifellos aber braucht man eine starke Präsenz der

Gefühle, einen intakten Gefühlsköper, um auf diese Ebene einwirken und sich gegen die kollektiven Kräfte dort durchsetzen zu können, ohne sich selbst zu schaden.

Für eine emotional verletzte Frau oder Menschen, die von ihrem Gefühlskörper abgespalten sind, ist es ein großes Risiko, sich in der unsichtbaren Astralwelt zu bewegen. Aufgrund ihres verletzten Gefühlskörpers fehlt ihnen einfach die intuitive Treffsicherheit, die es anderen ermöglicht, Situationen richtig einzuschätzen und eventuelle Gefahren rechtzeitig zu erkennen. Ich erwähne das hier deshalb, weil es häufig geschieht, dass eine Frau durch eine Krankheit oder eine körperliche und emotionale Schwäche plötzlich Zugang zur nicht sichtbaren Welt bekommt. In einem solchen Zustand auf innere Entdeckungsreise zu gehen ist nicht empfehlenswert.

Kreativität

Auf der emotionalen Ebene und für die emotionale Gesundheit ist Kreativität sehr wichtig, sie ist die Opfergabe auf dieser Ebene. Auch hier gilt: Wenn du es nicht fühlst, dann tu es nicht. Kreativität muss aus dem Fluss des Lebens, aus der Tiefe kommen. Es spielt dabei keine Rolle, was frau kreiert, ob sie eigene Lieder komponiert, ihre Kleider entwirft, ob sie kreativ kocht oder einen schönen Garten pflegt, ob sie andere frisiert, Gedichte schreibt oder tanzt. Die weibliche Kreativität ist bestimmten Gesetzen unterworfen. Vor allem sind zwischendurch immer wieder Phasen der Ruhe und Regeneration nötig, das gehört zum kreativen Tun wie die Ebbe zur Flut.

Kreativität an sich ist keine weibliche Eigenschaft, weil sie etwas nach außen bringt. Wenn Kreativität jedoch im Einklang mit den weiblichen Gesetzmäßigkeiten entsteht und aus dem tiefsten Inneren einer Frau herausfließt, weil sich im

Inneren so viel angesammelt hat, dann besitzt Kreativität eine große Qualität. Ich habe viele Frauen getroffen, die vor lauter Begeisterung ihre Kreativität zum Beruf machten: Tanzen, Singen, Schauspielerei, Malerei … Ich rate allen Frauen, die ihre Kreativität beruflich ausleben wollen, unbedingt zu einem zweiten beruflichen Standbein. Denn sie brauchen Ruhephasen, damit sich im Inneren wieder neue Kraft ansammeln kann, damit im Inneren wieder etwas Neues entstehen kann, das stark genug ist, von selbst nach außen zu fließen und dort zu überleben. Es ist schrecklich, wenn man kreativ sein *muss*, weil wieder Geld in die Kasse kommen muss. Ich habe viele Künstlerinnen kennengelernt, die sich total ausgepowert hatten, ihr Inneres und auch ihr Körper waren wie ausgepresst, leer und ausgelaugt, sodass sie in chronische Erschöpfungszustände und Depressionen verfielen.

Ich erlebe bei mir selbst, dass die Regenerationsphasen nach kreativen Projekten mit zunehmendem Alter länger dauern. Für mich ist das Schreiben ein Ausdruck meiner Kreativität. Meine ersten drei Bücher hatte ich innerhalb von vier Jahren geschrieben, dazu kamen noch die englische Ausgabe und die französische, die ich intensiv bearbeiten musste. Rückblickend war das absoluter Wahnsinn, aber ich war so gut im Fluss, fühlte mich so stark verbunden und gab mich diesem kreativen Strudel einfach hin. Ich brauchte relativ lange, mich von dieser energetischen Strapaze zu erholen, zumal ich gar nicht auf all die Reaktionen und Projektionen gefasst war, die meine Bücher auslösten. Ich hatte auch nicht die Absicht, jemals wieder zu schreiben. Als ich dann merkte, dass sich meine Kreativität in mir immer wieder und immer stärker bemerkbar machte, hielt ich sie absichtlich einige Jahre zurück, um mehr Energie für meine inneren Prozesse zur Verfügung zu haben. Dadurch wurde meine Kreativität nur noch stärker, sodass mir keine andere Wahl blieb, als mich diesem Kraftstrom hinzugeben und dieses *Weibliche Manifest* zu schreiben. Der Energiefluss ist wieder so stark, dass das Schreiben ohne jegliche Anstrengung geschieht.

Viele Menschen benutzen ihren kreativen Kanal, um ihren inneren Müll loszuwerden. Das ist nicht kreativ, weil dabei gar nichts Neues entsteht. Ich habe lange in der Psychiatrie gearbeitet, und die Patienten mussten immer in die Maltherapie. Überall hingen dann diese grässlichen düsteren Bilder. Ich fand das völlig kontraproduktiv. Wenn Menschen ihren Müll herausprojizieren, sollten die entsprechenden Werke anschließend verbrannt werden, damit sich etwas Altes verabschieden kann. Einmal begann ich mit den Patienten als Alternative Kunstwerke zu kreieren, die diesen Namen verdienen. Gemeinsam gestalteten wir riesige Bilder, eines davon war ein Aquarium von anderthalb mal zwei Metern Größe mit vielen wunderschönen bunten Fischen darin. Die meisten Patienten halfen mit und kreierten ihren eigenen Fantasiefisch. Unser Kunstwerk war so schön, dass es auf Holz aufgezogen und in der großen Eingangshalle der Klinik aufgehängt wurde. Und die Patienten freuten sich, dass sie zusammen so etwas Wunderbares geschaffen hatten. Niemand muss gleich eine Künstlerin werden, aber jede kann in alles, was sie macht, ihre kreative Energie einfließen lassen, damit etwas Neues entsteht.

Verstand und Mentalkörper

Das Potenzial: Erkenntnis, Erleuchtung, Klarheit
Die Nahrung: Gedanken
Die Währung: Weisheit
Die Opfergabe: Meditation

Der menschliche Verstand strebt nach Erkenntnis, Wissen und Erleuchtung. Achte mal darauf, wie du auf Einsichten und Erkenntnisse reagierst und wie befreiend solche Momente sind, selbst wenn es bei alltäglichen Kleinigkeiten ist. Du findest plötzlich heraus, wie du ein lästiges Problem mit dem Computer lösen kannst. Du lernst, dein Videogerät oder deinen ersten iPod zu programmieren. Oder du erkennst ein Muster in dir, das dich immer wieder daran hindert zu lieben. Ständig haben wir kleine Erleuchtungen, Momente, in denen uns plötzlich etwas einleuchtet, wenn das Licht der Erkenntnis einen nebligen diffusen Zustand in unserem Inneren auflöst. Und wie unangenehm ist es auf der anderen Seite, wenn du nicht Bescheid weißt! Du hast vielleicht das Gefühl, dass dein Partner fremdgeht, und strebst mit jeder Faser deines Wesens nach Klarheit und Wissen: »Wer ist es? Wo treffen sie sich? Liebt er sie?« Du willst es unbedingt wissen. Die Ungewissheit macht dich krank.

Klarheit und Erkenntnisse entstehen durch Gedanken, allerdings nicht irgendwelche Gedanken, es sind vielmehr weise Gedanken oder auch Geistesblitze. Das Opfer, das du bringen musst, um zu solchen Gedanken zu kommen, ist die Meditation. Sie verbindet dich mit der Flamme des Bewusstseins, die den Verstand erhellt. Menschen, die sich ständig fremdes Wissen anlesen und andere kopieren, werden nie weise, denn ihr Verstand ist ständig überfüllt. Der Verstand aber will leicht und frei sein. Er sollte durchlässig werden, damit er die Geschenke aus der geistigen Welt empfangen kann.

Mentalkörper

Wie Menschen einen Gefühlskörper besitzen, so gibt es auch einen Mentalkörper, in dem Gedankenformen, Ideen, Bilder und Symbole entwickelt werden. So wie der Gefühlskörper aus einem persönlichen und einem kollektiven Teil besteht, gibt es auch beim Mentalkörper diese beiden Bereiche. Vom kollektiven Gedankengut der Menschheit werden wir von der ersten Sekunde an geprägt. Deshalb machen die meisten das, was alle anderen auch tun, entsprechend ihrer Kultur, ihrer sozialen Schicht und familiären Prägung.

Unsere Aufgabe im Leben besteht darin, dass wir beginnen, all die Glaubenssätze, die sich in unser Wesen eingenistet haben, aufzulösen. So kann sich ein individueller Mentalkörper entwickeln: Indem wir lernen, eigenständig zu denken und dadurch zu echten Freidenkern werden.

Das Auflösen von Verhaltensmustern und Glaubenssätzen geschieht nicht im Mentalkörper, sondern in der Persönlichkeit (siehe Seite 275). Ich habe mich entschieden, zum Umgang mit der mentalen Ebene keine Richtlinien zu geben. Diese Arbeit ist sehr delikat. Eines aber kann ich sagen: Meditation ist das beste Heilmittel, darum ist es sehr lohnenswert, das große Opfer zu bringen und täglich zu meditieren. Ich kenne nichts Besseres.

Weibliche Meditation

Meditation ist kein geschützter Begriff, deshalb wird darunter sehr Unterschiedliches angeboten. Viele meinen, dass man nicht zwischen weiblicher und männlicher Meditation zu unterscheiden braucht, da Bewusstsein keine Dualität kenne und über den Körper hinausginge. Der Ansicht bin ich grundsätzlich auch. Wir haben es allerdings heute nicht mit einem Idealfall zu tun. Die Frauen heute sind so weit von ihrer Natürlichkeit entfernt, dass dieser unnatürliche Zustand ihre spirituelle Entwicklung aufs Massivste hemmt. Wird dieses grundlegende Problem nicht im ersten Schritt geändert, werden Frauen nie einen Zugang zu dem riesigen Pool der weiblichen Weisheit bekommen. Weiblich meditieren bedeutet, während der Meditation in der Weiblichkeit verwurzelt zu bleiben und alle bewusstseinserweiternden Methoden den weiblichen Gesetzmäßigkeiten zu unterwerfen.

Es gibt Klöster, da meditieren die Mönche mit ihrem Tempelhündchen auf dem Schoß, denn auch für Männer ist es nötig, dass sie sich zum Meditieren in einem weiblichen Zustand befinden. Durch die Hündchen haben sie einen leichteren Zugang zu ihrer Gefühlsebene. Besonders bei Mönchen, die im Zölibat leben und keinen Kontakt zu Frauen haben, ist das wichtig.

WEIBLICHE WEISHEIT

Meditation ist die Reise zur Essenz. Weiblich meditieren ist die weibliche Reise zur Essenz.

Frauen meditieren anders

Wenn du dich für Meditation interessierst, ist es wichtig, dass du dir zuerst einmal klar wirst, warum du meditieren möchtest. Du solltest dir dabei immer bewusst sein, dass du als Frau alle Weisheiten der Welt in dir trägst. Es geht nun darum, dass du dich daran erinnerst und den Zugang zur inneren Welt wiederfindest. Dieses Erinnern ist ein sehr tiefer Prozess, der nicht über Worte oder Übungen geschieht. Das Fundament weiblicher Meditation ist die Stille. Auch Meditation und spirituelle Praktiken müssen bei einer Frau im Einklang mit den weiblichen Energiemustern geschehen.

Das bedeutet zum Beispiel, dass Frauen nicht aus Disziplin, Ehrgeiz oder Pflichtgefühl meditieren sollten, sondern vielmehr aus Entdeckerfreude, Lust oder einer Dankbarkeit heraus. Eine meiner Schülerinnen machte das eine Zeit lang so: Sie liebt Blumen, und um sich den Einstieg in ihre Meditation zu erleichtern, hatte sie immer eine frische Rose an ihrem Meditationsplatz. Zu Beginn jeder Meditation küsste sie ihre Rose. Dieser Rosenkuss verzauberte sie gewissermaßen und öffnete ihr das Tor zur Meditation.

Weibliche Meditation hat nie etwas mit Selbstkontrolle oder Distanzierung von dir selbst zu tun, sondern mit Integration, Akzeptanz, Spaß und Liebe. Wenn du dich im Weiblichkeitsmodus befindest, wenn du im lustvollen Einklang mit den weiblichen Energiemustern bist, kannst du automatisch auch viel leichter und natürlicher meditieren. Im Weiblichkeitsmodus fließt die Energie wie das Wasser von oben nach unten. Bist du mit der spirituellen Welt oder dem Licht verbunden, fließt diese Kraft auf ganz natürliche Weise in dein Wesen hinein und kann so dein Inneres transformieren. Im Weiblichkeitsmodus bist du entsprechend in einem empfänglichen, offenen Zustand.

Meditation ist die einzige Richtlinie, die ich hier geben möchte. Es gibt weitere Methoden, die in diesem Bereich sehr kraftvoll sind. Sie werden von verantwortungsvollen Lehrerinnen nur im direkten Unterricht, eingebettet in eine langjährige Schulung, an Schülerinnen, die sich dafür qualifiziert haben, weitergegeben. Nur dann ist gewährleistet, dass sie zum Nutzen der Schülerin und nicht zu ihrem Schaden angewendet werden können.

Geist/spirituelle Ebene

Das Potenzial: Ewigkeit
Die Nahrung: Freiheit
Die Währung: Wahrheit, Wahrhaftigkeit
Die Opfergabe: die Aufgabe aller Identifikationen, außer
der mit dem Höchsten

Spiritualität bedeutet für beinahe jeden Menschen etwas anderes. Das Wort kommt von *spiritus,* was »Geist«, aber auch »Hauch«, »Odem« bedeutet. Spiritualität gehört zu einer Ebene, die nicht mit dem Verstand erfasst werden kann. Es handelt sich dabei um das höchste Bewusstsein. Manche nennen es Gott oder Göttin. Für einige klingt das jedoch abgehoben oder gar kitschig. Das ist alles unwesentlich, du kannst es so bezeichnen, wie es für dich stimmig ist.

Jeder von uns ist mit diesem göttlichen Funken in sich geboren. Dieses winzige unsichtbare Partikelchen hat die Fähigkeit, uns zurück zum Ursprung, zurück zu unserem göttlichen Selbst zu bringen. Dieser Licht- oder Bewusstseinsfunke kann sich im Inneren jedes Menschen entwickeln, wenn er richtig gehegt wird. Wo er sich örtlich befindet, darüber gib es unterschiedliche Theorien. Wie ich das erlebe, nistet sich dieser Funke nicht bei allen Menschen am gleichen Ort ein, und ich habe auch schon beobachtet, dass er im Laufe einer persönlichen Entwicklung wandern kann. Ich kenne Menschen, bei denen er im Herzen sitzt, bei anderen in der Stirn, er kann auch in der Gebärmutter sitzen. Bei einer Freundin von mir sitzt er direkt im Vagusnerv in der Herzgegend.

Wie bereits beschrieben dient der erste spirituelle Kick dazu, einen Menschen wieder mit diesem Funken zu verbinden. Aber ob und wie sich dieser winzige kleine Samen in ihm entwickelt und ausdehnt oder auch nicht, das hängt von der Person selbst ab. Dieser Transformationsprozess dauert so lange, bis die Individualität geboren ist und der Mensch dadurch zu einem ewigen Licht- oder Bewusstseinsträger geworden ist.

Spirituelle Entwicklung bedeutet, das eigene Wesen nach dem Licht oder der Quelle auszurichten, damit es sich optimal entfalten kann. Was hat das nun mit Weiblichkeit zu tun? Sehr viel sogar. Befindet sich eine Frau im Weiblichkeitsmodus, kann sie die Flamme des höchsten Bewusstseins empfangen und damit schwanger werden – eine spirituelle Schwangerschaft. Weibliche Spiritualität bedeutet einerseits die weibliche Reise zur Essenz und andererseits die Manifestation des höchsten Bewusstseins und der weiblichen Heilkräfte auf dieser Erde.

Richtlinien zur Entfaltung der spirituellen Ebene

♥ Der ewige Geist oder wie immer du das höchste Prinzip, das durch uns wirkt, benennen möchtest, braucht Freiheit als Nahrung. Freiheit kannst du durch deine Wahrhaftigkeit erlangen.

♥ Wahrhaftigkeit ist in jedem Moment neu.

♥ Wahrhaftigkeit beginnt mit Selbsterkenntnis und endet in Freiheit. Die Freiheit ist die Belohnung für deine Wahrhaftigkeit.

♥ Der spirituelle Weg ist die Wahrheitssuche.

♥ Weibliche Spiritualität bedeutet, deine weibliche Gefangenschaft zu opfern, die kuschelige Scheinsicherheit aufzugeben. Das ist kein wirkliches Opfer, denn wenn du dich mit dem Höchsten identifizierst, wirst du dieses andere gar nicht mehr wollen.

♥ Weibliche Spiritualität bedeutet, sich mit der höchsten Wahrheit zu identifizieren.

Seele

Das Potenzial: Unendlichkeit
Die Nahrung: Selbstlosigkeit
Die Währung: Ekstase
Die Opfergabe: Gebet, weibliche Mysterien, Tempelarbeit

Die Seele ist gewissermaßen der Körper des Geistes. Das Potenzial der Seele ist Unendlichkeit, deshalb wird sie symbolisch häufig durch Flügel dargestellt. Und deshalb haben wir für das Cover dieses Buches die geflügelte Isis gewählt. Die Flügel symbolisieren neben der Unendlichkeit der Seele auch die Schutzfunktion, die die Weiblichkeit in sich trägt. Das Bild zeigt die geflügelte Isis als Beschützerin vor dem Tor des innersten Schreins, des kostbarsten Heiligtums. Isis, als weibliches Prinzip, ist eine der ältesten Behüterinnen der weiblichen Geheimnisse. Kein Symbol hätte sich besser für dieses Buch geeignet. Es stellt die weibliche Aufgabe in einer ihrer wichtigsten Funktionen dar. Symbole wie die geflügelte Isis können unserer weiblichen Seele helfen, sich an ihre ursprüngliche Aufgabe und an ihre Pracht zu erinnern.

Die Seele möchte nicht in einer limitierten Persönlichkeit oder in ungelösten Emotionen gefangen sein. Sie möchte die Unendlichkeit erfahren. Da sie vom Ego, der Persönlichkeit gefangen gehalten wird, sind Selbstlosigkeit und Bescheidenheit vonnöten, um sie wieder zu befreien. Die Seele braucht ekstatische Verzückung (die deutlich von einem Sinnesrausch zu unterscheiden ist), um mit der Unendlichkeit zu verschmelzen.

Beten kann in diesem Zusammenhang sehr kraftvoll sein. Dankgebete sind heilsam, aber auch Gesänge oder Tänze oder einfach deine persönliche Form des weiblichen Betens, die du für dich finden kannst. Für deine weibliche Seelenarbeit brauchst du keine Gruppe. Es reicht, wenn du dabei bist. Auch Farben und Klänge eignen sich gut, um den Heilprozess der Seele zu unterstützen. Abgestimmt auf die verschiedenen Körper, Sphären und Welten können Farben und Töne sehr viel Heilendes bewirken.

Göttliche Feste zu feiern, ist eine weitere Möglichkeit. Dazu gehören zum Beispiel die religiösen Feierlichkeiten oder Feste zum Jahreskreis. Du kannst auch ganz einfach Weihnachten für dich wieder neu entdecken und als wahres Lichtfest der Liebe feiern. Ich zum Beispiel liebe rituelle Tempelfeierlichkeiten. Schon die Vorbereitungen, die zum Teil sehr aufwendig sind, empfinde ich als so erfüllend und beglückend!

Weibliche Mysterien

Weibliche Mysterien zu feiern ist tief in der weiblichen Seele verankert, ob du einer Prozession für die Schwarze Madonna beiwohnst, der heiligen Kuhgöttin deine Ehre erweist, dich mit deinen Freundinnen zusammentust, um mithilfe von Artemis eine Heilmeditation für alle gequälten Tiere durchzuführen, oder ob du verlorenen Seelen Unterstützung gibst, ihren Weg ins Licht zu finden – die Form spielt keine Rolle. Finde diejenige, die deine Seele beflügelt und entzückt. All das bringt dich wieder in Kontakt mit deiner eigenen göttlichen Seele, mit der großen Göttin in dir.

Die alten überlieferten weiblichen Riten und magischen Tempelrituale können deine weibliche Seelenheilung unterstützen, wenn sie im Weiblichkeitsmodus vollzogen werden. Sie wurden entwickelt, um einen direkten Kontakt zu den weiblichen Kräften, die hinter den Kulissen wirken, zu ermöglichen. Deshalb haben sie eine sehr tiefe Wirkung auf die menschliche Seele. Die alten Mysterien zu feiern, unterstützt Frauen auch heute, ihre spirituelle Heimat zu finden.

Werden die weiblichen Mysterien im Männlichkeitsmodus vollzogen, wird das Gegenteil bewirkt. Deshalb müssen Frauen in diese weibliche Arbeit eingeweiht werden. Viele Frauen fühlen sich heute wieder von den weiblichen Mysterien und den Göttinnen angezogen. Weibliche Mysterien, Tempelarbeit und eine persönliche Göttin sind allerdings kein Ersatz für die individuelle weibliche Heilung oder Meditation. Speziell Frauen, die tiefer in diese Bereiche eintauchen möchten, brauchen zu ihrem eigenen Schutz gute Vorbereitung und Schulung.

Ich möchte hier eine wichtige Unterscheidung treffen: Einerseits gibt es da Festivitäten, Feierlichkeiten und auch die wunderschönen Übergangsrituale, mit denen Frauen gemeinsam den Eintritt in eine neue Lebensphase feiern. Und andererseits sind da die rituellen und auch magischen Rituale, beispielsweise Heilrituale oder schamanische Rituale, die mit einer Instruktion durch eine erfahrene Lehrerin oder Freundin einhergehen sollten.

Die alten Zeiten sind vorbei. Frauen können nicht einfach die Göttin anrufen, alte magische Rituale feiern und so tun, als sei in den letzten Jahrhunderten nichts geschehen. Pfropfen Frauen die weibliche Mysterienarbeit auf all ihre weiblichen Neurosen und Fehlentwicklungen auf, werden diese durch die rituell erzeugte Kraft zusätzlich gefestigt. Zu viel ist schiefgelaufen. Wir müssen zuerst wieder im Inneren die weiblichen Voraussetzungen dafür schaffen, die die große Göttin braucht, um sich uns zeigen zu können.

Wenn du die alten weiblichen Mysterien feierst, musst du damit rechnen, dass die Göttin dein ganzes Wesen erschüttert und in dir bebt, bis du dich in ihrem Pulsschlag auflöst und ein Teil von ihr wirst. Ich sage meinen Schülerinnen immer, dass wir hier keine Bachblütenarbeit machen. Damit meine ich scherzhaft, dass es uns nicht um eine sanfte, liebliche Dosierung von Kraft gehen kann. Je besser eine Frau vorbereitet ist und ihre weiblichen Anteile geheilt hat, umso kraftvoller und wirkungsvoller wird ihre spirituelle Arbeit. Und ich erachte es als eine große Dringlichkeit, unsere Welt mit weiblicher Heilkraft zu stützen.

Die Seelen nicht verhungern lassen

Durch den männlich geprägten, materiell ausgerichteten Lebensstil wird nicht nur die Weiblichkeit, sondern es werden auch die Seelen und der Gefühlskörper vieler Menschen richtiggehend ausgehungert. Ich möchte dir empfehlen, dich etwas tiefer mit diesem ganzen Kapitel auseinanderzusetzen, damit du für dich herausfindest, wie du dich auf allen Ebenen optimal ernähren kannst.

Die Polarität zwischen den Ebenen

Im Wesentlichen geht es hier um das Verständnis der vier Ebenen: körperliche, emotionale, mentale und geistige. Bei ihrer Beschreibung habe ich jeweils die weibliche Ausrichtung der Heilung betont, wie sie für Frauen heute notwendig ist. Einige sagen nun: Heilung ist doch Heilung. So einfach ist es aber nicht. Das zweite Kapitel des Buches gab einen Einblick in die Polaritäten von männlich und weiblich. Auf die gleiche Weise polar stehen sich auch die verschiedenen Ebenen gegenüber. Wenn der materiell-energetische Körper zum Beispiel aktiv, strahlend, männlich gepolt ist, befindet sich die nächste Ebene, die Gefühlsebene, automatisch in der entgegengesetzten Polung, sie ist passiv, offen, empfangend, weiblich. Dann ist die mentale Ebene wieder aktiv gepolt, und die spirituelle/geistige Ebene wieder passiv, offen, empfangend, wie es dem Männlichkeitsmodus entspricht.

Im Weiblichkeitsmodus zu sein bedeutet, auf der körperlich-energetischen Ebene weiblich gepolt und damit offen und empfänglich zu sein. Die Gefühlsebene ist dann aktiv und stark, was die emotionale Heilung unterstützt und es Frauen ermöglicht, sich unbeschwert in ihren Gefühlen und auch in der nicht sichtbaren Welt zu bewegen. Die mentale Ebene ist wieder weiblich gepolt und empfangend, dadurch wird es viel einfacher, sich der spirituellen Kraft zu öffnen, ein zu aktiver Verstand ist eines der größten Hindernisse dafür. Die spirituelle Ebene ist aktiv, was als Stärke betrachtet werden kann. Dadurch dass die spirituelle Ebene im Weiblichkeitsmodus aktiv ist, wird der Zugang zu ihr vereinfacht – die Ebene ist kraftvoller und deutlicher erkennbar.

Weiblichkeitsmodus	Männlichkeitsmodus
+ Spiritualität	– Spiritualität
– Mentalität	+ Mentalität
+ Gefühle	– Gefühle
– Körperlich/energetisch	+ Körperlich/energetisch

Wenn sich eine Frau im Weiblichkeitsmodus befindet, hat sie andere Stärken und vor allem auch einen anderen, viel natürlicheren Zugang zur spirituellen Welt, als wenn sie sich in männlichen Mustern bewegt. Deshalb ist es für Frauen so essenziell, dass sie Wege gehen, die ihre weibliche Polung stärken. Die Empfehlungen in diesem Buch zielen darauf ab, Frauen zu helfen, im Weiblichkeitsmodus zu sein. Denn die weibliche Entwicklung kann nur im weiblichen Modus geschehen.

WEIBLICHE WEISHEIT

In der spirituellen weiblichen Heilarbeit ist es ein großer Unter-
schied, ob eine Frau männlich oder weiblich gepolt ist. Die
spirituelle Praxis muss immer auf die persönlichen Energiemus-
ter abgestimmt sein. Für Frauen, die männlich gepolt sind, kann
weibliche Heilarbeit sogar schädlich sein. Deshalb sollten sich
Frauen, die sich auf den weiblichen Weg machen wollen, ge-
nügend Zeit für die Vorbereitung nehmen, und zwar so viel,
wie nötig ist, damit sie ein solides weibliches Fundament ent-
wickeln und wieder tief in ihrer Weiblichkeit verwurzelt sind.

In diesem Kapitel haben wir bis jetzt über die verschiedenen
Ebenen und Modi gesprochen. Die folgenden Seiten sind
eine Ergänzung und Vertiefung dieser Universalgesetze. Du
bekommst hier einen Einblick in weitere, für deine weibliche
Entwicklung wichtige Lebensprinzipien und Funktionen.
Mit der Zeit wird es dir immer leichter fallen, deine verschie-
denen Zustände und auch Tätigkeiten den verschiedenen
Ebenen zuzuordnen.

Spirituelle Zentren

Unsere feinstofflichen, unsichtbaren Körper sind mit verschiedenen Zentren ausgestattet. In ihrem Urzustand sind
diese weder innere Kraftplätze noch spirituelle Zentren. Es
handelt sich vielmehr um leere Gefäße, um innere Möglichkeiten. Ein Teil einer spirituellen Schulung beinhaltet, diese
Zentren zu entwickeln, damit sie ihre Funktion als spirituelle
Zentren übernehmen können. Dann werden sie zu Toren zu
bestimmten Qualitäten, die jeweils mit unterschiedlichen Erfahrungen und Bewusstseinszuständen in Verbindung stehen.

Solche spirituellen Zentren sind auch unter den Namen »Chakren« bekannt, auch das »Dan Tien« und Ähnliches gehören hierhin.

All diese hochsensiblen Zentren sind lediglich Potenziale. Während einer spirituellen Schulung werden sie langsam, eingebettet in sorgfältig aufgebaute Sicherheitsmaßnahmen, zum Leben erweckt. Sie werden zu einem bestimmten Zweck entwickelt, und zwar einerseits, um in der Lage zu sein, die nicht sichtbaren, spirituellen Kräfte aufnehmen zu können, und andererseits um mit der spirituellen Welt in Kontakt zu kommen. Die spirituellen Vibrationen und die Intensität des reinen Lichts sind derart intensiv, dass wir Menschen sie nicht aufnehmen könnten, wenn sie nicht zuvor »heruntertransformiert« würden. Entwickelte spirituelle Zentren sind quasi die Brücke zwischen dem Menschen und der spirituellen Welt. Da jedes der Zentren in Verbindung mit einer bestimmten Entwicklungsstufe und Erfahrung steht und sich hinter jedem ein anderes Konzept verbirgt, hat jedes der Zentren auch einen anderen Schlüssel.

Das Lebenszentrum

In östlichen und auch westlichen Traditionen wird als erster Schritt das sogenannte Lebenszentrum, die Mitte oder auch Hara genannt, entwickelt. Dabei wird an einer bestimmten Stelle, meist in der Bauchregion, gezielt ein neutrales Kraftfeld errichtet, das den Suchern inneren Halt verschafft. Die verschiedenen Aspekte des Wesens werden an diesem Punkt miteinander verschmolzen und so stark verdichtet, dass sich schließlich das Lebenszentrum manifestiert. Nicht alle Traditionen äußern sich öffentlich zu dieser Arbeit, und die meisten der Anweisungen, die allgemein zugänglich sind, sind mangelhaft oder irreführend.

Der Begriff »Mitte« ist heute in aller Munde, und sicherlich hast auch du schon versucht, deine Mitte zu spüren. Vielleicht hast du etwas gefühlt, vielleicht auch nicht. Ein Merkmal der verschiedenen spirituellen Zentren ist, dass sie sich erst langsam durch die spirituelle Praxis entwickeln. Am Anfang sind es immer leere, kaum spürbare Orte. Ein solides Lebenszentrum zu entwickeln ist nicht nur eine notwendige Vorbereitung für die spirituelle Reise, es ist zudem eine wichtige Sicherheitsmaßnahme. Besonders für Frauen ist ein starkes Lebenszentrum eine wichtige Voraussetzung, um mit der weiblichen Sensitivität und Offenheit leben zu können. Ich habe viele offene Frauen getroffen, die Probleme hatten, sich ihrer Sexualität hinzugeben, weil sie sich sonst energetisch richtiggehend aufgelöst hätten. Es entspricht offenbar einer tiefen Sehnsucht vieler Frauen, durch die Liebe mit ihrem Partner und auch noch mit dem Universum eins zu werden. Für den Fall, dass diese tiefe Verschmelzung tatsächlich passieren sollte, ist es gut, sich zuvor etwas vorzubereiten. Denn einer offenen, sensitiven Frau kann durch solche intensiven Erfahrungen regelrecht der Boden unter den Füßen weggezogen werden, sie kann sich dadurch richtiggehend verlieren. Ob sie es will oder nicht, wird dann in diesem aufgelösten Zustand ihr Partner oder ihre Partnerin zu einer Art Lebenszentrum, das ihr Halt verschafft. Abhängigkeit und Fremdbestimmtheit sind die Folge.

Sobald frau ein eigenes Lebenszentrum entwickelt hat, kann sie ihr Leben selbstbestimmt gestalten. Dieses Zentrum wird nicht durch Energieübungen entwickelt, wie es heute fälschlicherweise häufig im Zusammenhang mit östlichen Praktiken und Energiearbeit unterrichtet wird. Es handelt sich dabei vielmehr um einen sehr differenzierten ganzheitlichen Integrationsprozess.

Spirituelle Zentren können sich nicht entwickeln, indem

sie mit Energie- oder Körperarbeit stimuliert werden, weil das nicht die richtige Methode und nicht die richtige Ebene für spirituelle Arbeit ist. Werden grobe Energien in spirituelle Zentren gelenkt oder gepresst, kann das diese sensiblen Zentren richtiggehend verletzen. Auch wenn frau sich damit etwas Gutes tun will, im feinstofflichen Bereich entstehen Verletzungen, wie wir sie auch auf der physischen und emotionalen Ebene kennen. Wunden in diesen hochpotenten feinstofflichen Bereichen zu heilen ist sehr anspruchsvoll und zeitintensiv. Es ist deshalb notwendig, schon am Anfang einer spirituellen Entwicklung die Sensibilität des weiblichen Energiehaushalts zu berücksichtigen. Der Sinn der spirituellen Arbeit ist es nicht, auf Teufel komm raus etwas Intensives zu erleben oder zur unbezwingbaren Superfrau oder zum Supermann zu werden, sondern sich selbst zu erkennen und die verschiedenen feinstofflichen Körper zu entwickeln, um so in Kontakt mit den höheren Welten zu kommen.

WEIBLICHE WEISHEIT

Auf dem weiblichen Weg ist es nicht nötig, die feinstofflichen Zentren zu stimulieren. Durch deinen persönlichen Heilprozess und deine Meditation öffnen sich deine feinstofflichen und auch spirituellen Zentren ganz natürlich.

Weibliches Zentrum

Dein weibliches Zentrum ist das Tor zu deiner weiblichen Spiritualität. Es ist nicht so, dass deine spirituellen Erfahrungen automatisch weiblich sind, nur weil du eine Frau bist. Wenn die universelle Kraft durch deine Kopfzentren fließt, werden vielleicht Ideen, Ideologien oder Bilder hervorgerufen, nicht jedoch die urweibliche Qualität, die das Fundament deiner weiblichen Spiritualität ausmacht. Ist dein Gefühlskörper verletzt oder geschrumpft, kann die weibliche Kraft nicht durch dein spirituelles weibliches Zentrum wirken. Damit sich deine weibliche Spiritualität wirklich entfalten kann, müssen die spirituellen Kräfte unbeschwert und frei durch dein spirituelles weibliches Zentrum fließen. Dazu muss dieses zuerst einen tief greifenden Transformationsprozess erfahren. Aus den genannten Gründen ist es für spirituelle weibliche Erfahrungen unerlässlich, dass das weibliche Zentrum gut vorbereitet, offen und stark ist. Frauen erreichen dies ausschließlich auf einem weiblichen Weg.

WEIBLICHE WEISHEIT
Weiblich sein ist nicht dasselbe, wie weibliche Ideen und Träume zu haben.

Gebärmutterbewusstsein

Die Gebärmutter ist aus meiner persönlichen Erfahrung das weibliche Zentrum, in dem weibliche Heilung, Magie und Transformation stattfinden kann. Deshalb ist die Gebärmutterarbeit und die Befreiung der Gebärmutter seit Jahrzehnten ein wesentlicher Bestandteil meiner Arbeit. Die Gebärmutter befreien, das mag für dich vielleicht etwas komisch klingen. Deine Gebärmutter ist nicht nur ein sehr besonderes Gefäß, in dem etwas Neues heranwachsen kann, sie ist auch das Tor zur astralen Welt. Eine der wichtigsten Aufgaben der weiblichen Entwicklung ist es, dieses entscheidende weibliche Zentrum in ein spirituelles zu verwandeln.

In welch desolatem Zustand sich manche Gebärmutter befindet, zeigt sich zum Beispiel an den vielen Krankheiten wie Geschwüren und Wucherungen, die nicht selten eine operative Gebärmutterentfernung mit sich bringen. Jeder vierten Frau wird heute die Gebärmutter entfernt. Sie hat die Fähigkeit, aufzunehmen und zu speichern. Diese Funktionen beziehen sich nicht nur auf die körperliche Ebene – eine Gebärmutter ist nicht darauf beschränkt, eventuell mal ein kleines Spermchen aufzunehmen –, diese Funktionen gelten auch für Emotionen und Gedankenformen. Ist das Gebärmutterbewusstsein einer Frau nicht entwickelt, nimmt die Frau negative Schwingungen und Emotionen in sich auf, ohne es zu merken. Nicht selten wird die Gebärmutter dann nicht zum himmlischen Palast, sondern sozusagen zu einer inneren Kloake. Wie alles in uns und um uns herum braucht auch die Gebärmutter gute Pflege, Schutz und regelmäßige Reinigung.

Die Gebärmutter braucht Heilung auf körperlicher, emotionaler und auch mentaler Ebene. Die Heilung sollte nicht direkt über die Gebärmutter erfolgen, vielmehr sollten erst die verschiedenen Körper eingehend gereinigt, gestärkt und ausgeglichen werden, wodurch auch die Gebärmutter erstmals genährt und auf ihren Befreiungsprozess vorbereitet wird. Um ihre Gebärmutter zu heilen, muss eine Frau im Weiblichkeitsmodus verwurzelt sein. Frauen, die dies aus dem Verstand oder aus dem Männlichkeitsmodus heraus versuchen, verletzen ihre Weiblichkeit dadurch nur noch mehr. Solange sie sich nicht im entsprechenden Modus befinden, merken sie gar nicht, wie verletzend ihre Bemühungen in Wirklichkeit sind. Die emotionelle und mentale Befreiung der Gebärmutter ist ein spiritueller weiblicher Prozess, der sehr langsam verlaufen muss, damit sich das Gebärmutterbewusstsein natürlich entwickeln kann.

Ich habe jahrelang Frauen durch ihre Gebärmutterbefreiung begleitet und habe lange die Wichtigkeit der weiblichen Übertragung unterschätzt. Heute weiß ich, dass der weibliche Funke, der das spirituelle Gebärmutterbewusstsein zum Leben erwecken kann, von Frau zu Frau überspringt oder besser von Gebärmutter zu Gebärmutter weitergegeben wird. Dieser göttliche Funke oder Funke der Göttin kann nur dann überspringen, wenn eine Frau weiblich gepolt ist. Es ist auch nicht so, dass eine Frau die Gebärmutterarbeit für eine andere Frau machen kann, weil es sich dabei um einen persönlichen weiblichen Bewusstseinsprozess handelt. Somit sind Heilbehandlungen oder auch Rituale zur Befreiung der Gebärmutter in den meisten Fällen nicht wirklich sinnvoll, im Gegenteil. Wenn eine Heilerin kein eigenes Gebärmutterbewusstsein hat und auch nicht in ihrer Weiblichkeit solide verankert ist, belastet sie die andere Gebärmutter und sich selbst dadurch noch mehr. Dies gilt nicht nur für Therapeutinnen und Lehrerinnen, sondern auch für Priesterinnen, Magierinnen oder Schamaninnen, die ihre weibliche Arbeit überwiegend in höheren Sphären vollziehen wollen. Das reicht nicht aus! Erst wenn du deine Gebärmutter auch auf der irdischen Ebene geheilt und befreit hast, kann sie sich in ein spirituelles Zentrum verwandeln. Dann kann die erste weibliche Einweihung erfolgen. Und das ist die Mindestanforderung an Frauen, die mit anderen Frauen in diesem Bereich arbeiten wollen.

Auch die Gebärmutter besitzt verschiedene Ebenen, deshalb muss ihre Heilung und Befreiung auf all diesen Ebenen vollzogen werden. Nur dann kann sie ihr spirituelles Potenzial entfalten, nur dann wird die Gebärmutter zum heiligen Gral, zum göttlichen Kelch oder zum himmlischen Palast, dem Geburtsort der neuen weiblichen Spiritualität. Mein Buch zur weiblichen Sexualität befasst sich mit vielen Aspekten dieses weiblichen Befreiungsprozesses.

Tor zu Himmel und Hölle

Die Arbeit mit der Gebärmutter ist sehr speziell, und Frauen sollten gründlich auf diesen Weg vorbereitet sein. Der Stand der Dinge ist, dass sich zwar viele Frauen für die Befreiung ihrer Gebärmutter interessieren, leider sind aber nur wenige Frauen bereit, den weiblichen Weg zu gehen, damit es auch wirklich geschehen kann. Für Frauen, die nicht gut vorbereitet sind, wird die Gebärmutter, das musste ich immer wieder beobachten, nicht das Tor zur weiblichen Spiritualität, sondern das Tor zur weiblichen Hölle. Ich brauchte einige Jahre, um die wirkliche Ursache dieses Phänomens zu verstehen. Die Gebärmutter ist nicht nur das Tor, das zur eigenen unbewussten Weiblichkeit führt, sondern sie ist zudem die direkte Pforte zur astralen Ebene und zu kollektiven Bereichen. Es hat sich gezeigt, dass Frauen, die weder ihre tiefen weiblichen Wunden noch ihre Abspaltungsmuster wirklich geheilt haben und sich nicht zentriert und unbeschwert in der Astralebene bewegen können, keinen Eintritt in den himmlischen Palast bekommen. Im Gegenteil: Für sie wird ihre Gebärmutter zur Eintrittskarte in ihre eigene Hölle, da sie über die Gebärmutter von ihrer eigenen und/oder der kollektiven unbewussten Negativität überflutet werden. Dadurch werden sie emotional oder negativ oder spalten sich noch stärker von ihren Empfindungen ab. Frauen, die ihren Heilprozess nicht im Einklang mit den weiblichen Gesetzmäßigkeiten angehen, landen so leicht im negativen Sumpf der Weiblichkeit.

Viele Frauen sind der Ansicht, dass weibliche Heilung bedeute, man müsse lediglich in Kontakt mit den Wunden kommen und diese fühlen und ausdrücken. Mit unterschiedlichen Methoden tauchen sie in die Tiefe, um nach negativen Zuständen zu suchen. Diese Suche hat mit weiblicher Heilung allerdings noch nicht viel zu tun. Frauen müssen lernen, dem negativen Sog entgegenzuwirken. Sie müssen sich gegen die kollektiven Kräfte durchsetzen, um Heilung zu bewirken. Dafür benötigen Frauen eine starke Verbindung zum Licht und zu ihrer spirituellen weiblichen Heimat.

Die Gebärmutterarbeit ist eine spirituelle Arbeit und kann auch nicht ohne eine solche spirituelle Verbindung vollzogen werden. Ohne diese Kraft verleihende Brücke hat frau keine Chance, sich dem negativen Strudel zu widersetzen. Deshalb sollten Frauen diese innere alchemistische Arbeit immer im Zusammenhang mit einer spirituellen Schulung erlernen. Diese tief greifenden weiblichen Prozesse können nicht einfach in therapeutische Prozesse oder Energie- und Körperarbeit integriert werden. Das Risiko ist zu groß, dass diese weiblichen Prozesse auf der falschen Ebene vollzogen werden. Wenn sie im Männlichkeits- oder Persönlichkeitsmodus (siehe Seite 221 f.) eingeleitet werden, funktioniert es nicht und kann für den spirituellen weiblichen Prozess sehr nachteilige Folgen haben.

Wie die kollektive Ebene wirkt

Auf meinem weiblichen Weg begegne ich immer wieder Neuem, Dingen oder Situationen, die ich nie zuvor erlebt habe. Ich möchte eine Erfahrung mit dir teilen, die mich sehr tief berührte. Es war vor ein paar Jahren bei einem fünftägigen Intensivseminar zum Thema weibliche Selbstheilung. In der Vorstellungsrunde sagte eine jüngere Frau: »Ich bin eine Jüdin.« Seit Langem besuchen Frauen aus den unterschiedlichsten Kulturen und auch Religionen meine Seminare, aber noch nie hatte sich eine Frau auf diese Weise vorgestellt. Ich registrierte das und schenkte diesem Detail dann keine weitere Bedeutung. Im Laufe des Seminars fiel mir auf, dass sich diese Frau, nennen wir sie Liliane, nicht auf meine Instruktionen einließ und immer öfter während einer Meditation oder Heilübung etwas ganz anderes machte. Wenn ich sie darauf ansprach, reagierte sie sehr gereizt, und all meine Versuche, sie für eine volle Teilnahme zu motivieren, ließ sie abblitzen. Sie wurde immer negativer und entwickelte eine richtige Aversion gegen mich.

In diesem Seminar ist die Entwicklung des Lebenszentrums ein Schwerpunkt, und immer wieder betone ich, dass sich dieses Zentrum unterhalb des Bauchnabels und oberhalb der Gebärmutter befindet. Da es sich um einen sehr wichtigen Teil der Selbstheilung handelt, wiederhole ich diese Instruktionen immer wieder. Ich will vermeiden, dass eine Frau ihre Zentrierung in der Gebärmutter macht, weil das zu viele Negativitäten aktivieren würde, die gerade Anfängerinnen extrem belasten können, da sie nicht über die Heilkräfte verfügen, dem hierbei entstehenden negativen Sog zu entkommen. Als ich einmal mehr das Lebenszentrum erklärte und betonte, wie wichtig es ist, diesen Ort von der Gebärmutter zu unterscheiden, unterbrach mich Liliane erstaunt: »Was, nicht in die Gebärmutter? Die ganzen Tage über habe ich es in der Gebärmutter gemacht!«

Da wurde mir einiges klar. Leider war es schon zu spät und Liliane war in einem solch negativen Zustand, dass sie versuchte, auch die Gruppe gegen mich zu stimmen. Es war alles andere als eine heilsame Stimmung im Raum. Da blieb mir nichts anderes übrig, als Liliane vor die Wahl zu stellen: Entweder würde sie sich auf die Arbeit hier einlassen oder die Gruppe verlassen. Sie wollte weder das eine noch das andere, also musste ich sie sehr bestimmt auffordern zu gehen. Ich sah keine andere Möglichkeit, diese Feindseligkeit zu unterbrechen.

Erst ein paar Stunden später, als ich über diese Situation meditierte, realisierte ich plötzlich, was geschehen war. Eine andere Kursteilnehmerin, die die Situation mitverfolgt hatte, eine sehr sensible Frau mit einer außergewöhnlich differenzierten Wahrnehmung, sprach mich an und teilte mir genau dieselben Beobachtungen mit, die ich hatte: Ein großer Teil von Lilianes Verwandten ist in einem Konzentrationslager umgekommen, das ist ein Teil ihrer Geschichte, ein Teil ihres Blutes, eine tiefe und grässliche Verletzung, die auch in ihrer Gebärmutter gespeichert ist. Ich bin eine blauäugige, blonde Frau, mein Vater ist Deutscher und wurde als Junge als Teil der Hitlerjugend zum Kriegsdienst eingezogen. So sind in mir unbewusste Inhalte der deutschten Geschichte gespeichert. Normalerweise sind wir alle Frauen, und dann können wir uns an einem Ort verbinden, der tiefer liegt als irgendeine Rasse, religiöse Prägung oder historische Begebenheit. Wenn sich eine Frau allerdings als Jüdin definiert, dann werde ich automatisch zu einer Deutschen, und über die Gebärmutter können diese kollektiven Prägungen und vor allem ungeheilten Anteile aktiviert werden. Umso mehr, wenn eine Frau während bestimmter Übungen intensiv ihre Gebärmutter aktiviert, wie es Liliane in ihrem Widerstand gegen meine anders lautenden Anleitungen getan hatte.

Diese Erfahrung hatte mich zutiefst erschüttert. Ich hatte zum ersten Mal realisiert, was für ein Ausmaß die weibliche Heilung nehmen muss und dass jede religiöse oder ethnische Gruppe zusätzlich eigene Inhalte zu bewältigen hat. Solange wir diese Bereiche nicht beachten und sie nicht in unseren Heilprozess einbeziehen, wird eine Verschwisterung nicht möglich. Leider habe ich diesen Prozess mit Liliane nicht machen können, weil ich noch nicht so weit war, diese Problematik zu erkennen und anzusprechen, dafür möchte ich mich zutiefst entschuldigen. Solange Frauen in männlichen Mustern leben, können die tieferen Gräben, die zwischen Frauen liegen, nicht überbrückt werden. Die Zeit ist gekommen, dass wir diese tiefen gesellschaftlichen Schluchten, diese destruktive Feindseligkeit unter Frauen mit unserer persönlichen weiblichen Heilung auflösen.

Missbrauch betrifft alle

Ich habe durch die Gebärmutterarbeit viele Wunder und auch Tragödien erlebt, sodass ich einen enormen Respekt bekommen habe und Frauen gern so instruiere, dass es funktioniert. Deshalb bin ich auch pingelig und setze mich für diese Sache ein. Unter anderem deshalb schreibe ich dieses Buch, denn ich weiß, welches Potenzial – im Guten wie im Bösen – die Gebärmutter in sich birgt.

Zu ihrem eigenen Schutz sollten männlich gepolte Frauen erst lernen, sich weiblich zu polen, und in der Lage sein, sich in ihrer Weiblichkeit zu verwurzeln. Und dies nicht bloß für ein paar Minuten. Um dieser heftigen Astralmasse, die bei der Gebärmutterarbeit auftauchen kann, entgegenzuwirken, braucht frau neben einem soliden weiblichen Fundament eine starke spirituelle Verbindung und ein offenes Herz.

Leider haben sich in der Vergangenheit insbesondere Therapeutinnen und Lehrerinnen weder an meine Anweisungen gehalten noch es für notwendig erachtet, sich für diese Arbeit gründlich instruieren zu lassen. Über die Jahre gab es viele Frauen, die meine Kursausschreibungen aus dem Internet kopierten, um meine Kurse selbst anzubieten – ohne die weibliche Heilarbeit zu kennen. Besonders im Zusammenhang mit der Gebärmutterarbeit empfand ich das als schockierend, weil es sich bei den Frauen überwiegend um männlich geprägte Tao- und Chi-Kung-Instruktorinnen handelte, die in keiner Weise für diese weibliche Heilarbeit qualifiziert waren. Sie benutzten meine Arbeit lediglich zu PR-Zwecken und nicht, weil sie persönlich an dieser Heilarbeit interessiert waren. Das beweist sich in sich selbst, denn Frauen, die ihre

Weiblichkeit geheilt haben, funktionieren anders. Nachdem ich diesen Machenschaften jahrelang zuschaute und vergebens hoffte, dass sich die spirituellen weiblichen Kräfte trotzdem durchsetzen würden, habe ich mich entschlossen, diese Dinge zum Schutz meiner Leserinnen hier anzusprechen. In unzähligen Briefen schilderten mir Leserinnen, dass sie bei solchen Anbieterinnen Seminare besucht hatten, weil diese vorgaben, so zu arbeiten, wie ich es in meinen Büchern beschreibe. Weil sie fühlten, dass da etwas Wesentliches nicht stimmte, kamen sie nun zu mir und mussten realisieren, dass sie total falsch instruiert worden waren, nämlich nach männlichen Mustern. Was in meinen Büchern steht, ist bloß ein kleiner Teil der Arbeit. Für Frauen, die mit diesen Inhalten arbeiten wollen, braucht es selbstverständlich einiges mehr. Neben einem fundierten professionellen Hintergrund, in den diese Arbeit eingebettet ist, benötigt es eine langjährige weibliche Schulung und einen Zugang zur mystischen Welt.

Leider wurde nicht nur mit meinen Seminarinhalten, sondern auch mit dem Inhalt meiner früheren Bücher und mit meinem Namen großer Unfug getrieben, was den weiblichen Heilprozess insgesamt blockiert hat. In der Frauenarbeit geht es nicht darum, Kurse zu füllen und möglichst viele Zertifikate und Scheine auszustellen oder einzuheimsen. Es geht um die tief greifende Heilung und Transformation jeder einzelnen Frau. Die kommerziell ausgerichtete Frauenarbeit zeigte mir deutlich, dass ich mich noch nicht zurücklehnen darf, sondern noch einmal alle meine Kräfte mobilisieren muss, um den weiblichen Weg noch besser zu erklären und deutlich von männlichen Wegen zu unterscheiden. Zum Schutz für die weibliche Heilung habe ich mich deshalb entschlossen, mein praktisches weibliches Know-how künftig nur noch mit Frauen zu teilen, die bereit sind, sich langfristig auf ihren weiblichen Heilprozess einzulassen und auch Zeit und Raum haben, die spirituelle weibliche Heilarbeit von Grund auf richtig zu erlernen. Als Lehrerin trage ich eine große Verantwortung, und eine wichtige Aufgabe besteht darin, die weiblichen Schätze zu schützen.

Befindet sich eine Frau im Männlichkeitsmodus, wird sie, wie in der Gegenüberstellung auf Seite 222 zu sehen ist, auf der emotionalen Ebene sehr empfänglich und verletzlich. Die emotionale Ebene wird dadurch zu ihrer Schwäche, anstatt ihre Stärke zu sein. Konkret bedeutet das, dass sich in ihrem emotionalen Bereich unbemerkt negative Energien, emotionaler Müll oder gar unsichtbare Wesenheiten einnisten können. Wenn du dich im Weiblichkeitsmodus befindest, steht dir viel mehr Kraft und Klarheit auf dieser Ebene zur Verfügung. Das bedeutet auch, dass du dich und deine Gebärmutter besser schützen kannst.

Persönlichkeitskonzept

Wir befassen uns nun mit einem für die spirituelle Entwicklung unumgänglichen, sehr delikaten und komplexen Thema, nämlich mit dem Konzept der Persönlichkeit. Ich werde mich bei diesem wie bei allen Themen in diesem Buch auf meine eigenen Wahrnehmungen und Erfahrungen beziehen und möchte dich anregen, dich selbst für dein Persönlichkeitskonzept zu sensibilisieren und es gründlich zu erforschen. Mit Worten wird es nie möglich sein, diesem verwirrenden Multikomplex gerecht zu werden. Besonders im Zeitalter der großen Täuschung hat die Persönlichkeit unendlich viele Spielräume und Entfaltungsmöglichkeiten. Deine eigene Persönlichkeit zu erkennen, ist daher eine der größten und wichtigsten Aufgaben auf deinem spirituellen Weg.

Das Wort »Persönlichkeit« kommt von *persona*, was so viel wie »Maske« bedeutet. Jeder Mensch kreiert verschiedene Masken. Dafür sorgt seine Persönlichkeit, die dann häufig selbst zur Maske wird. Die meisten identifizieren sich unbewusst mit ihrer Maske, ihrem Image, ihrer Rolle, ihrer Geschichte, ihrer Professionalität, mit all diesen Konstrukten. Je mehr sich ein Mensch mit seinen Masken und auch Glaubenssätzen identifiziert, umso mehr festigt sich seine Persönlichkeit. Wird sie zusätzlich mit Energien und sexueller Kraft aufgeladen, wie es beispielsweise durch Energiearbeit oder durch das Ausüben einer Machtposition geschieht, entwickelt sie mit der Zeit eine Art Eigendynamik: Die Persönlichkeit reißt das Zepter an sich, übernimmt die Führung und entwickelt sich zu einem sehr komplexen, unüberschaubaren, sich selbst bestätigenden Gebilde. In spirituellen Kreisen wird dieses Persönlichkeitskonstrukt häufig »Ego« genannt. Das Ego wird von sämtlichen unbewussten Inhalten eines Menschen genährt, insbesondere die unterdrückte Sexualenergie und unterdrückte Emotionen füttern dieses selbst erschaffene Gebilde und machen es zu einem völlig unberechenbaren Konstrukt.

Heute arbeiten die meisten, die meinen »auf dem Weg« zu sein, an ihrer Persönlichkeit, auch Therapien setzen hier an. Das ist okay, sollte aber mit absoluter Sorgfalt geschehen und nicht mit spirituellen Praktiken verwechselt werden. Es erscheint uns heute vorteilhaft, eine gefestigte, starke Persönlichkeit zu haben. Doch es ist nur eine Maske, und auf dem spirituellen Weg wollen wir die Essenz unseres Wesens erkennen, die der Realität, die sich hinter dieser Maske verbirgt, das ewige Licht oder die Sonne, das spirituelle Selbst, das sich verwirklichen will. Das geht allerdings nur, wenn die Persönlichkeit ihr den Platz frei macht und sich der Entwicklung der wahren Individualität unterordnet.

Die Persönlichkeit besteht aus unendlich vielen Mustern, aus allem möglichen Gelernten und unendlich vielen unbewussten Inhalten. Sie ist ein äußerst kompliziertes Konstrukt, ein Komplex, der dementsprechend nicht wahrhaftig und authentisch handeln kann, das liegt nicht in seiner Natur. Viel wichtiger als die Arbeit an der Persönlichkeit ist daher die Entwicklung der Bereiche, die außerhalb davon liegen, wie zum Beispiel die sinnliche und übersinnliche Wahrnehmung und das spirituelle Selbst. Auf dem spirituellen weiblichen Weg geht es um Offenheit und Wahrhaftigkeit und nicht darum, Komplexe von Verhaltensmustern zu festigen, die das Lebenskonzept der Persönlichkeit sind. Die Ausrichtung einer spirituellen Entwicklung ist es, das spirituelle Selbst und die Individualität zu nähren. In der Persönlichkeitsentwicklung geht es darum, die Persönlichkeit zu verändern, zu verbessern oder zu stärken. Dadurch wird die Maske immer wieder betont und in ihrer Existenz bestätigt. Das ist eine grundsätzlich andere Lebensausrichtung, die keine spirituelle Entwicklung zulässt.

Der Persönlichkeitskomplex wird von Mystikern auch als die große Illusion bezeichnet, die zu durchschauen wohl die größte Herausforderung bei der spirituellen Entwicklung ist. Ich habe viele Menschen auf dem spirituellen Weg getroffen, die alles zu vermeiden suchen, was das Ego und die Persönlichkeit irgendwie stärken könnte. Aber wie soll das in der heutigen Zeit gehen? Ich glaube, dass sich die östliche und die westliche Mentalität in diesem Punkt stark unterscheiden. Besonders für westliche Frauen erachte ich es als notwendig, dass wir unsere Persönlichkeit so weit stärken, dass wir uns professionell und selbstsicher in dieser materiell orientierten Welt bewegen können. Das ist nur mithilfe unserer Persönlichkeit möglich – wenn wir uns nicht davor ducken. Wir müssen dieses Instrument entwickeln und stärken, um in der Welt, in die wir gestellt sind, gut leben zu können. Dann aber geht es darum, das Ego zu erkennen und wieder loszulassen, wir müssen es dem spirituellen Selbst unterordnen. Dafür muss sich die Persönlichkeit jedoch erst einmal entwickelt haben. Es ist nämlich noch schwieriger, eine unterdrückte Persönlichkeit oder ein unterdrücktes Ego zu erkennen. Das mag dir im Moment vielleicht alles furchtbar kompliziert und widersprüchlich vorkommen. Das ist es aber nicht wirklich. Im Persönlichkeitsmodus wirkt das Leben extrem kompliziert, sodass sich die Einfachheit der Dinge kaum erkennen lässt. Je tiefer du dich auf deine weibliche Heilung einlässt, umso einfacher und verständlicher wird sich dir dein Leben präsentieren.

WEIBLICHE WEISHEIT

Zum Schutz vor deinem eigenen Ego sollte die Entwicklung der Persönlichkeit immer im Zusammenhang mit einer spirituellen Schulung geschehen, andererseits besteht die große Gefahr, dass dein Ego deiner weiblichen Heilung und deiner Individualität den Weg versperrt.

Die eigene Persönlichkeit und das eigene Ego erkennen

Ein paar Hinweise zur Natur des Ego, die dir helfen, die Zusammenhänge zu verstehen und deine Persönlichkeit zu durchschauen:

- ♥ Das Ego will alles auf seine Art und Weise machen und lässt sich nicht wirklich auf Neues ein.
- ♥ Das Ego verurteilt, beurteilt, analysiert und kritisiert.
- ♥ Das Ego ist häufig gekränkt, beleidigt, verletzt.
- ♥ Das Ego versucht ständig zu kontrollieren und zu manipulieren.

- Das Ego weiß es gern besser und hat gern recht.
- Das Ego versucht ständig, dich ins rechte Licht zu rücken und alles zu deinem eigenen Vorteil zu drehen.
- Das Ego sucht Gleichgesinnte.
- Das Ego gibt, um zu bekommen.
- Das Ego mit all seinen verwirrenden Mechanismen benötigt für seinen Unterhalt und seine Bestätigung sehr viel Energie und Kraft.
- Das Ego liebt es, in Therapien zu gehen, um ernst genommen zu werden und über sich und seine Vielfalt reden zu können.
- Das Ego stellt sich und die eigenen Probleme in den Vordergrund.
- Das Ego wehrt sich gegen Meditation.
- Das Ego hat immer tausend Ausreden parat, warum nicht meditiert werden kann oder warum bestimmte Dinge nicht auf diese, sondern auf jene Art getan werden müssen.
- Das Ego ist schlauer, als du es selbst bist.
- Das Ego zwängt dich in bestimmte Verhaltensmuster hinein.
- Das Ego lebt immer in der Vergangenheit oder in der Zukunft und hindert dich daran, das Mysterium des Lebens zu erfahren.
- Das Ego kann sich nicht wirklich auf eine spirituelle Schulung einlassen, weil es alles nur so macht, wie es in sein eigenes Konzept passt.
- Das Ego braucht Anerkennung und Bestätigung, egal welcher Art.
- Das Ego ist nicht in der Lage, mit dem Universum direkt in Kontakt zu treten.
- Das Ego steht der weiblichen Heilung und Entwicklung noch zu häufig im Weg.

Von Mystikern und geistig erwachten Menschen wird das Ego »Konstrukt« oder auch »Maja« oder »die große Illusion« genannt. Sich nicht mit dieser verführerischen Illusion zu identifizieren, ist eine der größten Herausforderungen auf dem spirituellen Weg. Daher ist es eine wesentliche Aufgabe eines spirituellen Lehrers, die Schüler für ihren Egokomplex zu sensibilisieren und sie aus dem Irrgarten des Persönlichkeitsmodus herauszuführen. Der berühmte Zenstab, der plötzlich auf einen Meditierenden niedersausen kann, ist nur eines der vielen Mittel, die eingesetzt werden, einen Schüler aufzurütteln und ihm sein Ego bewusst zu machen. Deshalb sagen dir spirituelle Lehrer, die dir helfen wollen, nicht das, was du gern hören möchtest, sondern das, was dich aufweckt, dein Ego ankratzt oder es in seiner Wurzel zutiefst erschüttert. Frauen müssen mutig sein, immer wieder neu über sich hinauswachsen und sich den Ängsten, Widerständen und Begrenzungen stellen, die ihre eigene Persönlichkeit zur Verhinderung ihrer Entwicklung ihnen stets neu in den Weg stellt. Das Leben bietet dazu täglich unzählige Gelegenheiten.

In meiner Arbeit konnte ich immer wieder beobachten: Je tiefer die Weiblichkeit einer Frau verletzt ist, umso ausgeprägter wird meist ihre Persönlichkeit, ihr Ego. Das macht es sehr schwer, mit verletzten Frauen zu arbeiten, denn ihr Ego lässt weder Ungekanntes zu noch lässt es die Frau irgendetwas annehmen. So wird die weibliche Heilarbeit zu einer delikaten Gratwanderung: Es muss in jedem Fall vermieden werden, dass sich die Persönlichkeit und das Ego noch mehr verhärten. Deshalb ist es auch so wichtig, weibliche Wege zu gehen, denn dadurch können Frauen ganz natürlich aus dem verwirrenden Egokomplex herausfinden, wenn sie das wirklich wollen. Wenn Lehrerinnen Frauen aus dem Persönlichkeitsmodus oder dem Verstand heraus in den weiblichen Heilprozess führen wollen, sprechen sie nicht die Weiblichkeit einer Frau an, sondern ihre Persönlichkeit. Somit geben sie irreführende Impulse.

Du wirst dich nun vielleicht fragen, was bleibt, wenn die gesamte Persönlichkeit wegfällt. Deine Individualität kommt zum Vorschein. Sie wird dann nicht mehr von deinem Ego und deiner Persönlichkeit blockiert, sodass sich dein Potenzial unbeschwert, unzensiert und frei im Hier und Jetzt entfalten kann. Dann kannst du endlich das tun, wozu du bestimmt bist. Du musst nicht mehr irgendeiner tollen Idee oder einem Konzept nachjagen, die du dir ausgedacht hast, sondern du lebst das, was in dir so stark nach Verwirklichung drängt, dass du es gar nicht mehr aufhalten kannst.

WEIBLICHE WEISHEIT

Spirituelle Praktiken zielen darauf ab, die Individualität zu entfalten und das spirituelle Selbst zu nähren. Diese Arbeit findet nicht im Persönlichkeitsmodus statt.

Identifizierungen aufgeben

Ich sage nicht, dass keinerlei Arbeit an der Persönlichkeit nötig ist. Weil dabei jedoch sehr viel schiefgehen kann, rate ich Frauen, sich auf die Nährung ihres spirituellen Selbst und die Heilung ihrer Weiblichkeit zu konzentrieren. Sobald du dich im spirituellen oder im Weiblichkeitsmodus unbeschwert bewegen kannst, wird es dir möglich sein, deinen Persönlichkeitsmodus und deine Persönlichkeit zu erkennen und ihre Spielchen zu ignorieren. Denn dann bist du nicht mehr so stark mit deiner Persönlichkeit identifiziert. Du wirst dann selbst im Persönlichkeitsmodus immer mehr Schlupflöcher finden, die dir den Zugang zu einer anderen Realität ermöglichen.

Die Persönlichkeit ist ein wichtiges Instrument, das sehr hilfreich sein kann, wenn es bewusst eingesetzt wird. Die Persönlichkeit kann aber zur gefährlichen Waffe werden, wenn sie nicht von einer höheren Instanz geführt und kontrolliert wird, sondern beginnt, eigenmächtig zu handeln. Dann verwandelt sie sich in eine unermüdliche Kriegerin, die mit allen Mitteln gegen die spirituelle Entwicklung ankämpft. Dann wird die eigene Persönlichkeit zu deiner größten Feindin.

Es gibt viele Trainingsmethoden und Therapien, die sich damit befassen, Masken zu verschönern oder neue Masken zu entwickeln. Sie feilen dabei mehr oder weniger gekonnt an der Persönlichkeit herum, in der Hoffnung, die perfekte Maske zu erschaffen. Und zweifellos gibt es auch sehr schöne spirituelle Masken. Von Schauspielern wird uns demonstriert, wie gut und glaubwürdig eine Maske nach außen wirken kann. Schauspieler beherrschen die Kunst der Täuschung sehr gut. Sie sind sich ihrer Rolle aber bewusst und legen sie nach Feierabend (meist) wieder ab. Die meisten Alltagsmenschen spielen eine Rolle, die sie in ihrer Kindheit einstudiert haben, nur legen sie im Gegensatz zu Schauspielern ihre Rolle oder Funktion nicht wieder ab. Je länger du eine bestimmte Maske trägst und eine bestimmte Rolle spielst, umso mehr identifizierst du dich mit ihr. Bis du selbst glaubst, dass du dieses anerzogene und antrainierte Muster *bist*. Deshalb werden diese Muster auch Glaubenssätze genannt.

WEIBLICHE WEISHEIT

Auf dem weiblichen Weg ist es unwichtig, was für eine Rolle du spielst. Wichtiger als das, was du tust, ist, wie du bist und wie du dich dabei fühlst.

Schutz vor deiner eigenen Persönlichkeit

In vielen spirituellen Schulen bekommen die Schülerinnen und Schüler einen neuen Namen, sobald sie sich entschieden haben, diesen neuen Weg zu gehen. Der spirituelle Name ist eine Erinnerungshilfe an den spirituellen Weg, den du eingeschlagen hast. Er soll dir zudem helfen, dir all der Eigenschaften, die dich ausmachen und mit denen du dich identifizierst, bewusst zu werden.

Spirituelle Magier und Heiler, die seriös arbeiten, sind sich der verlockenden Persönlichkeitsfalle bewusst. Durch ihre spirituellen Praktiken haben sie einen Zugang zu starken Energien und Kräften. Docken sich diese Kräfte an der Persönlichkeit fest, wird diese dadurch sehr mächtig. Geblendet von der eigenen Macht beginnen sich die Menschen dann im Irrgarten der Illusionen zu verirren. Materiell ausgerichtete Menschen sind besonders gefährdet, sich in die eigene Maske und Macht zu verlieben. Um sich selbst vor der Fehlentwicklung der eigenen Persönlichkeit zu schützen, sollten sämtliche Tätigkeiten, die Macht verleihen, immer in wirkungsvolle Sicherheitsvorkehrungen eingebettet sein. Spirituelle Heiler und auch Lehrer sehen sich deshalb bloß als Werkzeug, sie machen die göttlichen Kräfte für die Heilerfolge verantwortlich und niemals sich selbst.

Keiner ist vor sich selbst sicher

Macht und Geldgewinne, die im Zusammenhang mit einer spirituellen Fähigkeit oder Tätigkeit stehen, sind auch für einen »spirituell hoch entwickelten« Menschen immer eine sehr riskante Angelegenheit, egal ob es sich um ein Medium, einen herab- oder aufgestiegenen Meister, einen Guru oder ein Gurienchen, einen Erleuchteten oder einen Priester handelt. Solange noch irgendwelche Leichen im tiefsten Keller verborgen liegen, ist ein Mensch nicht sicher vor sich selbst. Solange Menschen einen irdischen Körper haben und auf dieser Erde leben, sind sie ein Teil des Ganzen und zumindest durch ihre Sexualität mit all den Unbewusstheiten der Menschheit verbunden. Die sexuellen Wunden der Menschheit sind im Moment so tief, dass alle in einem irdischen Körper Lebenden dadurch gefährdet sind. Das erklärt zum Teil auch all die Ausrutscher und die Fehlbarkeit spiritueller Lehrer. Sie liegen in der Natur der Sache. Deshalb ist es im Moment sehr wichtig, dass wir uns um die geschlechtsbezogenen Eigenheiten von Männern und Frauen intensiv kümmern. Und deshalb ist es auch ein Muss, die diversen menschlichen Mechanismen gut zu kennen und die eigene Sexualität zu befreien. Ein Mensch, der sich auf diesem Planeten befindet, kann sich niemals erlauben zu sagen: »Ich habe es geschafft.« Finanzielle und persönliche Erfolge und Macht, die durch spirituelle Kräfte erzielt werden, gehören zu den größten Fallen und Verlockungen auf dem spirituellen Weg. Und häufig manifestiert sich diese Schwäche in der Sexualität.

Echte, verantwortungsvolle Magier und auch Hexen gebrauchen immer Sicherheitsvorkehrungen, um sich nicht zu gefährden. So benutzen sie während ihrer Arbeit eine speziell dafür kreierte Persönlichkeit, tragen einen anderen Namen und andere Kleidung, die sie sonst nie tragen. Erst nach vollendeter Arbeit nehmen sie ihre eigene Persönlichkeit wieder an. Es ist auch immer wieder notwendig, die Wirksamkeit der eigenen Sicherheitsmaßnahmen genau zu überprüfen. Es wäre durchaus wünschenswert, wenn alle Menschen, die Macht ausüben, Politiker, Lehrer, Ärzte, Direktoren, Gurus und auch Mütter, solche Sicherheitsvorkehrungen nutzen würden. Dann würden sicherlich nicht so viele Menschen in Machtpositionen entgleisen und ihre Macht so schamlos missbrauchen. Für die spirituelle Entwicklung ist es notwendig, die Persönlichkeit in den Dienst des spirituellen Selbst zu stellen. Die Persönlichkeit ist sehr raffiniert und voller Tricks. Ihr einziges Ziel ist es, sich unentwegt selbst zu bestätigen und zu festigen, und genau das macht sie so unberechenbar.

Spirituelle Masken

In sogenannten spirituellen Kreisen oder Gemeinschaften geschieht es häufig, dass Menschen lernen, eine spirituelle Maske aufzusetzen, gemäß den in der jeweiligen Gemeinschaft geltenden Verhaltensmustern, Wertvorstellungen und auch Spielregeln und Ehrenkodizes. Das verbindet die Einzelnen untereinander in einem starken Maße. Um von einer Gemeinschaft akzeptiert zu werden und dazuzugehören, legen sich die Teilnehmer gern eine passende »heilige« Persönlichkeit zu. Von manchen wird eine solche spirituelle Maske als Scheinheiligkeit wahrgenommen, andere lassen sich von dem Schein beeindrucken. Wie wir inzwischen wissen, tragen viele katholische Priester und sonstige religiöse Führer spirituelle Masken. Dahinter lassen sich gut pädophile Neigungen, Machtgier und Unehrlichkeit verstecken.

Um solche spirituellen Fehlentwicklungen künftig zu vermeiden, zielt die Spiritualität der neuen Zeit darauf ab, Menschen zu helfen, als ersten Schritt ihre eigene Natürlichkeit wieder zuzulassen und zu lernen, sie selbst zu sein. Da wir so lange unter verklemmten scheinheiligen Menschen gelebt haben, ist es auf der anderen Seite auch ein Lernprozess, andere in ihrer Natürlichkeit wieder so zu nehmen, wie sie sind.

Gütig und innovativ wie das Leben so ist, hat es sich alle Mühe gegeben, mir meine inneren Begrenzungen bewusst zu machen und mich da herauszuführen. Dafür hatte es sich einen besonderen Scherz für mich ausgedacht. In Oshos

Kommune war Natürlichkeit großgeschrieben, das haben speziell die Jungs sehr genossen und im Namen der Natürlichkeit hemmungslos gefurzt. Das Geräusch, das ein Furz verursacht, ist ja schon widerlich genug, aber der Geruch eines indisch genährten Furzes ist ein unvergessliches, speziell für Frauen mit einem ausgeprägten Geruchssinn fast traumatisches Erlebnis. Nicht genug, das Leben setzte gleich noch einen oben drauf: Für Chinesen ist Rülpsen schick. Für einen chinesischen Lehrer war es offenbar eine wichtige Lebensaufgabe, der westlichen Welt den Rülpser zurückzubringen und ihn wieder salonfähig zu machen. Im Namen der Gesundheit rülpste er während seiner Vorträge und Übungen immer wieder ungehemmt und genüsslich ins Mikrofon. Seine männlichen Schüler waren begeistert und würgten mit Inbrunst ständig selbst die fürchterlichsten Rülpser aus sich heraus. Da war ich wirklich im falschen Film und sehnte mich nach der Gesellschaft verklemmter, scheinheiliger Menschen, die züchtig ihre Pobacken zusammenpressen, um ihr Fürzchen für später aufzuheben, und die wohlerzogen ihr Taschentuch zücken, um diskret ihr Bäuerchen zu machen. Ich lernte dadurch, dass alles seine Vor- und Nachteile hat.

Im Zeitalter der weiblichen Selbstbestimmung habe ich aber trotzdem, und ich hoffe im Interessen aller Frauen, bei den Polaritäten »Hingabe« unter weiblich und »Kontrolle« unter männlich aufgeführt. Jetzt weißt du auch den wahren Grund, warum das so sein muss.

Egofalle

Materiell ausgerichtete Menschen funktionieren überwiegend im Persönlichkeitsmodus oder aus ihren unbewussten Trieben heraus. Mit zunehmendem Alter festigt sich dieses Gebäude, die Persönlichkeit wird immer verhärteter. Im Zeitalter der großen Täuschung genießen menschliche Persönlichkeitskonstrukte grenzenlose Möglichkeiten, sich immer wieder neu zu erfinden und neu zu definieren. Deshalb ist es essenziell, dass du über dieses Phänomen Bescheid weißt. Da sich sehr viele Frauen heute auf eigene Faust auf die spirituelle Reise begeben, habe ich diesem Thema viel Platz eingeräumt.

In jeder echten spirituellen Schulung werden Schülerinnen instruiert, ihre Persönlichkeit durchlässig zu machen und »anzuheben«. Sie lernen eine Brücke zu bauen, die sie mit der spirituellen Welt verbindet. So können sie mit ihrem eigenen spirituellen Selbst und der geistigen Welt in Verbindung treten. Meditation ist dabei ein wichtiges Instrument. Frauen sollten die Kunst der Meditation von einem Menschen erlernen, der diese Brücke in sich schon erbaut hat. Dabei spielt es keine Rolle, ob es sich um eine Frau oder einen Mann handelt. Ein solcher Mensch kennt den Weg, kann die verschiedenen Modi auch bei anderen Menschen erkennen und ihnen helfen, sich aus der Gefangenschaft der Persönlichkeit zu befreien – außer frau sperrt sich dagegen, indem sie auf ihre Persönlichkeit hört, die »es besser weiß«. Eines ist klar: Die Persönlichkeit wird sich immer wieder auflehnen und mit allen Mitteln versuchen, die spirituelle Entwicklung zu verhindern. Es ist eine der großen Prüfungen, diese Mechanismen stets aufs Neue zu erkennen und sich nicht von der Reise abhalten zu lassen.

Ich sehe das bei einigen meiner Kursteilnehmerinnen: Sie wollen lernen, aber nur unter ihren eigenen Bedingungen. Sie verändern die Übungen, so wie es ihnen passt, sie wollen mit mir über die Struktur des Lehrgangs oder eines Seminars diskutieren, anstatt sich darauf einzulassen. Und es ist immer der falsche Zeitpunkt für sie, etwas zu lernen oder zu meditieren. Sie wollen sich nicht wirklich auf etwas Neues einlassen, sondern die Entwicklung innerhalb ihrer gewohnten Persönlichkeitsstruktur vollziehen. Solche Frauen sind so stark mit ihrem Ego identifiziert, dass sie keine weibliche Schulung zulassen.

Macht der Persönlichkeit

Es gibt in diesem Zusammenhang noch ein weiteres Phänomen, das ich hier gern ansprechen möchte. Verbinden sich Menschen mit kosmischen und universellen Kräften, dazu gehört auch Licht, während sie sich im Persönlichkeitsmodus befinden, besteht die große Gefahr, dass dadurch die Persönlichkeit zu scheinen und zu leuchten beginnt. Sie wird dann noch mehr gefestigt und erhält zusätzliche Macht. Auch so wird ein spirituelles Ego kultiviert, das so tut als ob, aber nicht wirklich mit dem spirituellen Selbst verbunden ist.

Auch Körperübungen, Sexualenergie und Macht haben auf die Persönlichkeit eine enorme Wirkung. Deshalb sind solche Methoden bei materiellen Menschen sehr beliebt, weil sie die Persönlichkeit nicht infrage stellen. Sie kann sich dadurch sogar festigen und aufblasen. Das ist auch der Grund, warum viele Frauen alles auf eigene Faust machen wollen – so kann die Persönlichkeit schalten und walten, wie sie will. Denn sie mag noch so geschickt spirituell verkleidet sein, sie befindet sich in ständiger Gefahr, enthüllt zu werden. Deshalb lässt sie sich nicht oder allenfalls halbherzig auf weibliche Heilung oder eine spirituelle Schulung ein. Solche Frauen – und genauso Männer – wollen auch nicht wirklich meditieren, dafür aber anderen zeigen, wie es geht.

Du kannst deine Persönlichkeit erst erkennen, wenn du dich nicht im Persönlichkeitsmodus befindest. Solange du im Persönlichkeitsmodus bist und dich mit ihm identifizierst, geht das nicht. Weibliche Heilung ist eine wunderbare Möglichkeit, außerhalb der engen Grenzen der Persönlichkeit zu leben, denn die Weiblichkeit, von der ich spreche, ist nicht Teil der Persönlichkeit, sondern das Tor zur Individualität. Erst wenn sich die Persönlichkeit in den Dienst des Göttlichen stellt, verliert sie ihre selbstverliehene Wichtigkeit, dann kann sie sich öffnen und zulassen, dass die Individualität wie eine Sonne durch das Wesen scheint.

Die Psychologie verletzter Frauen

Verletzte Frauen haben sich als eine notwendige Überlebensstrategie oft eine starke Persönlichkeit oder Maske erschaffen. Das ist der Grund, warum die weibliche Heilung sehr sorgfältig aufgebaut und eingeleitet werden muss und gewisse, dir eventuell unwichtig erscheinende Details für deine spirituelle Entwicklung von zentraler Bedeutung sein können. Es sollte unbedingt vermieden werden, dass die falschen Anteile gestärkt werden, damit sich diese tiefen weiblichen Verletzungsmuster nicht noch mehr ins Unbewusste verziehen. Es sind immer die unbewussten Anteile, die sich an den Persönlichkeitskomplex andocken. Dann ertappen wir uns bei unbewussten Handlungen oder Gedanken, die wir weder verstehen noch beeinflussen können. Insbesondere die Sexualität wird von solchen Anteilen gesteuert, das erklärt auch die zum Teil sehr gewalttätigen sexuellen Fantasien, die viele Menschen in sich tragen. Viele Frauen haben darüber hinaus Probleme mit ihrer Sexualität, weil sie ihre Maske nicht fallen lassen wollen und anderen und sich selbst nicht zeigen wollen, wie sie wirklich sind. Sie versuchen sich hinter ihrer »weiblichen« Persönlichkeit zu verstecken und inszenieren Sex.

Im Weiblichkeitsmodus zu sein bedeutet authentisch und lustvoll zu leben. Der größte Luxus, den Frauen sich heute leisten können, ist es, authentisch zu sein und sich vom Leben führen zu lassen. Eine natürliche Frau kann die Kontrolle über ihre Persönlichkeit aufgeben, sie kann ihre Maske immer wieder ablegen. Dadurch lernt sie, ihre Muster zu erkennen und über ihre innere Wichtigtuerin oder ihre oberheilige Märtyrerin zu lachen.

Erfolg und Ego

Erfolge, ganz gleich welcher Art, sei es beruflicher Erfolg, eine gute Beziehung, guter Sex oder Popularität, geben dem Ego das Gefühl, dass es recht hat, dass es etwas richtig gemacht hat. Das ist auch der Grund, warum sehr viele Menschen nur meditieren, wenn es ihnen schlecht geht oder wenn sie Probleme haben. Sobald sie erfolgreich sind und alles gut läuft, ruhen sie sich auf den Lorbeeren aus und geben ihrem Ego, ihrer Persönlichkeit das Gefühl, ganz toll zu sein. Ihre Suche ist beendet – bis es wieder irgendwo schmerzt.

Heute ist für viele Frauen finanzieller Erfolg die Bestätigung, dass sie alles richtig gemacht haben. Dann sind ethische oder spirituelle Qualitäten schnell vergessen. Weil der eingeschlagene Weg nach außen hin funktioniert, interpretiert das die Persönlichkeit als Bestätigung und Anerkennung und wird dadurch immer stärker. Besonders bei Frauen, die weder in ihrer Weiblichkeit verwurzelt noch mit ihrer spirituellen Heimat verbunden sind, ist das kaum zu verhindern. Auf dem spirituellen Weg geht es nicht darum, es richtig oder falsch zu machen, sondern darum, sich selbst zu erkennen, in Momenten des Scheiterns ebenso wie in denen des Erfolgs. Die eigene Persönlichkeit zu realisieren und der verführerischen Egofalle zu entkommen ist ein Projekt in guten wie in schlechten Zeiten.

WEIBLICHE WEISHEIT

Weibliche Spiritualität ist nie professionell, sondern immer individuell und originell.

WER BIN ICH?

- Überleg dir, was für Rollen und Masken du in deinem Repertoire hast.
- Welches ist deine Lieblingsrolle, und welche anderen Rollen spielst du gern?
- Welche Rolle spielst du am besten?
- Welche Rolle magst du nicht?

Traditioneller Unterricht

Wenn wir uns die verschiedenen traditionellen spirituellen Schulungen etwas genauer betrachten, sehen wir eine gewisse Parallele: Schüler mussten sich immer schon einer harten Disziplin unterziehen und sich zudem in eine strenge Hierarchie einordnen, um überhaupt unterrichtet zu werden. Noch heute ist diese Art von Lehre in Kampfsportschulen, Klöstern und Ashrams und auch in westlichen spirituellen Bruderschaften anzutreffen. Für eine spirituelle Schulung war und ist es wichtig, Demut und Hingabe zu erlernen, als Ausgleich zu den starken Kräften, die ein spiritueller Weg freisetzen kann. Viele okkulte Praktiken wurden und werden streng geheim gehalten, und zwar nicht etwa, um die Praktiken oder eine Tradition, sondern um Menschen vor sich selbst zu schützen.

Es ist eine einfache Sache, einem Menschen bestimmte Energiekanäle zu öffnen, um ihn in Kontakt mit übersinnlichen Kräften zu bringen und ihn zu einem tollen Wunderheiler zu machen. Es ist tausendmal schwieriger, einen Menschen zu unterrichten, verantwortungsvoll und heilend mit diesen

Kräften umzugehen und sie nicht kommerziell oder für die persönliche Macht zu missbrauchen. Denn gegen diesen Teil der Schulung wehrt sich das Ego heftig. Traditionellerweise musste sich deshalb ein Schüler oder eine Schülerin erst einmal über einen längeren Zeitraum bewähren, bevor Kraftübertragungen stattfanden. Zehn oder fünfzehn Jahre Vorbereitung waren völlig normal. Meist haben diese Initiationen und Übertragungen dann stattgefunden, wenn der Schüler es gar nicht mehr wollte, weil er inzwischen etwas ganz anderes in sich selbst gefunden hatte, das ihn tief befriedigt. So funktionierten spirituelle Schulungen in jeder Tradition, und so funktionieren sie noch heute.

Magische und übersinnliche Kräfte auf andere Menschen zu übertragen ist eine riesige Verantwortung. Echte spirituelle Einweihungen können deshalb niemals gekauft werden. Wenn es so weit ist, wird dich die geistige Welt erkennen und dafür sorgen, dass du deine echten spirituellen Einweihungen bekommst. Sie werden dich ermächtigen, dich in einem wachsenden Maße am großen weiblichen Werk zu beteiligen.

Reisevorbereitungen

Nachdem dir bereits vieles klar geworden ist, was einen weiblichen Weg heilsam, lohnend und nötig macht, beschäftigen wir uns in diesem Kapitel mit den eigentlichen Vorbereitungen für deine weibliche Expedition. Deine weibliche Reise selbst hat mit diesen ersten Schritten bereits begonnen.

Auch hier werde ich dir kaum konkrete Anweisungen oder Anleitungen, Übungen oder praktische Tipps geben. Um die Vermittlung des weiblichen Know-hows geht es mir in diesem Buch nicht. Es soll dir vielmehr einen Einblick in die weibliche Welt verschaffen und dir dabei helfen, eine persönliche Standortbestimmung zu machen. Ich möchte dir mit diesem Buch ein neues Gespür für die Belange des Weiblichen geben, wie sie sich heute aus meiner Erfahrung darstellen. Ich möchte dich für deinen weiblichen Weg sensibilisieren und einstimmen. Die Richtlinien im Buch können dir dabei helfen, die weiblichen Gesetze auf dein Leben und deine Lebenssituation zu übertragen. Diese persönliche Auseinandersetzung ist immens wichtig und unerlässlich für deine weibliche Entwicklung. Ich halte mich mit Tipps und Ratschlägen auch deshalb zurück, weil ich dir nicht den Weg versperren möchte.

Deine weibliche Heilung beginnt

Weibliche Heilung geschieht aus einem Seinszustand heraus, der sich durch bewusste Anwendung und Integration der weiblichen Prinzipien entwickelt. Es sind die inneren Heilprozesse, die sich manifestieren, wenn sich eine Frau im Weiblichkeitsmodus befindet.

Die wichtigsten Merkmale weiblicher Heilung sind:

♥ Weibliche Heilung geschieht im meditativen Zustand für Genießerinnen.
♥ Weibliche Heilung geschieht durch Integration, nicht durch Stimulation.
♥ Weibliche Heilung geschieht in einem innigen, innerlichen Zustand.
♥ Weibliche Heilung setzt Zentrierung und Verwurzelung voraus.
♥ Weibliche Heilung ist sanft und unspektakulär.
♥ Weibliche Heilung fühlt sich gut an.
♥ Weibliche Heilung ist sexy und sinnlich.
♥ Weibliche Heilung findet in der Tiefe statt.
♥ Weibliche Heilung geschieht in einem Gefühlszustand und nicht durch eine Idee oder Vorstellung.
♥ Weibliche Heilung ist immer im Körper und in den Gefühlen verwurzelt.
♥ Weibliche Heilung wird zugelassen und nicht gemacht.
♥ Weibliche Heilung geschieht an einem Ort, zu dem Worte und Gedanken keinen Zugang haben.
♥ Weibliche Heilung ist immer auf die höchste Wahrheit ausgerichtet.
♥ Weibliche Heilung benötigt eine spirituelle Heimat.

Diese Punkte machen einen Heilprozess weiblich. Um auf deine Weiblichkeit bewusst und gezielt einwirken zu können, musst du dich im Weiblichkeitsmodus befinden, das heißt mit deiner Weiblichkeit bewusst verbunden sein, deine Weiblichkeit wahrnehmen und fühlen – auch wenn sich das vielleicht nicht immer gut anfühlt und du dich von diesen Gefühlen gleich wieder distanzieren möchtest.

WER BIN ICH?

- Was für Erfahrungen hast du bereits mit weiblicher Heilung gemacht?
- Was möchtest du an deiner Weiblichkeit heilen?
- Bist du in Kontakt mit deinen weiblichen Wunden?
- Was könnte sich für dich persönlich durch weibliche Heilung und durch die Vertiefung deines weiblichen Heilprozesses verändern? Zähle mindestens fünf Punkte auf.
- Was ist heilend für deine Weiblichkeit?
- Was kannst du in deinem Alltag zu deiner weiblichen Heilung beitragen?

Ein paar der vielen Vorteile weiblicher Heilung:

- ♥ Im Prozess der weiblichen Heilung kann sich deine Weiblichkeit natürlich entwickeln.
- ♥ Auf dem Weg der weiblichen Heilung wirst du zu einer authentischen natürlichen Frau.
- ♥ Du findest einen persönlichen Zugang zur weiblichen Weisheit und zur weiblichen Kraftquelle.
- ♥ Mit der weiblichen Heilung befreist du dich von deinen persönlichen weiblichen Fesseln.
- ♥ Die weibliche Heilung befreit deine weibliche Sexualität.

♥ Weibliche Heilung macht es möglich, dass sich deine weibliche Spiritualität natürlich entfalten kann.

♥ Unsere Welt braucht weibliche Heilung. Wenn du deine Weiblichkeit nicht heilst, wer tut es dann?

Deine Beweggründe

Deine eigenen Beweggründe für die Heilung sind die Essenz deiner weiblichen Expedition. Sie sind wie die Saat, die wächst und gedeiht, bis eines Tages die Ernte kommt. Von außen betrachtet tun viele Menschen sehr ähnliche Dinge, die Beweggründe dazu können jedoch komplett unterschiedlich sein. Auch unbewusste Motive besitzen viel Macht und bestimmen deine innere Entwicklung kräftig mit.

Es macht einen Unterschied, ob du deinen Körper trainierst, um schlank zu sein, oder ob du mit ihm arbeitest, um ihn für eine spirituelle Reise vorzubereiten. Es macht einen Unterschied, ob du deine Arbeit machst, um möglichst viel Geld zu verdienen, oder ob es dir bei deinem Tun in erster Linie um ideelle Werte geht. Es macht einen Unterschied, ob du einen Zugang zu deinen Emotionen suchst, um sie analysieren zu können (was deine Persönlichkeit stärkt) oder um sie zu heilen und zu integrieren (was deine weibliche Seele nährt). Es macht einen Unterschied, ob du dich für eigennützige Ziele »entwickeln« willst oder ob du dein Leben in einen höheren Dienst stellst. Im Grunde genommen bestimmen deine Beweggründe alle Bereiche deines Lebens. Es macht auch einen Unterschied, ob du aus Liebe mit anderen zusammen bist oder aus Unfähigkeit, allein zu sein. Weibliche Entwicklung braucht eine tragfähige Motivation.

Deine Ausrichtung

Der Planet Erde bietet uns Menschen unzählige Möglichkeiten, sich weiterzuentwickeln. Es empfiehlt sich, diese Gelegenheit umfassend zu nutzen. In genau dieser Form, wie sie sich dir jetzt bietet, kommt sie nie wieder. Zurzeit geht es auf unserem Planeten etwas chaotisch zu. So viele Menschen auf den unterschiedlichsten Entwicklungsstufen tummeln sich gleichzeitig zielstrebig oder ziellos auf der Erde. Das macht das Leben kompliziert. Jeder, der hier ist, hat etwas zu lernen. Doch bei jedem ist dies etwas anderes, jeder hat eine andere Aufgabe, jeder handelt aus seiner eigenen Perspektive und hat seine eigenen Beweggründe, Dinge zu tun. Ein spirituell ausgerichteter Mensch setzt völlig andere Prioritäten als ein materiell orientierter Mensch.

Es ist nicht immer einfach, die Prioritäten anderer Menschen zu erkennen. Es kann vorkommen, dass sich ein materiell ausgerichteter Mensch spirituell verkleidet, sozusagen als eine Geschäftsstrategie schöne heilige Worte spricht und selig lächelt, sodass fast niemand merkt, dass er oder sie von ausschließlich eigennützigen Motiven getrieben ist. Was aber eigentlich wichtig ist: Du musst dich nicht um die Gründe anderer sorgen. Es ist schon viel wert, wenn du deine eigenen Motive erforschst und weißt, mit welcher Absicht du was tust. Auf dem weiblichen Weg hat es Priorität, die eigenen Beweggründe zu erkennen und nach und nach alle Belange des eigenen Lebens nach den höchsten Zielen und Werten auszurichten.

Justierst du deine Entwicklung nach männlichen Mustern, folgst du grundlegend anderen Motiven, die sich nicht unbedingt sofort, aber auf jeden Fall irgendwann später in entsprechenden Manifestationen zeigen werden. Was einmal gesät worden ist, wächst – und geerntet wird immer erst dann, wenn die Saat reif und sichtbar geworden ist. Wenn du Ka-

rotten aussäst, entstehen daraus Karotten und keine Apfel-
bäume. Du kannst deine Karotte nicht einfach so in einen
Apfel verwandeln, nur weil dir die Karotte, die du gesät hast,
nicht mehr passt. Du kannst die Karotte höchstens ausreißen
und zu einem späteren Zeitpunkt etwas Neues pflanzen. Du
kannst einen Apfelkern in der Küche sprossen lassen und dabei darauf achten, dass er nicht vertrocknet. Sobald sich daraus ein Setzling entwickelt hat, kannst du ihn in die Erde
pflanzen. Und wenn du ihn gut pflegst und dazu noch ein
bisschen Glück hast, wird er überleben und wachsen, und in
ein paar Jahren wirst du deine eigenen Äpfel ernten können.
Es ist eine sehr schöne symbolische Handlung, einen eigenen
Baum zu hegen und zu pflegen und ihm zuzuschauen, wie er
wächst. Es dauert jedoch immer eine ganze Weile, bis du deine eigenen Früchte ernten kannst.

Wenn eine Frau eine spirituelle Sucherin ist und diesen
Beweggrund in sich verankert hat, macht sie selbstverständlich in ihrer Meditation andere Erfahrungen als eine Frau,
die zum Beispiel Yoga praktiziert, um einen jüngeren Körper
zu haben, weil sie Angst hat, ansonsten ihren Mann zu verlieren. Eine andere Frau ist vielleicht während der Meditation
ständig verunsichert und bestrebt, es »richtig« zu machen.
Auch das ist ein Beweggrund, der sich manifestieren wird. Es
ist für mich immer wieder aufschlussreich zu erfahren, aus
welchen Gründen heraus die Frauen meine Seminare besuchen. Es kommen spirituelle Sucherinnen, es kommen Frau-
en, die sich durch meine Arbeit finanzielle und berufliche
Erfolge erhoffen, es kommen welche, die Gemeinsamkeit mit
anderen Frauen erfahren wollen, und solche, die ihre Partnerschaft aufpeppen möchten, andere wollen einfach mal etwas
Tolles erleben. Es kommen auch viele Seminaranbieterinnen,
die schauen wollen, wie ich so arbeite, und dann die ganze
Zeit dasitzen, mich kritisch beobachten und dabei versuchen,

meine Vorgehensweise zu entschlüsseln. Solange sie mich und nicht sich selbst ergründen wollen, verpassen sie das Wichtigste.

Auf deiner weiblichen Reise müssen deine Beweggründe bewusst in deinem Wesen verankert sein. Um Fehlentwicklungen zu vermeiden, ist es notwendig, die eigene Motivation immer wieder zu überprüfen und zu stärken.

WER BIN ICH?

- Willst du deine Weiblichkeit entwickeln?
- Was sind deine Beweggründe, dich mit deiner Weiblichkeit zu befassen? Zähle mindestens vier davon auf.
- Überprüfe deine eigenen Beweggründe, deine Weiblichkeit zu heilen. Wie stark sind sie?
- Hast du das Gefühl, deine Weiblichkeit heilen und entwickeln zu können?
- Darfst du deine Weiblichkeit heilen und entwickeln?

Deine wahren Beweggründe können so geschwächt und verzerrt sein, dass sie oberflächlich betrachtet nicht zu erkennen sind. Deine Persönlichkeit, die sich gewohnheitsgemäß gegen deine Entwicklung auflehnt, wird Dinge sagen wie:

♥ Ach, ich habe interessantere Themen.
♥ Dafür habe ich keine Zeit.
♥ Das kenne ich ja alles schon.
♥ Ich habe ja keine wirklichen Probleme mit meiner Weiblichkeit.
♥ Ich bin schon auf dem richtigen Weg.
♥ Die übertreibt ja maßlos.

Ziele

Ziele sind, wie auch deine Beweggründe, wichtige Bestandteile auf dem weiblichen Weg. Sich bewusst kurzfristige und langfristige Ziele zu setzen, ermöglicht es dir, dich vom Leben führen zu lassen. In meinen Seminaren zum Thema Unabhängigkeit behandle ich dieses Thema sehr intensiv. Am Anfang haben Frauen oft Widerstände dagegen, mit Zielen zu arbeiten, weil das für sie meist Assoziationen mit männlichen Eigenschaften wie Disziplin oder kontrolliertem geplantem Vorgehen hervorruft.

Auf dem weiblichen Weg werden Ziele allerdings etwas anders verstanden. Da musst du dir gleich zu Anfang klare Ziele setzen und diese tief in deinem Wesen verankern, damit du anschließend loslassen und dich dem Fluss deines Lebens hingeben kannst. Auf dem weiblichen Weg bedeuten Ziele nicht etwa, krampfhaft und verbissen Ideen nachzujagen. Der weibliche Weg ist der Weg der Hingabe und des Zulassens. Wenn du dir bewusst Ziele setzt, übernehmen diese die Funktion eines Wegweisers. Du kannst entspannt bleiben und darauf vertrauen, dass der weibliche Fluss dich auf die richtige Weise zu deinem Ziel führt.

Ohne Ziele musst du dein Leben ständig kontrollieren und manipulieren, um nicht in irgendetwas hineinzugeraten, was du vielleicht gar nicht willst. Vielleicht suchst du dir dann Halt bei einem anderen Menschen oder in einer Gruppe, du suchst deinen Lebenssinn in deiner Beziehung oder Familie. Den weiblichen Luxus, sich dem Fluss des Lebens hinzugeben, kannst du dir ohne Ziel kaum leisten. Ohne dir beispielsweise bewusst spirituelle Ziele zu setzen und dich in der spirituellen Welt zu verankern, wird dich dein Leben vermutlich irgendwo hintreiben – und nicht unbedingt zu Heilung und Bewusstwerdung. Je stärker und bewusster deine Ziele sind, umso natürlicher fließt dein Wesen auch genau dorthin, und du brauchst dich um das Wie nicht groß zu kümmern. Selbstverständlich ist es immer wieder notwendig, dass du die Beweggründe deiner Ziele erforschst.

Auf dem spirituellen Weg klappt selten etwas auf Anhieb, und noch seltener auf die Art und Weise, die du gern hättest. Das muss auch so sein, denn in erster Linie geht es bei deiner Entwicklung darum, dich selbst zu erkennen. Damit das möglich wird, treibt das Leben gern so seine Späßchen mit dir. Je mehr es sich für deine Entwicklung einsetzt – weil du eine klare Ausrichtung darauf hast –, umso umwerfender und umwälzender werden deine Erfahrungen sein. Und dann erfüllen sich Träume und Wünsche in einer stimmigen Weise.

Ich bin eine Frau, die sehr viel umzieht und immer an wunderschönen Orten wohnt. Diese Tatsache ist auch meiner Umwelt nicht entgangen. Ich weiß nicht, wie oft ich schon den Satz gehört habe: »Ach, du bist so ein Glückspilz! Du wohnst immer an so guten Plätzen.« Aber das hat mit Glück nichts zu tun, ich weiß lediglich, was ich will, und kann so lange warten, bis es kommt. Einmal bin ich sogar in einem Engpass in meine romantische Praxis in der Zürcher Altstadt gezogen, 20 Quadratmeter mit Hund, Katze und Bergen von Klamotten. Dort habe ich vier Jahre lang sehr improvisiert gelebt; so lange dauerte es, bis meine nächste Traumwohnung kam. Und ich musste sie nicht suchen, sie kam zu mir. Ich sage mir immer wieder: Lieber nichts machen, als etwas tun, was nicht stimmt.

Weder deine sexuelle noch deine weibliche Heilung geschieht einfach so, wenn du das gar nicht wirklich und aus einem freudigen Herzen heraus willst.

Ich gebe immer wieder Seminare in den osteuropäischen Regionen, wo viele Frauen durch die kommunistische Erziehung nie wirklich gelernt haben, ihre individuellen Wünsche wahrzunehmen und zu äußern. Dort ist es mir noch einmal umso stärker bewusst geworden: Zu lernen, bewusst eigene Ziele zu formulieren, ist ein wichtiger Lernprozess, der nicht immer nur einfach ist, der jedoch für deinen Heilprozess unumgänglich ist.

Deine Gesundheit

Gesundheit und weibliches Wohlbefinden sind keine unergründlichen Geheimnisse. Gesundheit hat lediglich einen großen gesellschaftlichen Nachteil, sie lässt sich finanziell nicht so ausschlachten wie Krankheit. Du solltest nicht vergessen: Gesundheit wird in unserer Welt nur gefördert, wenn es sich lohnt. Und niemand außer dir hat ein echtes Interesse an deiner Gesundheit. Es ist daher heute dringend empfehlenswert, die Verantwortung für die eigene Gesundheit niemals abzugeben.

Das bedeutet nicht, dass du keine Hilfe annehmen sollst. Gemeint ist damit lediglich, dass du niemals gegen deine eigenen Gefühle handeln solltest, auch wenn dir eine sogenannte Fachperson für Gesundheit oder sogar der Herr Professor persönlich irgendetwas empfiehlt.

WEIBLICHE WEISHEIT

Es ist wichtig, dass du die Wahrnehmung für deinen Körper sensibilisierst und mit ihr verbunden bleibst, egal was du tust.

Weiblicher Tempel

Der Körper ist dein Tempel, der Ort, wo sich Freude, Meditation und Spiritualität entwickeln und manifestieren. Er spielt im Leben einer Frau eine sehr zentrale Rolle; der Körper will geehrt, gepflegt und gut beschützt sein. Sind die Türen des Tempels geöffnet, muss irgendjemand die Schätze im Inneren bewachen. Ist niemand da, der den Tempel hütet, wird die heilige Stätte leicht beschmutzt oder beschädigt, und es besteht die Gefahr, dass die heiligen Kostbarkeiten entwendet werden. Im schlimmsten Fall wird der Tempel von Eindringlingen eingenommen und besetzt.

Zu lernen, genüsslich in deinem Tempel zu ruhen, um ihn durch innere Anwesenheit und Liebe zu schützen, hat auf dem weiblichen Weg oberste Priorität. Jede Frau muss selbst dafür sorgen, dass ihr Inneres mit Licht, Sinnlichkeit und Ruhe durchflutet ist, damit dort eine Atmosphäre herrscht, in der sie sich richtig zu Hause fühlt und sich erholen kann. Und dies unabhängig davon, was in ihrem äußeren Umfeld geschieht oder eben nicht geschieht. Je mehr du dich in dir selbst zu Hause fühlst, umso leichter fallen dir die Meditation und der Zugang zur Stille. Die Stille ist nicht das Ende der Reise, sondern eine essenzielle Voraussetzung für den weiblichen spirituellen Weg. Nur in tiefster Stille offenbaren sich all die Weisheiten, die die Weiblichkeit in sich verborgen hält.

UNIVERSELLE WEISHEIT

»Lerne immer mehr zu schweigen, lerne immer stiller zu werden. Genieße Schweigen und Stille. Das sind die grundlegenden Vorbereitungen für den höchsten Gast. Wenn du in tiefster Stille bist, dann bist du fähig, die Göttlichkeit in dich aufzunehmen.«

Osho

Heilende Wunder

Durch die kleinen und großen Wunder, die ich durch esoterisches Heilen erfahren habe, weiß ich, dass viel mehr möglich ist, als wir im Allgemeinen denken. Die starken Heilkräfte, die uns das Universum zur Verfügung stellt, werden im Moment noch durch die materiell ausgerichtete Gesellschaft mit ihrer am Profit orientierten Medizin stark unterdrückt und blockiert. Ich bin nicht grundsätzlich gegen die moderne Medizin, gezielt eingesetzt und als Teil einer ganzheitlichen Perspektive hat auch sie ihre Berechtigung.

Die Medizin wird heute jedoch von so vielen Menschen zu eigennützigen Zwecken missbraucht, dass ihre Entwicklung und Wirksamkeit behindert werden. Zu viele Menschen verdienen zu viel Geld an Krankheiten und menschlichen Problemen. Seit Beginn der Zeit, sei es im alten Ägypten, in Babylon, bei den Römern oder im alten China, wurden Heilkünste immer als göttlich erachtet. Die Heilkraft kam von Gott oder wurde durch die von Gott auserwählten Kanäle, von Priestern und Priesterinnen, die ihr Leben der Tempelarbeit weihten, von Schamanen und Schamaninnen, Medizinmännern und -frauen oder auch von Königen und Königinnen zu den Betroffenen geleitet. Nur auserwählte Menschen, die über einen guten, edlen Charakter verfügten oder aus bestimmten Familien kamen, wurden in der Regel in die Geheimnisse der Heilkunst eingeweiht.

Wir leben heute in der Zeit des »do it yourself«. Da wird wild gemixt, gebastelt und geblufft. Am laufenden Band werden neue männliche und weibliche Gurus, Heiler und Lebenslehrer produziert – mit den entsprechenden Folgen. Die Heilkunst wird kaum noch als Teil eines göttlichen Wirkens angesehen, sondern dient der Verwirklichung persönlicher Interessen und Ziele. Das Schöne an der Zeit, in der wir leben, ist: Wir dürfen aus allen Strukturen ausbrechen, wir dürfen experimentieren und uns komplett neu erfinden. Das sollten wir auch unbedingt tun. Wenn es aus einer tiefen inneren Suche nach Selbsterkenntnis und einer echten spirituellen Sehnsucht heraus geschieht, kann auch nichts wirklich schiefgehen. Solange du für deine Werte einstehst und deine Seele nicht verkaufst, verleiht dir das Leben selbst einen wirksamen Schutz und direkte Unterstützung.

Die heutige Zeit erfordert es, dass du deine Verantwortung und deinen weiblichen Instinkt auch nicht abgibst, wenn es um deine Gesundheit geht. Dich etwas tiefer mit deiner Gesundheit zu befassen, ist eine überaus lohnende Arbeit. Beginne damit, mit deinem Körper und deinen Gefühlen besser vertraut zu werden, und lerne die Kunst der weiblichen Selbstheilung. Fang damit an, solange du noch gesund bist, damit du dich selbst heilen kannst, wenn es wirklich einmal nötig ist. Im Abschnitt über den Körper (siehe Seite 180 ff.) hast du bereits einige Anregungen zur Heilung deines Körpers finden können. Mein erstes Buch *Das Tao der Frau* gibt dir zudem eine Einführung in die Kunst der ganzheitlichen weiblichen Selbstheilung.

Körperlicher Schwäche und oder gar Krankheit sollte immer auf den Grund gegangen werden. Und wenn irgendwie möglich, sollten sie behoben werden. Das dient nicht nur dem allgemeinen Wohlbefinden, sondern auch der spirituellen Entwicklung. Alle inneren Prozesse und Wachstumsschritte benötigen körperliche Kraft. Frauen, die auf dieser Ebene geschwächt sind, müssen als Erstes wieder zu Kräften kommen. Erst wenn der weibliche Körper genährt und gefestigt ist, macht es überhaupt Sinn, sich um die emotionale oder sexuelle Heilung zu kümmern. Viele weibliche Probleme entstehen durch einen chronisch stressigen Lebensstil, schlechte Essgewohnheiten oder zu wenig Schlaf und Ruhe.

WER BIN ICH?

- Was macht dich krank? Zähle mindestens zehn Ursachen auf.
- Wie reagierst du auf Stress?
- Wie reagierst du auf zu wenig Schlaf?
- Was tust du für deine Gesunderhaltung?
- Was würde dir zusätzlich guttun?
- Was hindert dich daran, dir Gutes zu tun?

Körpersignale erkennen

Du solltest wissen, wie du deinen Körper immer wieder harmonisieren kannst. Bevor der Körper krank wird, sendet er Signale aus. Wenn du diese erkennst, kannst du ihre Ursachen auch viel leichter beheben, als wenn du wartest, bis sich echte Symptome zeigen. Unruhe, Nervosität oder Herzklopfen beispielsweise zeigen dir, dass du zu viel Hitze und zu wenig weibliche Substanz in deinem Körper hast. Gelüste auf bestimmte Nahrungsmittel können Hinweise auf eine Disharmonie eines bestimmten Organs sein. Es gibt die vielfältigsten Zusammenhänge, die du Stück für Stück in dir erforschen kannst. Dieses riesige Gebiet der Diagnostik wurde in der Traditionellen Chinesischen Medizin detailliert ausgearbeitet. Die wichtigsten Körpersignale, die ich als weibliches Grundwissen ansehe, findest du ebenfalls im *Tao der Frau*. Wesentlich ist es auch, die Art und Weise kennenzulernen, wie du jeden Monat blutest. Deine Gebärmutter gibt dir auf diesem Weg genauestens Auskunft darüber, wie es deinem Körper geht (siehe Seite 227 ff.).

WER BIN ICH?

- Kennst du die Signale, die dir dein Körper aussendet? Zähle mindestens zehn auf, die zu deinem Erfahrungsschatz gehören.

Basics der weiblichen Selbstheilung

Selbstheilung bedeutet, dass du deine Heilung selbst in die Wege leitest, dass du sie selbst willst und dir auch Zeit dafür einräumst. Diese bewusste innere Haltung zu erlangen, ist wesentlich in der Phase der Vorbereitung. Der Weg der Selbstheilung ist für dich als Frau besonders gut geeignet, weil du so deine Heilung deinem eigenen Rhythmus und deinen eigenen Themen stets neu anpassen kannst.

Für mich ist weibliche Selbstheilung angewandte Selbstverantwortung. Der weibliche Heilprozess sollte nie fremdbestimmt sein, denn dann ist er nicht mehr individuell auf den Weg der einzelnen Frau abgestimmt. Auf dem weiblichen Weg ist es essenziell, dass du selbst den Raum schaffst, in dem deine Heilung geschehen kann. So kannst du dich auf ganz natürliche Weise aus der weiblichen Ohnmacht befreien. Lässt du dich von jemand anderem führen, wirst du nie zu den Quellen deiner weiblichen Kraft vordringen. Gruppen sollten dir nur zu einer guten Einführung verhelfen, die Umsetzung musst du selbst vollziehen. Sie ist der wichtigste Teil der weiblichen Selbstheilung. Für viele Frauen ist es sehr ungewohnt, von sich aus zu meditieren oder sich selbst zu heilen. Frauen sind es eher gewohnt, irgendwo mitzumachen und dann ausführlich darüber zu reden. Deshalb gibt es erst wenige, die wirklich einen beständigen Zugang zu ihren weiblichen Kraftquellen haben. Es ist an der Zeit, dies zu ändern. Sich aus den persönlichen und kollektiven Abhängigkeiten zu befreien, bedarf individueller Schritte einer einzelnen Frau, wie du es bist.

Weibliche Wurzeln und die Zentrierung

Du brauchst weibliche Wurzeln, damit du den weiblichen Weg gehen kannst, das ist der zentrale Punkt, der bereits ganz am Anfang bestimmend ist. Das bedeutet, dass du tief in deinem physischen Körper und dem Gefühlskörper verankert sein musst. Nur dann kann dein weiterer Weg weiblich sein. Für Frauen ist das eine große Herausforderung, weil es oft all ihre Lebenskonzepte infrage stellt. Sich in der eigenen Weiblichkeit zu verwurzeln, ist ein sehr tiefer innerer Prozess, der es erfordert, die eigenen Gedanken, Vorstellungen und Aktivitäten infrage zu stellen.

Diese Phase der Verwurzelung sollte zudem nicht mit anderen Methoden und Wegen vermischt werden, sondern voll und ganz dem weiblichen Prozess gewidmet sein. Der weibliche Weg ist so reichhaltig und in sich komplett, dass er ausreichend Raum und deine bewusste Entscheidung dafür braucht. Speziell am Anfang dauert es eine Zeit, bis frau gelernt hat, sich weiblich zu polen. In dieser Phase empfehle ich Frauen, intensive körperliche Trainings, Energiearbeit oder esoterische Praktiken wegzulassen, um sich über ihre Gefühle vollständig auf die Tiefe der Weiblichkeit einlassen zu können. Das ist der Weg vom Außen ins Innen, von der Oberfläche in die Tiefe, von der Bewegung hinein in die Stille. Damit deine weiblichen Wurzeln in die Tiefe wachsen können, brauchen sie deine unentwegte innere Anwesenheit. Je aktiver du körperlich und energetisch bist, umso schwieriger wird es für dich, einen Zugang zur Stille und zu deiner Weiblichkeit zu bekommen. Vermeide in deiner Freizeit deshalb alle Aktivitäten, die dich nach außen bringen, und werde zumindest privat zu einer meditativen Genießerin.

Insbesondere die sehr aktiven, extrovertierten Frauen müssen in ihrem Leben dabei erstmals die Voraussetzungen zulassen und es sich erlauben, dass auch mal Ruhe einkehren darf.

Es gibt viele Frauen, die Stille als langweilig empfinden. Und aus Angst davor, eine langweilige Frau zu sein, stürzen sie sich in endlose Aktivitäten. Als Lehrerin habe ich das Glück, dass sehr viele originelle, experimentierfreudige und kreative Frauen meine Seminare besuchen. Für die ist es anfangs fast eine Qual, nichts zu tun, aber wenn sie es einmal zulassen, merken sie plötzlich, wie sehr ihnen ihre innere Heimat gefehlt hat.

Weibliche Verwurzelung ist keine Aktivität, sondern ein tiefer Seinszustand. Es ist ein bewusstes Entspannen in der Tiefe, so lange, bis die Wurzeln greifen und du wieder an die weibliche Kraftquelle angeschlossen bist. Ab dem Moment, wo die Wurzeln richtig greifen und dich in der Tiefe halten können, befindest du dich auf dem Heimweg.

WEIBLICHE WEISHEIT

- ♥ *Zentrierung bedeutet, im weiblichen Tempel zu ruhen.*
- ♥ *Zentrierung ist keine Vorstellung, sondern eine Realität.*
- ♥ *Zentrierung ist keine Übung, sondern ein integrierender Seinszustand.*
- ♥ *Zentrierung ist keine Anstrengung und auch keine Aktivität.*
- ♥ *Zentrierung ist die Voraussetzung für weibliche Heilung.*

Emotionale Heilung

Ein großer Teil der weiblichen Heilung geschieht auf der emotionalen Ebene, wir haben bereits darüber gesprochen. Hier möchte ich in Bezug auf die Reisevorbereitungen nur Folgendes noch einmal betonen: Du brauchst deine Gefühle nicht abzustellen oder zu kontrollieren, sondern dich lediglich darauf zu konzentrieren, deine Weiblichkeit von alten kollektiven und persönlichen Wunden zu reinigen und zu heilen.

Dazu brauchst du ein inneres Mitspracherecht, das du nur erhältst, wenn du auch gefühlsmäßig in dir verwurzelt bist. Du solltest jederzeit in der Lage sein, auf deine negativen Emotionen und Stimmungen, egal welche Ursache sie haben, gezielt einzuwirken. Du solltest also in der Lage sein, sie zu harmonisieren, zu verändern oder gar aufzulösen, indem du deine Aufmerksamkeit in die Tiefe richtest, den dunklen oder unbewussten Fleck lokalisierst, ihn mit dem heilenden Elixier deines liebenden Herzens wachküsst und mit der Flamme deines Bewusstseins erhellst. Emotionale Heilung ist viel einfacher, als du denkst.

WEIBLICHE WEISHEIT

Solange du denkst und versuchst, deine Emotionen mit dem Intellekt zu analysieren und zu therapieren, verhinderst du deine emotionale Heilung.

Auf dem weiblichen Weg geht es nicht darum, Emotionen und Gefühle mit dem Kopf zu verstehen und zu kontrollieren. Gefühle sind lebendig und wollen gespürt und erlebt sein. Der Verstand, die Persönlichkeit versucht, deine Gefühle einzugrenzen und einzusperren. Befreie deine Weiblichkeit auf tiefster Gefühlsebene, damit deine weibliche Seele sich ins Unendliche ausdehnen kann.

Deine emotionale Heilung wird dir auch erlauben, dich auf deine weibliche Sexualität so tief einzulassen, dass sie zum Tor für eine neue Dimension deines Daseins wird. Deine emotionale Heilung ermöglicht es dir, deine Sexualität unbeschwert und in vollen Zügen zu genießen, in welcher Form auch immer.

Auf deiner weiblichen Reise wirst du immer wieder an deine Grenzen stoßen. Das sind innere Schranken, die von deinen unerledigten Emotionen errichtet wurden. Damit sich dir die Schranken wieder öffnen, müssen diese Emotionen Schicht um Schicht abgetragen werden. Begrenzen die unbewussten Emotionen deinen Weg nicht mehr, werden dich deine Gefühle in die grenzenlose Unendlichkeit tragen.

Nur keine Angst, auf dem weiblichen Weg ist emotionale Heilung keine harte Arbeit oder Qual. Es ist ein lustvoller Prozess, den ich Selbstheilung für meditative Genießerinnen nenne.

WEIBLICHE WEISHEIT
Die Heilung der Gefühle findet nicht im Kopf, sondern auf der Gefühlsebene statt.

Muster auflösen

Hemmende Verhaltensmuster und fixierende Glaubenssätze aufzulösen ist auch eine Fähigkeit, die in dein Reisegepäck gehört. Der weibliche Weg ist mit vielen Erkenntnissen gepflastert. Du wirst immer wieder neue Muster an deiner Persönlichkeit entdecken, die dir den Weg versperren. Es ist wohltuend, antrainierte oder übernommene Verhaltensmuster bearbeiten und auflösen zu können. Das ermöglicht dir, deinen Weg immer weiterzuverfolgen und nicht in alten müßigen Mustern kleben zu bleiben. Mit jedem Muster, das du erfolgreich auflöst, gewinnst du ein Stückchen Freiheit. Als Einstieg kannst du damit beginnen, all die Muster, die du an dir entdeckst, auf einen Zettel zu schreiben. In einer kleinen Zeremonie kannst du sie dann und wann verabschieden und mit dem Zettel verbrennen.

Im Gegensatz zu Emotionen werden Muster nicht gespürt, sondern erkannt. Auch ihre Ursachen liegen auf einer anderen Ebene begraben als die der Emotionen. Da Emotionen häufig

Resultate eines bestimmten Musters sind, werden fälschlicherweise oft sie und nicht das dahinterliegende Muster bearbeitet. Du musst also lernen, das fein zu unterscheiden.

Hexenbesen

»Hexenbesen« nenne ich all die Fertigkeiten, die mit innerer und äußerer Reinigung zu tun haben. Wenn du das Kapitel über die verschiedenen Ebenen studiert hast (siehe ab Seite 165), wirst du sicherlich schon ein paar Ideen haben, was damit gemeint ist. Jede Frau braucht einen eigenen Hexenbesen, der für sie in jeder Lebenslage funktioniert. Je feinfühliger eine Frau ist, umso wichtiger ist das. Es ist unschätzbar praktisch, Hotelräume, Gruppenräume oder die negativen Schwingungen einer frustrierten Nachbarin oder Kollegin auflösen und neutralisieren zu können.

Um gezielt zu reinigen, musst du dich für deine verschiedenen Ebenen sensibilisieren und diese bewusst wahrnehmen, damit du lernst, sie zu unterscheiden. Eine gute Reinigung baut nicht auf einer vagen Vermutung oder Gefühlsduselei auf. Du solltest immer genau wissen, was, wo und wie gereinigt werden muss. Je schärfer deine innere Wahrnehmung wird, umso treffsicherer werden deine Aktionen. Da gibt es nur eins: üben, üben, üben. Und das kannst du zum Beispiel so machen: Wann immer du einen fremden Raum betreten willst, spüre zuvor deine Stimmung und deine Energie. Betrete dann den Raum und mach kurz einen Scan: Erspüre die Stimmung und die Schwingung dort und geh die unterschiedlichen Ebenen durch. Es ist anfangs hilfreich, das gemeinsam mit einer Freundin zu tun, mit der du dich nachher über die Erfahrungen austauschen kannst.

Ich bin ein sehr feinfühliger Mensch, realisierte das aber sehr lange nicht. Ich litt vielmehr darunter, weil ich nicht unterscheiden konnte, welches meine und welches die Schwingungen anderer waren und auf welchen Ebenen sich die feineren Dinge abspielten. Vor allem in einer früheren Beziehung hatte ich die Tendenz, die negativen Emotionen meines Partners unbewusst und unfiltriert zu übernehmen. Ich war dann in Bezug auf meine persönliche emotionale Heilung manchmal völlig frustriert, weil nichts wirklich funktionierte. Als wir uns nach zehn Jahren trennten, ging es mir plötzlich so gut! Ich hatte wieder ungeheuer viel Energie, war emotional ausgeglichen und extrem kreativ. Das beeindruckte mich so sehr, dass ich seither sehr genau darauf achte, meinen Raum für meine guten Schwingungen zu halten. Ich schärfte meine Wahrnehmung nach innen und auch nach außen und spezialisierte mich auf innere und äußere Reinigung.

Ich merkte, dass Begegnungen mit Menschen und auch Räumen in mir Spuren hinterließen. Ich lernte immer mehr zu unterscheiden, was dabei jeweils meine eigene Verletzung war und was ich von außen aufgenommen hatte. Ich habe das Pech oder eben das Glück, dass ich immer wieder Nachbarinnen hatte, die mich nicht mochten und ihre Negativität mit einer bemerkenswerten Konstanz auf mich projizierten. Solche Situationen waren stets eine riesige Herausforderung für mich. Dadurch habe ich mich sehr intensiv mit Reinigung und Schutz befasst, sehr viel ausprobiert und noch viel mehr gelernt.

Mir ist es sehr wichtig, dass meine Wohnung meine heilende Wohlfühloase ist. Da ich mitten in einer Großstadt lebe, muss ich mich immer wieder darum bemühen, meine Räume von negativen Schwingungen wie Elektrosmog, Emotionen und Gedanken zu reinigen und zu befreien. Ich habe eine riesige Sammlung von Räucherwerk, Harzen und Kräutern, ich habe einen guten Luftreiniger und -ionisierer, ich führe ein paarmal im Jahr ein größeres Reinigungs- und Schutzritual durch und probiere immer wieder mal etwas Neues aus. Was die Energie in meinem Wohnbereich am besten reinigt, sind meine Katzen. Katzen haben eine unglaubliche Gabe, negative Schwingungen zu transformieren. Meine Katzen sind meine Beschützer, und zwar jede auf ihre spezielle Art. Meine Noreyia beispielsweise sieht wie die Katzengöttin Bastet aus, und sie wirkt immer so, als sei sie gerade von einem anderen Planeten eingeflogen worden. Sie lebt in einer anderen Welt oder auf einer anderen Ebene. Und sie kann tatsächlich Energien und unsichtbare Wesenheiten sehen und verwandelt sich dann manchmal regelrecht in eine wilde Bestie: Sie knurrt und faucht furchterregend, bis sie das Unding, das sie entdeckt hat, vertrieben hat. Sie sieht auch, wenn fremde Energie an einem Menschen haftet, und greift dann sehr heftig ein. In meiner Praxis ist das manchmal der Fall. Dann verwandelt sich mein liebenswertes Kätzchen in eine rabiate Tigerin. Das ist besonders beeindruckend, weil Noreyia im Alltag die friedlichste und gutmütigste Katze der Welt ist.

Die innere Heilerin

Du brauchst nicht tausend Bücher zu lesen, um passende Tipps zu erhalten. Wende dich an deine innere Heilerin, sie hat die allerbesten Hinweise für dich parat. Es kann vorkommen, dass sie dir ab und zu eine sehr merkwürdige Antwort gibt und du eine Weile brauchst, sie zu verstehen. Grundsätzlich kann frau dieser inneren Weisheit vertrauen. Ich bekomme immer wieder Empfehlungen, die sehr wirkungsvoll sind. Ich habe akzeptiert, dass meine innere Heilerin sehr unkonventionelle Ideen hat. Aber für mich scheint es prima zu funktionieren. Je mehr ich meditiere und je weniger ich lese und mir den Kopf mit fremdem Wissen vollstopfe, umso besser bin ich in Kontakt mit dieser inneren Weisheit. Diese innere Verbindung finde ich sehr wertvoll und praktisch, und ich setze mich auch bewusst dafür ein, sie zu erhalten und zu intensivieren. Reinigung ist deshalb für mich eine wichtige Sache.

Reinige dich selbst

Menschen bestehen zu 70 bis 90 Prozent aus Wasser. Deine Weiblichkeit entspringt der Qualität deines Wassers. Ist dein Wasser verunreinigt und voller undefinierbarer Emotionen, Energien und Gedanken, wird es schwierig, dich auf deine Tiefe einzulassen und deine Weiblichkeit zu genießen. Ist dein Wasser verschmutzt, wird es zu einer inneren Kloake. Dass du dich unter diesen Umständen nicht gern in deinem Inneren aufhältst, lieber flüchtest und dir anderswo ein angenehmeres Plätzchen suchst, versteht sich von selbst. Ein großer Teil der weiblichen Heilung besteht daher aus Reinigung und Purifikation der verschiedenen Ebenen. Es scheint wirklich so zu sein: Putzen ist ein wesentlicher Bestandteil des weiblichen Lebens.

WER BIN ICH?
- Befrage deine innere Heilerin zu folgenden Themen:
- Wie reinige ich meinen Körper?
- Wie reinige ich meine Energie?
- Wie reinige ich meine Gefühle?
- Wie reinige ich meinen Verstand?

Sexuelle Befreiung

Möchte eine Frau ihre Weiblichkeit entwickeln, hat die sexuelle Befreiung oberste Priorität. Solange die sexuellen Energien unterdrückt oder blockiert sind, kann sich die Weiblichkeit und auch die weibliche Spiritualität nicht natürlich entfalten. Als Vorbereitung für die weibliche Reise ist es notwendig, die weiblichen Kräfte zu befreien. Dazu gehört es, sexuelle Probleme zu lösen, Emotionen, die die sexuelle Energie belasten, zu heilen und Muster, die die sexuelle Energie in irgendeiner Weise einschränken, aufzulösen. Selbstverständlich gehören die Befreiung der Gebärmutter und die Harmonisierung der monatlichen Blutung auch dazu. Die weibliche Sexualität in vollen Zügen zu genießen, ist das Fundament der spirituellen Arbeit für Frauen. Deine emotionale Heilung ermöglicht es dir auch, die Entwicklung der verschiedenen spirituellen Zentren zu vollziehen. Das ist ein Prozess, der durch den natürlichen Fluss deiner Sexualität eingeleitet wird.

Tief greifende sexuelle Heilung benötigt immer eine spirituelle Ausrichtung und Verbundenheit. Sexuelle Heilung auf der Persönlichkeitsebene vollziehen zu wollen, ist ein unsinniger Versuch, das Leben zu verkleinern und einzuschränken. Wenn du speziell mehr über die sexuelle Heilung erfahren möchtest, empfehle ich dir mein Buch zur weiblichen Sexualität.

Finanzen

Auch das gehört zur Vorbereitung deines Weges: dein Umgang mit der Berufswelt und dem Geld. Es hat sich gezeigt, dass es für Frauen auf dem spirituellen Weg sehr unterstützend ist, wenn sie über eine fundierte berufliche Ausbildung verfügen. Fast alle Frauen haben über Generationen hinweg in finanzieller Abhängigkeit gelebt und dadurch viel Leid erfahren, sodass der Bereich Geld noch heute mit sehr vielen Ängsten und Ohnmacht belastet ist. Viele unbewusste weibliche Muster drehen sich ums Geld. Auch deine Beziehung zum Geld musst du also heilen. Ansonsten kommen dir deine unbewussten Geldthemen immer wieder in die Quere.

Von meinen Seminaren zum Thema »Weibliche Unabhängigkeit«, die ich jahrelang in meinem Programm hatte, weiß ich, wie delikat das Thema Geld für Frauen ist. Für Frauen auf dem Weg ist es ungemein wichtig, ein entspanntes, natürliches und realistisches Verhältnis zum Geld zu entwickeln und vor allem die unbewussten Beweggründe, die ihr Verhältnis dazu belasten, zu erforschen. Frauen mit einer guten soliden Ausbildung, die gern und gut arbeiten, haben die besten Chancen, immer einer interessanten Arbeit nachgehen zu können. Frauen, die über keine oder eine schlechte Ausbildung verfügen, und bequeme Frauen, die die Arbeit scheuen, müssen sich dagegen häufig durchs Leben mogeln, andere kopieren oder ihrer Umwelt etwas vorspielen. Das ist sehr anstrengend. Für Frauen, die sich langfristig durchs Leben schummeln, um so mehr Geld zu bekommen, ist es nicht möglich, natürlich und authentisch zu sein. Viele Frauen werden außerdem verkrampft, wenn sie kein Geld haben. Das ist ja auch verständlich, beeinträchtigt dann aber alle Ebenen ihres Lebens.

Es lohnt sich allemal, vier, fünf oder mehr Jahre in eine gute Ausbildung zu investieren, sich regelmäßig weiterzubilden und stets Neues dazuzulernen. Die weibliche Heilung ist ein langfristiges Projekt und die Finanzen sind ein wichtiger Pfeiler. Auf dem spirituellen Weg ist es weder verboten, Geld zu mögen noch gutes Geld zu verdienen. Du solltest lediglich auch im Umgang mit Geld und Geldverdienen deine Beweggründe und unbewussten Muster erkennen und darauf achten, dass du die spirituellen Gesetze nicht missachtest.

WER BIN ICH?

- Beschreibe deine Beziehung zum Geld mit mindestens vier Adjektiven.
- Was blockiert deine Beziehung zum Geld am meisten?

- Liebst du Geld?
- Bist du geldgierig?
- Bist du, wenn es ums Geld geht, eher Opfer oder Täterin?
  Opfer sind die Frauen, die sich übers Ohr hauen oder von
  anderen Menschen ausnutzen lassen. Täterinnen sind die
  Frauen, die anderen Menschen das Geld aus der Tasche
  ziehen können, gekonnt mogeln und sogar Liebe vortäu-
  schen, um finanzielle Vorteile daraus zu schlagen. Das sind
  auch die Frauen, die bei einer Scheidung dann leicht zu
  geldgierigen Bestien werden.

Wie du siehst, ist der weibliche Weg kein abgehobener Weg,
sondern ein ganzheitliches Projekt, das alle Lebensbereiche
einbezieht. Um die verkümmerte Weiblichkeit zu rehabilitieren, ist das auch notwendig. Insbesondere die Bereiche Sexualität und Spiritualität können sich nur so, integriert in Leben
und Alltag einer Frau, wieder natürlich entfalten und ein tra-
gender Bestandteil des Lebens werden. Geh das Ganze langsam an und nimm dir die Zeit, dich gut vorzubereiten und
immer das zu lernen, was für dich wesentlich ist. Dein weiblicher Weg soll für dich Sinn machen, er soll dir und deinem
Wesen ganz und gar entsprechen.

Führer und Verführer

Mit der modernen »Selbst ist die Frau«-Lebenshaltung macht sich frau nun an ihre weibliche Heilung und auf ihren spirituellen Weg. Sie besucht Seminare und spirituelle Events und pickt sich aus dem bunten Überangebot das heraus, was gerade so zu ihrer aktuellen Stimmungslage passt. So pilgert sie von Lehrer zu Lehrerin, von Methode zu Lehre zu Technik. Und nicht selten macht sie verschiedenste Dinge gleichzeitig: Am Montag ins Chi Kung, am Freitag Power-Yoga, alle zwei Wochen eine Sitzung mit der Kinesiologin, ein Sommer-Retreat mit dem Rinpoche, und zu Hause eilt sie gleich am nächsten Tag zum monatlichen Reiki-Treff … Ich kann gut verstehen, dass Frauen heute ihre Freiheit genießen und möglichst viele intensive Erfahrungen machen möchten. Um den eigenen Weg zu finden, ist es auch wichtig, sich zuerst etwas umzuschauen. Frau sollte sich dabei lediglich nicht verzetteln oder an der Oberfläche kleben bleiben. Dieses Kapitel hilft dir dabei, den für dich passenden Weg zu finden.

Es ist ebenso für die Frauen gedacht, die sich sehr leicht verunsichern lassen, die Autoritätspersonen auch im therapeutischen oder spirituellen Bereich fast blindlings vertrauen, die sich von schönen Reden und einer guten Portion Charisma zutiefst beeindrucken und jeden Bären aufbinden lassen. Es sind Frauen, die bei jedem komischen Gefühl sofort Fehler bei sich selbst suchen. Nie würden sie es wagen, einen Therapeuten, den Guru oder die Lehrerin infrage zu stellen. Auch ihnen wollen die folgenden Seiten eine Orientierung und etwas mehr Mut schenken.

Braucht frau Hilfe auf dem Weg?

Es gibt heute unzählige Bücher, CDs und Workshops für Frauen. Braucht es da noch spirituelle Lehrerinnen oder Schulen, auf die frau sich langfristig einlassen muss? Wie sinnvoll ist die Arbeit mit einer Lehrerin für eine Frau, die sich aus ihrer weiblichen Ohnmacht selbst befreien sollte? Der spirituelle Weg einer Frau ist ein individueller Weg, den sie allein gehen muss. Gleichzeitig brauchen wir alle Inspiration und andere Menschen, von denen wir Neues lernen, die unseren Horizont erweitern können. Insbesondere wenn eine Frau den Zugang zu einer ihr verschlossenen und zunächst nicht gerade alltäglichen Ebene sucht, muss ihr dieser fast immer durch eine andere Person eröffnet werden, der sich diese Ebene schon erschlossen hat und dort zu Hause ist.

Gefühlswelten erschließen

Viele Menschen leben abgespalten von ihrer Gefühlswelt. Ihnen kann – die Offenheit dafür vorausgesetzt – die Gegenwart eines natürlichen gefühlsstarken Menschen helfen, ihr eigenes Gefühlsleben wiederzuentdecken und das Fühlen zu lernen. Kinder zum Beispiel haben die wichtige Aufgabe, Erwachsene in ihrem Gefühlskörper anzusprechen und ihnen zu helfen, sich wieder unbeschwert auf dieser Ebene zu bewegen. Das klappt sehr gut, wenn die Erwachsenen bereit sind, sich zu öffnen und von den Kindern zu lernen. Auch Tiere wie Hunde und Katzen zum Beispiel helfen »ihren« Menschen, ihr Gefühlsleben zu heilen. Wenn du deine Weiblichkeit erschließen möchtest, sind also Kontakte mit Frauen, die in ihrer Weiblichkeit verwurzelt sind und sie leben, äußerst sinnvoll. Nicht, um mit ihnen über weibliche Spiritualität zu diskutieren oder in die Disko zu gehen, sondern um mit ihnen zu meditieren. Das Wesentliche geschieht, wenn Frauen miteinander in der Stille sitzen.

Ich habe bereits viele Frauen durch den Befreiungsprozess der Gebärmutter geführt. Diese Arbeit ist nur möglich, wenn ich selbst topfit und in Kontakt mit meiner Gebärmutterkraft bin. Außerdem muss ich mich in guter Gesellschaft befinden. Wenn sich meine Gebärmutter nicht wohlfühlt, ist es nicht möglich. Es ist schon vorgekommen, dass ich wegen einer negativen Frau in der Gruppe den Prozess nicht vollziehen konnte. Es ist meine Gebärmutter, die die anderen Gebärmütter anspricht und ihnen den Weg weist – und dafür muss sie selbst entspannt sein. Eine bewusste Gebärmutter hilft Frauen, die bereit dafür sind, ihre Gebärmutter zu befreien. Wenn bei diesen intensiven Prozessen auch langjährige Schülerinnen von mir teilnehmen, wird es umso leichter. Denn je mehr bereits befreite Frauen im Raum sind, umso einfacher ist es für die »neuen«, den bewussten Kontakt mit ihrer Gebärmutter herzustellen. Und so funktioniert es auch auf allen anderen Ebenen.

Wieder eine Frage der Ebene

Intellektuelle Menschen sprechen deinen Kopf an. Deshalb ist es für dich in der Gegenwart kopflastiger Menschen schwerer, mit deinen Gefühlen in Kontakt zu kommen oder zu bleiben. Wenn dich beispielsweise ein kopfgesteuerter Therapeut immer wieder anhält zu sagen, was du fühlst, fühlst du immer weniger, wirst zunehmend verwirrter, bis du aus lauter Verzweiflung plötzlich beginnst zu heulen – nicht selten wird dann an diesem Ergebnis herumgedeutet. Genauso verwirrend ist es, wenn du von jemandem in eine Meditation oder Übung geführt wirst, der nur die einzelnen Schritte beschreibt, sie aber nicht wirklich selbst vollzieht. Das ist nicht authentisch und beinhaltet eine nicht umsetzbare Doppelbotschaft.

Es kann vorkommen, dass du in der Straßenbahn neben einem zornigen Menschen sitzt, und plötzlich bist auch du zornig. In einer Gruppe von Frauen kann sich eine Frau befinden, die sich nicht auf ihren weiblichen Heilprozess einlässt, sondern stattdessen über ihre Gedanken ihre Negativität wie Giftpfeile nach außen auf die anderen Frauen schießt. Eine negative intellektuelle Frau kann so den Heilprozess einer ganzen Gruppe vergiften und verunmöglichen. Auf der anderen Seite ist ein fröhlicher, positiver Mensch, der dich auf der Straße anlacht, eine Bereicherung. Lachen ist ansteckend, das weiß jeder. Aber auch andere Emotionen sind es. In Wohnhäusern, an Arbeitsplätzen, während Massenveranstaltungen, überall finden unbewusst Übertragungen und Prägungen statt.

Menschen im Persönlichkeitsmodus sprechen deine Persönlichkeit an. Und nur Menschen, die ihr spirituelles Selbst entwickelt haben, könnten dich spirituell unterstützen. Das Dumme ist nur, dass wir diejenigen, die weiterentwickelt sind als wir selbst, gar nicht erkennen können. Eine Frau, die sich im Persönlichkeitsmodus befindet, kann einen spirituellen Menschen nicht als solchen wahrnehmen, denn sie kann alles nur mit dem Maßstab der Persönlichkeit messen. Eine Frau, die im männlichen Modus ist, kann eine weiblich verwurzelte Frau nicht erkennen. Ich habe es schon oft erlebt, dass intellektuelle Frauen weibliche Frauen sogar heftig abwerten und verurteilen, weil sie eben authentisch und natürlich waren und nicht den Vorstellungen einer perfekten, persönlichkeitsgeschulten Frau entsprachen.

Aus diesen Gründen ist es essenziell, dass du deinen Gefühlskörper heilst und stärkst und deine weibliche Intuition rehabilitierst. Solange deine unbewussten und unterdrückten Emotionen nicht befreit und geklärt sind, kannst du deiner Intuition nicht richtig vertrauen. Denn deine unbewussten Emotionen verzerren deine Intuition mit deinen eigenen unbewussten Inhalten. Du brauchst die Treffsicherheit deiner Intuition, damit du Menschen, Lehrer und Lehrerinnen sowie Situationen besser erfassen kannst. So bleiben dir in der Tat kaum andere Möglichkeiten, als dich um deine emotionale Heilung zu kümmern.

WEIBLICHE WEISHEIT

Es wird deine spirituelle Entwicklung sehr unterstützen, wenn du die Gegenwart von Menschen suchst, die mit ihrer spirituellen Heimat verbunden sind.

Übertragungen und spirituelle Eintrittskarten

Viele Frauen, besonders sensitive Frauen lernen überwiegend durch Übertragung. Wenn sie mit einem Menschen meditieren, der mit dem Licht verbunden ist, können sie dadurch in Kontakt mit einer für sie neuen Qualität kommen, die ihnen bis dahin fremd war. Das heißt nicht, dass sie ab sofort auf dieser neuen Ebene leben, aber zumindest haben sie diesen Zustand einmal erfahren und kennen nun die Richtung, in die sie sich entwickeln wollen. Deshalb ist es so essenziell, dass nur Frauen andere Frauen auf dem weiblichen Weg anleiten, die diese Erfahrungen integriert haben. Sonst können sie mit ihren unbefreiten weiblichen Anteilen die Entwicklung der Schülerinnen hemmen und sie in die falsche Richtung führen.

Nur sehr wenige Menschen können sich den Weg in die spirituelle Ebene selbst erschließen und ihr Wesen von Anfang an aus eigener Kraft in höhere Sphären anheben. Viele versuchen es, und diese Reisen auf eigene Faust enden dann meist in der Persönlichkeitsfalle. Als Eintrittskarte in die spirituelle Welt brauchen Menschen normalerweise einen ersten Kick, der über einen Menschen, der selbst einen Zugang zur spirituellen Welt hat, vermittelt wird. Seine spirituelle Verbindung kann dem spirituellen Selbst des Unerfahrenen den Weg weisen. Diese erste Öffnung, dieser erste spirituelle Kontakt kann auch im Traum geschehen, häufiger aber durch eine Begegnung mit einem speziellen Menschen, einem Mystiker, Guru, spirituellen Lehrer oder allgemein einem religiösen Menschen. Nahtoderfahrungen, Schockerlebnisse, Verluste oder auch sexuelle Erfahrungen können unter bestimmten Umständen ebenfalls eine spirituelle Öffnung erzeugen. Es gibt außerdem unsichtbare Helfer, die uns Menschen auf dem spirituellen Weg unterstützen. All dies löst keine Einweihungen in dem Sinne aus, dass die Schülerin es sich verdienen muss. Ein spiritueller Kick ist ein großes Geschenk des Lebens.

»Mein« Inder

Es gibt Menschen, die realisieren es sofort, wenn dieser erste Kontakt geschieht, bei anderen ist es ein unbewusster Vorgang. Es kann gut sein, dass du es erst Jahre später begreifst, wann und wo dieser Kontakt stattfand. Bei mir war das so. Mit vierzehn traf ich im Zug einen orange gekleideten Inder. Damals war das etwas sehr Ungewohntes. Irgendwie kamen wir ins Gespräch, und er schlug vor, mich am nächsten Tag zum indischen Essen einzuladen. Ich traf ihn dreimal. Jedes Mal griff er nach einer kleinen Flasche mit einem duftenden Sandelholz-Öl und rieb sehr konzentriert einen Tropfen davon auf meine Stirn. Er schenkte mir einen Talisman und ein gesegnetes Stück Sandelholz, beides trug ich jahrelang mit mir herum. Ich wusste weder, wie dieser sonderbar gekleidete Inder hieß, noch was er in Zürich machte. Erst zwanzig Jahre später entdeckte ich in einer Buchhandlung ein Buch, auf dem »mein« Inder abgebildet war. Es stellte sich heraus, dass es ein spiritueller Lehrer war, der sich selbst realisiert und viele Bücher über spirituelle Kundalini-Erfahrungen und Erleuchtung geschrieben hatte. Offenbar war er einer der großen Erleuchteten, während er mir zugleich wie ein sehr bescheidener Mann vorgekommen war.

Für die »Initialzündung« spielt es übrigens, ganz anders als bei einer spirituellen Schulung, keine Rolle, ob der Auslöser ein Mann oder eine Frau ist.

Die Reise beginnt

Häufig ist sich ein Mensch nicht darüber bewusst, dass diese erste Öffnung geschehen ist. Plötzlich interessiert er sich für neue Bereiche. Das ist meist die Phase, in der Frauen plötzlich sehr viel lesen, sich informieren und neu orientieren. Das Interesse an der spirituellen Entwicklung ist geweckt. Der erste spirituelle Funke, der übergesprungen ist, ist wie ein Lockvogel. In der Frau entsteht nun so etwas wie ein spiritueller Hunger, eine Art Heimweh. Das ganze Wesen muss sich nun für die persönliche, spirituelle Heimreise vorbereiten.

An diesem Punkt setzt dein persönlicher weiblicher Heilprozess ein. Es kann sehr gut sein, dass du deine spirituelle Verbindung für eine längere Zeit nicht mehr wahrnimmst. Das ist normal, da müssen alle durch. In dieser Phase stellst du die Weichen – du musst dich neu ausrichten und den starken Willen für den weiblichen Weg entwickeln. Jetzt kommt all das weibliche Know-how zum Einsatz, das du im Kapitel zur Reisevorbereitung bereits kennengelernt hast. Für diese Phase, die meist mehrere Jahre dauert, ist es hilfreich, mit Menschen in Kontakt zu sein, die diese Reise nicht nur kennen, sondern zudem mit der spirituellen Welt verbunden sind. Es ist in dieser Zeit also ratsam, eine Lehrerin zu finden, die dich bei deinem Vorhaben unterstützt.

Das kann dir auch über die Durststrecken hinweghelfen, die jetzt (aber auch später immer wieder) kommen werden. Du weißt, dass es »etwas anderes« gibt, du hast es vielleicht auch schon für ein paar Augenblicke erfahren dürfen, aber es entgleitet dir immer wieder. Nun kommt der erste Prüfstein. In dieser ersten Phase geht es darum herauszufinden, ob du wirklich bereit bist für die spirituelle Welt. Bist du bereit, dich für deine Entwicklung wirklich einzusetzen, bist du bereit zu lernen, Opfer zu bringen, dich zu öffnen und anzunehmen? Jede spirituelle Schulung beginnt mit dieser Phase.

Auf der weiblichen Reise ist das die Zeit, in der sich das weibliche Fundament bildet. Und das dauert so lange, wie es eben nötig ist. Es wird immer wieder Menschen geben, die dir eine Methode verkaufen wollen, die schneller und einfacher ist. Doch dein spiritueller Weg ist nicht der einfachste, schnellste oder bequemste Weg, sondern der Weg, für den du bestimmt bist, mit all den wichtigen Erfahrungen, die dich weiterbringen werden, egal wie sie sich momentan anfühlen.

Gruppen- oder Einzelreise?

Manche Frauen reisen gern allein, andere bevorzugen eine Gruppenreise. Beides hat Vor- und Nachteile. Besonders am Anfang einer Reise kann eine spirituelle Gemeinschaft sehr hilfreich sein. Es ist wichtig, von Anfang an richtig instruiert zu werden und die Grundlagen der weiblichen Selbstheilung und Meditation zu lernen. Auch der persönliche und verbindliche Direktunterricht mit einer Lehrerin ist für Frauen sehr wirkungsvoll. Sich ab und an mit anderen Frauen auf dem Weg auszutauschen, ist vor allem anfangs ebenfalls gut. Wobei es wichtig ist, sich die Frauen dazu sorgsam auszuwählen.

Ich war jahrelang in einer spirituellen Gemeinschaft und habe dadurch sehr viel gelernt, eigentlich die drei für mich wichtigsten Dinge: Ich lernte, mein Leben nach der höchsten Wahrheit auszurichten, egal was passiert. Ich habe erfahren, dass ich durch die tägliche Meditation mich selbst erkennen kann, und ich lernte, Stille zu genießen. Das mag dir vielleicht für eine Schulung, die über fünfzehn Jahre gedauert hat, sehr wenig erscheinen. Für mich waren das drei riesige Geschenke.

Eine Gruppe ist jedoch kein Ersatz für die eigene innere Arbeit. In Gemeinschaften besteht die große Gefahr, dass die Einzelnen nicht selbst an sich arbeiten und nur in der Gruppe meditieren oder praktizieren, oder vielleicht nicht einmal das. Für viele Menschen ist es einfach wichtig, dass sie dazugehören und irgendwo mitmachen können. Das ist ja auch legitim. Für die Entwicklung einer Frau ist es allerdings besonders wichtig, dass sie sich aus kollektiven Fesseln befreit. Somit muss sie lernen, sich ohne Vorbehalte auf eine Schulung einzulassen und gleichzeitig selbst die Verantwortung für den eigenen Prozess zu übernehmen. Und weil der weibliche Weg ein individueller Weg ist, gibt es auch kein Rezept, wer, wann, was, mit wem und in welcher Reihenfolge machen soll.

Frauengruppen heute

Ich möchte dich bei dieser Gelegenheit auf die gängigsten Arten von Frauengruppen aufmerksam machen, wobei heute die meisten eine Art Mischung daraus sind.

293

Experimentiergruppen: Frauen, meist Freundinnen, schließen sich zusammen, um bestimmte Themen oder Methoden auszuprobieren. Ich war früher in einigen solchen Gruppen, wir haben zum Beispiel mit dem Rebirthing und vielen Meditationsformen experimentiert. Es gibt andere Gruppen, in denen Frauen ihren Körper entdecken, und sicherlich gehören auch die Kreise der Junghexen dazu. Ich finde es sehr wichtig, dass es solche Frauengruppen gibt, die aus eigener Initiative entstehen und nicht kommerziell ausgerichtet sind.

Heilkreise: Das sind Frauengruppen, die gemeinsam für eine bestimmte Sache Heilkräfte mobilisieren. Für die weibliche Heilarbeit auf höheren Ebenen ist es notwendig, dass sie nicht von kommerziellen Absichten begleitet wird.

Tempel und Logen: Das sind verbindliche spirituelle Frauengruppen mit einer gezielten Ausrichtung und einer bestimmten höheren Aufgabe. Logen entstehen häufig im Zusammenhang mit einer Mysterienschule.

Satsang: Satsang ist eine östliche Tradition, die auch bei uns im Westen immer populärer wird. Eine Gruppe von Menschen trifft sich, um mit einem spirituellen Lehrer oder einer Lehrerin in Stille zu meditieren. Es spielt dabei keine Rolle, ob der betreffende Lehrer als erleuchtet gilt oder nicht. Es ist immer gut, wenn du eine Gelegenheit findest, dich spirituell auszurichten und zu meditieren.

Schulungen: Das sind Gruppen, in denen Frauen gezielt Unterricht oder Unterweisung erhalten, um etwas Neues zu lernen wie zum Beispiel weibliche Selbstheilung, spirituelle Ausrichtung, autogenes Training, Meditation, Kräuterheilkunde und so weiter.

Selbsterfahrungsgruppen: Diese Gruppen dienen meist dazu, neue Erfahrungen zu machen. Idealerweise finden sie in einem spirituellen Umfeld statt. Es gibt diese Gruppen mit oder ohne Leitung. Die Gruppenleiter sollten therapeutisch geschult sein. Selbsterfahrungsgruppen sind keine Therapie- oder Heilgruppen, und Frauen, die daran teilnehmen, sollten gesund und relativ stabil sein. Sie brauchen Kraft für die neuen Erfahrungen.

Selbsthilfegruppen: Gleichgesinnte treffen sich hier zum Austausch von Erfahrungen und um sich gegenseitig zu stützen.

Therapiegruppen: Solche Gruppen werden von Therapeuten geleitet, die meist mit einer bestimmten Methode arbeiten. Solche Gruppen sind generell nicht die optimale Unterstützung für die weiblichen Heilprozesse und die Heilung der weiblichen Sexualität. Sie eignen sich jedoch für Suchtprobleme, Zwänge und viele andere Störungen der Persönlichkeit sowie als Stütze in einer ernsthaften Krisensituation. Auch für Probleme der männlichen Sexualität können Therapiegruppen hilfreich sein.

Egal, welche Gruppe sich eine Frau auswählt, Weiblichkeit benötigt geschützte, intime und stille Räume der Heilung. Das sind Orte, die es nur im Inneren einer Frau wirklich gibt. Sich einer Gruppe anzuschließen, sollte nie ein Ersatz für die individuelle innere Heilarbeit sein.

Gruppenseelen

Jeder Mensch hat eine individuelle Seele. Es gibt aber auch größere Seelen, jede Tierart zum Beispiel hat eine eigene Gruppenseele. Dann zeigen alle Tiere, die sich in einem bestimmten Seelenbund befinden, identische Verhaltensmuster und machen eine sehr ähnliche Entwicklung durch. So gibt es eine Gruppenseele der Hamster oder der Löwen etc. Die Gruppenseele als Ganzes entwickelt sich dabei auch ständig weiter.

Ich züchte Abessinerkatzen, eine Nachbarin von mir, eine Bäuerin, züchtet Bauernkätzchen. Meine Abessinerkatzen sind seit vielen Generationen Hauskatzen. Alle kleinen Kätzchen machen ihren ersten Ausflug, wenn sie die Wurfkiste das erste Mal verlassen, zum Katzenkistchen, um dort ihr Geschäftchen zu erledigen. Unabhängig davon, ob ihre Mutter ihnen das vormacht oder nicht, auch unabhängig vom Geruch. Um das zu untersuchen, hatte ich einmal ganz neue Kistchen hingestellt, die keinen Geruch hatten. Auch dann torkelten die Kleinen direkt dorthin. In all den Jahren hat mir noch kein Kätzchen auf den Boden gemacht. Die Bauernkätzchen meiner Nachbarin sind da anders: Die machen ihr Pipi und ihr Häufchen am Anfang irgendwohin, obwohl auch sie immer eine Kiste haben. Bei allen Abessinierzüchtern, die ich kenne, ist es genauso wie bei meinen Kleinen. Für mich ist das ein Beispiel für die Entwicklung einer Gruppenseele: Plötzlich bildet sich ein neues Verhaltensmuster heraus, das sich auf alle Tiere der entsprechenden Gruppenseele auswirkt, egal wo diese sind. Dieses Phänomen wurde auch schon von Wissenschaftlern bei gewissen Affengruppen beobachtet.

Gruppengeist

Immer wenn sich eine Gruppe gleich oder ähnlich gesinnter Menschen zusammenschließt, entsteht nicht direkt eine Gruppenseele, aber etwas Vergleichbares. Im Deutschen wird dieses Phänomen oft als Gruppengeist bezeichnet. Er entsteht, wenn sich mehrere Menschen für einen bestimmten Zweck zusammentun. Vom Sport kennst du den Begriff Teamgeist für das, was die verschiedenen Teilnehmer der Gruppe miteinander verbindet. Mit der Zeit kann ein Gruppengeist so stark werden, dass er wie beseelt wirkt und eine Art Eigendynamik entwickelt. In einer spirituellen Gruppe ist es besonders wichtig, dass diese Vorgänge von zumindest einer Person von Anfang an bewusst gelenkt und kontrolliert werden.

Alle spirituellen Gruppierungen, Sekten, Religionen, ebenso auch Länder oder Rassen haben eine Art eigenen Geist oder ein eigenes größeres Bewusstsein. Ein solches Gedächtnis, eine solche Seele kann die Einzelnen, die dazugehören, beschützen, unterstützen, beeinflussen oder auch abhängig machen, je nachdem wie diese Gruppenseele geprägt wurde und worauf sie orientiert ist.

Es gibt Gruppen, die zufällig und ohne Bewusstsein entstehen, und andere, von denen die Gruppenseele bewusst geprägt, genährt und eingesetzt wird. Über den Gruppengeist können die Einzelnen sogar von Außenstehenden beeinflusst werden, wenn diese Kontakt mit dem höheren Gruppenbewusstsein aufnehmen. Das ist besonders leicht möglich, wenn eine Gruppe ohne Schutz arbeitet und niemand der dazu Gehörenden in der Lage ist, die Verantwortung für die Gruppe auch auf dieser Ebene zu übernehmen. So können plötzlich fremde Energien eindringen und sich an die unbewussten Anteile der Teilnehmer andocken. Wie es unsichtbare Helfer gibt, gibt es auch unsichtbare Wesenheiten, die Menschen gekonnt für das Erreichen ihrer Machtziele benutzen. Das kommt nicht sehr häufig vor, aber es kommt vor, und ich habe schon einige betroffene Frauen in meiner Praxis gesehen.

Auch deshalb ist es wichtig, spirituelle Methoden niemals aus dem Zusammenhang gerissen, losgelöst von einer spirituellen Schulung zu lernen, anzuwenden und weiterzugeben.

Auch mit schamanischer oder magischer Arbeit, überhaupt mit allen Bereichen der Heilung muss sehr sorgfältig umgegangen werden.

In Gruppen ist es wichtig, dass zumindest eine Person gut geschult ist und bewusst mit diesen Phänomenen umgehen kann. Ich möchte dir keine Horrorgeschichten auftischen. Auf meiner langen spirituellen Reise, bei meiner Heilarbeit und besonders auch durch meine Arbeit in der Psychiatrie habe ich viele Frauen erlebt, die von Fremdenergien besetzt waren und dadurch krank wurden. Ich habe dabei viele Dinge gesehen und erlebt, die ich nie für möglich gehalten hätte. Deshalb setze ich mich auch so sehr dafür ein, dass Frauen lernen, für ihre eigene Entwicklung Verantwortung zu übernehmen, sich gründlich schulen und sich für die Arbeit in der unsichtbaren Welt qualifizieren, wenn sie einen spirituellen Weg gehen wollen.

Geschützte Räume

Lässt sich eine Frau auf ihre weibliche Heilung und spirituelle Schulung wirklich ein, erhält sie dadurch auch einen gewissen Schutz, was immer sehr wertvoll ist. Eine Mysterienschule bietet ihren Schülerinnen einen sicheren Rahmen für ihre innere Arbeit. Sie sorgt für einen umfassenden Schutz auf den verschiedenen Ebenen. Wenn ich mich mit einer Gruppe von Frauen für einen längeren Prozess, eine Jahresgruppe etwa, ein Training oder ein Heilprojekt zusammenschließe, nehmen wir uns zu Beginn des Projektes immer viel Zeit, um unseren Rahmen zu definieren. Wir versprechen uns gegenseitig, die getroffenen Abmachungen einzuhalten. Dabei ist auch Diskretion stets ein wichtiger Punkt, die Frauen möchten nicht, dass Einzelheiten über sie oder die Arbeit in der Gruppe ausgeplaudert werden. Wenn sich Frauen für ein solches Projekt zusammentun, entsteht auch eine Gruppenseele. Und jedes Mal, wenn eine Frau gegen die Abmachung der Gruppe handelt und die Intimität des gemeinsamen Heilraumes nicht respektiert, entwickelt sich eine Art Eigendynamik der Gruppenseele, die die Frau langsam, aber sicher ins Abseits manövriert. Über kurz oder lang verlassen solche Frauen die Gruppe, es ist, als würde die Gruppenseele sie abstoßen. Die anderen können dann in einer heilsamen Ausrichtung weitermachen.

Östliche oder westliche Wege?

Viele westliche Menschen suchen ihr Glück in östlichen Traditionen. Bei mir war das genauso, ich verbrachte einen großen Teil meines Lebens als Schülerin eines indischen Gurus. Ich ging nach Indien, um meinen spirituellen Hunger zu stillen. Von meinem Lehrer wurde ich allerdings auf die erbarmungslose Suche nach mir selbst geschickt. Ich bin sehr dankbar, dass Osho nicht in irgendeiner Tradition verwurzelt war. Er war ein freier Geist und predigte weder Dogmen noch neue Lehren. Das Einzige, was Osho seinen Schülern empfahl, war die tägliche Meditation. Ich konnte dabei selbst bestimmen, wie ich meditieren wollte. So hatte ich für meine Suche den Freiraum, den ich benötigte.

Osho war einer der ersten östlichen Lehrer, der spezielle Methoden für westliche Menschen entwickelte. Im Jahr 1978, als ich das erste Mal in Indien war, waren sehr viele indische Schüler und auch einige Japaner im Ashram. Interessanterweise durften sie nicht dieselben Meditationstechniken anwenden, die uns Westlern gezeigt wurden. Jung wie ich damals war, interessierten mich die Gründe dafür nicht sehr brennend. Ab und zu konnte ich jedoch beobachten, wie ein Inder oder Japaner, der diese Anweisung nicht befolgte, total ausflippte und in einen unkontrollierbaren kathartischen Zustand geriet. Manchmal wurde daraus sogar eine Psychose. Da ich in dieser Zeit in der Krankenstation des Ashrams arbeitete, konnte ich diese eindrücklichen Zustände hautnah miterleben.

Wie Osho seine östlichen Schüler vor westlichen Methoden warnte, warnte C. G. Jung westliche Menschen eingehend davor, östliche Wege zu gehen – nachzulesen insbesondere im einleitenden Text zum Klassiker *Geheimnis der Goldenen Blüte*, das er gemeinsam mit Richard Wilhelm herausgab. Heute kann ich die Empfehlungen dieser beiden weisen Männer, Osho und Jung, sehr gut nachvollziehen und weiß sie sehr zu schätzen.

Wichtige Umwege

Eine spirituelle Suche eröffnet dir Schicht um Schicht deines Wesens, bis du in Kontakt mit deinen spirituellen Wurzeln bist. Dann geht es erst richtig los, denn dann bist du mit der inneren Welt verbunden und bekommst von dort sehr viel Unterstützung, um immer mehr Verantwortung für dich und deine Umgebung zu übernehmen. Diese Verbindung ermöglicht es dir auch, immer klarer zu erspüren, wohin du gehörst.

Obwohl ich mich mit den östlichen Wegen zutiefst verbunden fühle und mich auch Jahrzehnte tief mit der östlichen Mystik und Spiritualität auseinandersetzte, musste ich feststellen, dass meine spirituelle Heimat und auch mein Arbeitsfeld ganz woanders liegen. Eine wichtige Phase meiner spirituellen Suche war die langjährige persönliche Auseinandersetzung mit der taoistischen Tradition. Durch die dort angewandten Praktiken wurden Anteile in mir aktiviert, die mich sehr befremdeten und die für meine spirituelle Entwicklung als Frau hinderlich wurden. Je tiefer ich dieses Phänomen in mir beobachtete, umso klarer wurde mir, dass durch meine taoistischen Praktiken nicht nur etwas in mir vermännlicht wurde: Da veränderte sich etwas in mir auf einer sehr subtilen Ebene, es blockierte meine spirituelle Entwicklung und zog mich in eine andere Richtung, die mit mir nicht übereinstimmte, die mich nicht nach Hause brachte, sondern mich von mir selbst entfernte.

Ich schreibe das nicht, um die östlichen Methoden schlechtzumachen, sondern um meine Erfahrungen mit dir zu teilen und dich zu inspirieren, immer wieder genau zu überprüfen, was du tust. Egal auf welchem Weg wir uns befinden, wir müssen immer wieder den Mut aufbringen, uns und unsere Aktionen infrage zu stellen. Auf deinem spirituellen Weg zählt nur das, was wahrhaftig ist und deine Individualität hervorbringt.

Um meinen spirituellen Weg vertiefen zu können, blieb mir keine andere Wahl, als mich konsequent von der taoistischen Tradition zu distanzieren, obwohl ich zu diesem Zeitpunkt schon sehr viel Zeit, Kraft und auch Geld in diesen Weg investiert hatte. Durch meine sexologische Heilpraxis, in der die chinesische Medizin und Ernährungslehre wichtige Instrumente geworden waren, war ich auf allen Ebenen mit dem Tao verwoben, und oberflächlich betrachtet schien es prima zu funktionieren. Meine Praxis lief super, ich war beruflich sehr erfolgreich, wurde für Vorträge engagiert, zu Kongressen eingeladen und von den Medien immer wieder als Fachfrau konsultiert.

Doch was nützte das? Ich spürte zusehends, dass in meiner stillen Meditation etwas nicht stimmte. Meine Verbindung zur spirituellen Welt wurde immer schwächer. Irgendetwas in mir schien sich nicht optimal zu entwickeln, obwohl ich mir immer genügend Raum für meine Meditation einräumte. Ich begann zu realisieren, wie verletzend die taoistischen Energieübungen, auch die stillen und sanften, für meine Weiblichkeit waren. Sie waren einfach nicht mit meinem spirituellen Weg zu vereinen. Eine ganze Zeit lang wollte ich diese Feststellungen nicht wahrhaben und versuchte, meine innere Stimme zu verdrängen, aber das funktionierte nicht. So ging ich der Sache auf den Grund.

Ich realisierte, dass mich das Eintauchen in die taoistischen Praktiken mit der chinesischen Kultur und den dazugehörigen kollektiven Kräften in Kontakt brachte, insbesondere auch mit der verletzten, unterdrückten chinesischen Weiblichkeit. Je mehr ich meinen weiblichen Heilprozess vertiefte, umso mehr realisierte ich, dass meine Weiblichkeit in der westlichen Welt verwurzelt ist: Für mich wurde es wichtig, die kulturellen Wunden zu heilen, die mir durch das Blut, die Erziehung und die religiösen Prägungen mitgegeben wurden. Das alles trug ich in jeder meiner Zellen, und es war meine größte Verantwortung, das in mir zu heilen. Wir Frauen haben nicht nur die Aufgabe, uns um unsere persönlichen Wunden zu kümmern, auch die kulturellen und spirituellen Wunden müssen geheilt werden. Die kollektiven Missverständnisse und Manipulationen an der Weiblichkeit müssen dabei dort aufgelöst werden, wo sie auch entstanden sind. Solange ich als Europäerin die in einer christlich geprägten Gesellschaft entstandenen Wunden nicht heilen kann, wird es mir auch nicht möglich sein, die weiblichen Wunden, die mit der chinesischen, indischen oder irgendeiner anderen Tradition zusammenhängen, in irgendeiner Weise positiv zu beeinflussen. Eher werden diese Verletzungen meinen Weg zusätzlich blockieren. Genau so hatte ich es erlebt.

Als ich all das klar sehen konnte, entschloss ich mich, mich vorbehaltlos für meine weibliche Heilung einzusetzen. Und über Nacht fühlte ich, dass ich wieder mit der Stille und dem Licht verbunden war. Ich wurde wieder von meiner inneren

Stimme geführt und meine Gebärmutter jauchzte. Aber die Rehabilitierung meiner Weiblichkeit dauerte um einiges länger. Meine weibliche Heilung führte mich zurück zu meinen spirituellen Wurzeln und in meine spirituelle Heimat.

Ich beschreibe diese Dinge hier nicht in der Meinung, dass es für dich genauso sein wird. Du bist eine andere Frau und gehst deinen eigenen Weg. Dabei solltest du dich immer wieder überprüfen und ab und zu die Richtung korrigieren, denn auch dein spiritueller Weg darf sich verändern. Das gilt jedoch nur, wenn du wirklich praktizierst und dich auf deinen weiblichen Weg einlässt. Viele Frauen wechseln ständig die Richtung, weil sie auf einen bequemeren Weg hoffen, der nichts von ihnen verlangt.

Die spirituelle Suche ist eine tiefe Auseinandersetzung mit verschiedenen Realitäten. Um die eigene Heimat zu finden, braucht es meist eine längere Phase der Suche. Spirituelle Praktiken sind immer eine tiefe existenzielle Auseinandersetzung mit sich und dem Leben. Durch deine Meditation entsteht in dir Klarheit, es vollzieht sich eine Transformation – und bei all dem solltest du dich wohlfühlen.

WEIBLICHE WEISHEIT

Dein spiritueller Weg hat nichts mit Anpassung an ein System zu tun. Weibliche Spiritualität bedeutet, einfach nur das zuzulassen, wozu du bestimmt bist.

Im Westen

Auch im Westen wurde die weibliche Spiritualität lange Zeit unterdrückt, es wurde sogar versucht, sie auszurotten, man denke nur an die Inquisition. Doch beispielsweise in Form der Schwarzen Madonna blieb sie bis heute erhalten. Die

Schwarze Madonna ist wie Isis die weibliche Urmutter, das göttliche weibliche Prinzip, sie symbolisiert die weiblichen Kräfte schlechthin. Noch heute wird sie an vielen Plätzen in Europa und Südamerika verehrt und gefeiert. Für viele Menschen, Männer und Frauen, ist sie noch heute die persönliche Kraftquelle und große Beschützerin, der sie regelmäßig Respekt und Opfer darbringen.

Ich bin der Überzeugung, dass unterschiedliche Menschen unterschiedliche Zugänge zur spirituellen Welt haben. Schließlich haben wir alle ja auch ganz unterschiedliche spirituelle Aufgaben zu lösen. Diese werden mit unserem Blut von einer Generation an die nächste weitergegeben, und bestenfalls löst jede ein Stück davon. Um in Kontakt mit deiner spirituellen Aufgabe zu kommen, musst du erst deine spirituelle Heimat finden. Du musst wissen, durch welche Tradition du wieder in Kontakt mit ihr kommst.

Wir haben heute das große Glück, in einer Zeit zu leben, in der es Bücher gibt, in der du reisen und Menschen aus der ganzen Welt treffen kannst. Diese vielfältige Auseinandersetzung kann dir helfen, deine Heimat zu finden, um so wieder mit dem verborgenen Licht, der dunklen Sonne, der Mystischen Rose, der Großen Göttin (oder wie auch immer du die tiefe spirituelle Ebene nennen möchtest) in Kontakt zu kommen. Die Flamme deines Bewusstseins wird dir den Weg weisen, bis du mit deiner geistigen Welt verbunden bist.

Lehrerinnen und Schulen

Für moderne Frauen ist spirituelle Schulung eine sehr delikate Sache. Sich verbindlich auf eine solche Unterweisung einzulassen und sich gleichzeitig auf den eigenen weiblichen selbstbestimmten Heilprozess zu fokussieren, scheint für Frauen heute zunehmend schwieriger. Frauen wollen ihre Freiheit genießen und die unendlichen Möglichkeiten, die ihnen das Leben bietet, auskosten. Sie wollen ihr eigenes Ding machen. Das ist für die weibliche Heilung auch wichtig. Doch auf unserem Planeten ist zurzeit so viel los, dass es schwierig wird, die eigene Ausrichtung nicht aus den Augen zu verlieren. Eine Aufgabe einer spirituellen Lehrerin ist es, Frauen immer wieder an ihr Vorhaben und ihre Aufgabe zu erinnern. Sie ist dazu da, den Frauen, die dafür bereit sind, alte Weisheiten und die Kräfte, die durch sie wirken, zugänglich zu machen. Sie unterstützt Frauen, damit sie ihre eigene spirituelle Heimat wiederfinden.

Die Menschheit befindet sich in ständigem Wandel. Jede Zeit bringt andere Probleme mit sich. Eine spirituelle Schulung muss deshalb zeitgemäß und speziell in der heutigen Zeit auf die Probleme und das Potenzial von Frauen abgestimmt sein. Viele Frauen lassen sich meiner Überzeugung nach deshalb nicht gern langfristig auf eine Schulung ein, weil die meisten modernen und traditionellen Lehren auf die Entwicklung einer männlich geprägten Spiritualität ausgerichtet sind. Viele Frauen haben genug davon, Wege zu gehen, die nicht wirklich für sie bestimmt sind. Sie wollen nicht länger mit spirituellen Ideologien und ungreifbaren Theorien abgespeist werden. Viele Frauen haben die verlogene Scheinheiligkeit allmählich satt. Ganz sicher gibt es auch deswegen relativ wenige Frauen, die gern meditieren, weil die Methoden nicht auf den weiblichen Prozess abgestimmt sind. So passiert dann bei Frauen immer total viel, jedoch kaum etwas Wesentliches. Ich kann da nur raten – und tu es mit jedem Satz dieses Buches: nicht die Flinte ins Korn werfen! Jede Frau muss in ihrem eigenen Inneren weitersuchen, bis sie die geeignete Schulung und den geeigneten Weg findet.

Egopower im spirituellen Gewand

Auf der Suche nach einer geeigneten Lehrerin ist natürlich äußerste Sorgfalt angebracht. Einige Menschen können sich temporär bewusst mit der spirituellen Welt verbinden. Andere befinden sich ständig in einem erleuchteten Zustand. Es gibt aber auch die machthungrigen, die nur eine »erleuchtete« Persönlichkeit haben. Das sind Menschen im Persönlichkeitsmodus, die ihre Persönlichkeit mit bestimmen Techniken bewusst mit Kraft aufladen, mit Licht umhüllen und dadurch eine sehr starke Egopower entwickeln können. Der begnadete spirituelle Heiler Alan Hopking nennt solche Menschen, die mit ihrer Egopower wirken, »Arbeiter der schwarzen Loge«. Das scheint ein heftiger Begriff zu sein, der aber durchaus seine Berechtigung hat. Es sind immer sehr beeindruckende Menschen mit einer starken Persönlichkeit, die in der Lage sind, auf der körperlichen Ebene sogenannte Wunder zu vollbringen. Auf der materiellen Ebene sind sie viel stärker und erfolgreicher als irgendein spiritueller Heiler. Besonders Neulinge auf dem Weg lassen sich leicht von solchen Menschen beeindrucken. Diese sind wegen ihrer charismatischen Ausstrahlung und der damit verbundenen Egopower schließlich meist auch sehr populär. Es ist nur so, dass sie nicht deinen göttlichen Funken oder dein spirituelles Selbst ansprechen, sondern deine eigene Egopower und deine Persönlichkeit aktivieren.

Männliche Helfer

Vor etwa vierzehn Jahren besuchte ich einen Vortrag von Alexander Lowen, dem Vater der Bioenergetik. Die Befreiung der sexuellen Energie ist ein wichtiger Teil dieser Therapiemethode. Lowen war damals schon über neunzig Jahre alt. Am Ende des Vortrags fragte ich ihn, ob er Unterschiede in der Arbeit mit Männern und Frauen bemerke. Er antwortete: Mit Männern oder Frauen zu arbeiten, das mache absolut keinen Unterschied. Das war seine Ansicht, die ich zur Kenntnis nahm. Nach dieser Antwort aber wurde es laut im Saal, empörte Frauen begannen zu buhen: Das sei falsch, so was dürfe er nicht sagen. Doch wie kommt jemand dazu zu behaupten, dass die Erfahrungen eines anderen falsch seien? Hier ging es um die Erfahrungen eines neunzigjährigen Mannes. Seine Aufgabe war nicht die Rehabilitation der Weiblichkeit, er hatte einen anderen Auftrag. Und vor allem gehört seine Arbeit zu einer anderen Zeit.

Ich kenne sehr viele männliche Therapeuten, Chi-Kung- und spirituelle Lehrer. Interessanterweise sind bis jetzt alle, die ich getroffen habe, der Ansicht, dass sie sich sehr für die Arbeit mit Frauen eignen und dass kein wirklicher Unterschied bestehe. Den wahren Grund für diese Annahme sehe ich allerdings vor allem darin, dass diese Männer ohne die Frauen nicht genügend Schüler hätten. Frauen zu unterrichten, sie zu heilen oder ihnen zu sagen, wo es langgeht, von ihnen aufs Podest gehoben zu werden, das ist süßester Balsam für das männliche Ego. Ich nenne dieses Phänomen das beliebte Guru-Syndrom. Und welcher Mann liebt die Guru-Rolle nicht? Männer haben ohne Zweifel ihre Qualitäten auf den unterschiedlichsten Ebenen. Frauen auf ihrem spirituellen weiblichen Weg zu unterstützen, gehört lediglich nicht zu ihrer männlichen Aufgabe.

Spirituelle Märchenprinzen

In der Zeit der großen Täuschung sind Spiritualität und Esoterik zum kommerziellen Zugpferd geworden. Esoterische Megaevents oder Kongresse locken Tausende von Besuchern an, die die großen Shows der spirituellen Stars und der Startherapeuten bewundern. Ich bin kein Showgirl, solche Großauftritte lassen mein Herz nicht wirklich höher schlagen. Für mich sind solche energetisch sehr chaotischen Events meist eine Belastung. Hin und wieder, in einer schwachen Minute, kommt es jedoch vor, dass mich ein Veranstalter oder Verleger trotzdem für einen Kongressauftritt gewinnen kann. So war das auch vor ein paar Jahren in Rimini. Ich lebte fast ein Jahr lang in Italien und zudem über zehn Jahre im italienischen Teil der Schweiz, so ist es für mich immer wieder ein besonderes Vergnügen, mit Italienern zusammenzukommen. Diese Einladung für einen Kurztrip nach Rimini kam da zum richtigen Zeitpunkt. Es war Frühling, und zudem wollte ich ein paar Schuhe kaufen. Wegen meines Buches, das auch in Italien publiziert wurde, habe ich in Mailand schon Vorträge und Seminare gehalten. So war ich ein bisschen auf das, was mich in Rimini erwarten würde, vorbereitet.

Doch dieser esoterische Kongress übertraf alles, was ich in diesem Bereich schon miterlebt hatte. Ich bereue es heute sehr, dass ich damals noch keine Kamera hatte. Nur schon der Aushang war diese Reise wert: Da wurden die internationalen Hardcore-Esoteriker wie Popstars präsentiert. Die blonde Sexologin aus der Schweiz (ich) war im Zentrum des großen Plakates zu sehen, umringt von einer Handvoll hochspiritueller Gurus aus aller Welt. Meine Lippen waren für dieses Plakat mit einem grellen Pink nachkoloriert worden. Ich traute meinen Augen kaum: Ich wirkte wie so eine poppige »Esonudel«. Dieses bizarre Poster bewahre ich seither auf, damit ich später im Altenheim etwas zum Lachen habe. Inzwischen hat Italien in dieser Hinsicht übrigens von den osteuropäischen Staaten große Konkurrenz bekommen.

Ich versuche alles, was in meinen Möglichkeiten steht, um

Frauen zu unterstützen, damit sie in ihre eigene Kraft kommen und ihre eigene weibliche Spiritualität entdecken. Aber wehe, es kommt ein originell gekleideter Guru oder Geistheiler daher, der seine Kunststückchen vorführt – dann ist es um die Mädels geschehen. Sie kippen reihenweise um: »Es gibt ihn doch, den spirituellen Märchenprinzen, der mich verzaubert und von allem Leid und Übel befreit.« Die Verzückung ist groß, die Erleichterung immens: »Ich muss es doch nicht selbst machen.«

Ich mag und respektiere Männer für das, was sie sind. Ich kann auch begreifen, warum Männer gern Gurus, Lehrer oder Therapeuten von Frauen sind. Um Frauen auf dem Weg der weiblichen Heilung zu unterstützen, sind Männer jedoch nicht wirklich geeignet. Ob du es glaubst oder nicht: Es gibt tatsächlich Männer, die vorgeben, nach meinen Frauenbüchern zu arbeiten. Und noch unglaublicher ist, dass es tatsächlich Frauen gibt, die ihnen das glauben.

WEIBLICHE WEISHEIT

Es ist erschreckend, wie viele Frauen heute noch ihre weibliche Spiritualität nach Männern ausrichten. Solange es so wenig Frauen gibt, die authentische weibliche Spiritualität vorleben, wird das wohl so bleiben.

Frauen sind es einfach seit Jahrhunderten gewohnt, ihr Leben nach Männern und männlichen Autoritätspersonen auszurichten. Die Zeit ist reif, diese alten verstaubten Gewohnheiten zu durchbrechen. Weibliche Wege zu gehen bedeutet in keiner Weise männerfeindlich, sondern einfach realistisch und verantwortungsvoll zu sein.

Echte Unterstützung finden

Im Moment gibt es relativ wenige Lehrerinnen oder Schulen, die dich für den weiblichen Prozess unterweisen und einweihen können. Aber es gibt sie. Nimm dir Zeit dafür, deine Lehrerin oder Schule zu finden. Viele Frauen wirken im Verborgenen. Deshalb sind die wirklichen Lehrerinnen nicht unbedingt in einem Glanzprospekt zu finden, sondern du kreuzt irgendwo ihren Weg. Eine Frau braucht nicht Hunderte von Schülerinnen zu haben, um eine gute Lehrerin zu sein, im Gegenteil.

Finde zuerst heraus, wohin du möchtest, und konzentriere dich darauf, spirituelle Hilfe zu bekommen. Wenn du in der spirituellen Welt um Hilfe bittest, wirst du sie bekommen. Sei offen für unerwartete Angebote. Spirituelle Lehrerinnen sind nicht so, wie du denkst oder wie du dir das wünschst. Sie funktionieren nicht so, wie du es von professionellen Lehrern oder Therapeuten, deinen Trainern für Persönlichkeitsentwicklung oder deinem Coach gewohnt bist. Sie sind nicht dazu da, deine Erwartungen zu erfüllen oder dich zu trösten, und sie sind auch keine Vertreterinnen der gesellschaftlichen Verhaltensformen. Sie sind weder Politikerinnen noch arbeiten sie nach einem berechneten PR- oder Businessplan. Sie sind ganz normale unperfekte Menschen, die so sind, wie sie sind. Weil spirituelle Lehrerinnen (und genauso spirituelle Lehrer) authentische, individuelle Menschen sind, sind sie niemals so perfekt, wie es andere Menschen vorgeben zu sein.

Eine spirituelle Lehrerin bereitet dich auf deine weibliche Verantwortung vor und hilft dir, dich für die verschiedenen Welten, Sphären, Zustände und Modi zu sensibilisieren. Sie hilft dir, die Täuschungsmanöver deiner Persönlichkeit zu erkennen, und benutzt dazu auch sehr ungewöhnliche Methoden, wenn das nötig wird. Sie bringt dir bei, dich in der unsichtbaren Welt zu bewegen, und unterstützt dich, deinen eigenen Weg mit Hingabe zu gehen. Eine Lehrerin kann nur mit Schülerinnen arbeiten, die dazu auch bereit sind und wirklich lernen wollen. Ich kenne das aus meiner Arbeit: Viele Frauen wollen mich als Lehrerin, sind aber in keiner Weise bereit, die Hausaufgaben zu machen, die ich ihnen erteile. Und dann sind sie erstaunt, dass ich nicht gewillt bin, meine kostbaren Schätze mit ihnen zu teilen, und sie weder zu Heilerinnen ausbilden noch in die weiblichen Mysterien einweihen darf.

Es geht nur um dich

Du wirst auf der irdischen Ebene niemals langfristig einen perfekten Lehrer oder eine perfekte Lehrerin finden, denn Menschen sind Menschen. Jeder Guru, erleuchtet oder nicht, ist ein Mensch. Und das ist gut so, denn es wirft dich auf dich zurück: Du allein bist für deinen Weg verantwortlich. Aus diesem Gefühl heraus ist es dann sinnvoll, sich einem Lehrer anzuvertrauen.

Es gibt Lehrer mit einer guten und andere mit einer eher ungeeigneten Motivation, auch das ist kein Geheimnis. Manche sind als Menschen nicht sehr glaubwürdig, aber sie sind fantastische Lehrer. Es ist daher reine Zeitverschwendung, den Lehrer, die Lehrerin oder überhaupt andere Menschen zu analysieren. Viel wichtiger ist es, sich selbst zu ergründen und die eigenen Beweggründe zu erkennen. Viel wichtiger ist es für dich, dass du dein Ziel und deine spirituelle Heimat findest. Denn du möchtest vor allem anderen wachsen und dich entwickeln, du kannst also überall und mit jedem wichtige Erfahrungen machen und mehr über dich erfahren. Es werden zu viele Frauen missbraucht und verheizt, weil sie aus Unwissenheit und Naivität anderen Menschen mehr vertrauen als sich selbst. Diese Falle solltest du umgehen.

WER BIN ICH?

Lass deine spirituelle Suche und die Suche nach der geeigneten Lehrerin von den folgenden drei Punkten bestimmen, sie werden dich auf deinem weiblichen Weg immer schützen:

- deine persönliche spirituelle Ausrichtung,
- deine Authentizität und Wahrhaftigkeit und
- dein beständiges Streben, dich selbst zu erkennen.

WEIBLICHE WEISHEIT

Eine Gruppe zu leiten ist um einiges anspruchsvoller, als es oberflächlich betrachtet aussieht.

Esoterisches Kuddelmuddel

Bei der Vielfalt, die uns heute zu Füßen zu liegen scheint, besteht die Gefahr, sich völlig zu verzetteln. Es gibt die unterschiedlichsten spirituellen Wege und Traditionen. Jede Tradition, jeder Kult und jede Kirche ist bewusst oder unbewusst mit der unsichtbaren Welt verbunden. Jede Gruppierung speichert gewisse Erfahrungen und Eigenheiten. Die Praktiken, die frau in einer Gruppe oder von einem Lehrer erlernt, sind wie die Spitze eines Eisbergs. Darunter verbergen sich bei einer echten Mysterienschule Symbole, Kräfte, Erfahrungen, unsichtbare Helfer und noch vieles mehr. Je nach Schule und Richtung wirst du auf unterschiedliche Weise instruiert, etappenweise tiefer in die unsichtbare Welt einzutauchen und die inneren Schleier zu lüften. Das braucht Zeit und ein tiefes Einlassen auf die Schulung.

Wenn du zum Beispiel Yogaschülerin bist und regelmäßig deine Yogaübungen und Meditationen absolvierst, entsteht in dir eine innere Verbindung zur großen Yogaseele: eine Verbindung zu den Yogis, die den Weg vor dir schon gegangen sind. Darüber bekommst du auch die Kraft, den Weg einer Yogini zu gehen. Selbstdisziplin und die Kontrolle über Körper, Gefühle und Gedanken zu erlangen sind wichtige Bestandteile dieses Weges. Yoga ist nicht der weibliche Weg zur Essenz. Er wird das auch nie werden, denn das entspricht ihm nicht. Statt das zu akzeptieren, versuchen heute viele Yogalehrerinnen, ihren Unterricht mit anderen Methoden etwas aufzulockern, vermutlich damit sich ihr Angebot besser verkauft oder aber weil sie selbst merken, dass der Yogaweg für sie nicht wirklich funktioniert.

Wann immer Yogalehrerinnen mit einem solchen Anliegen in meine Seminare kommen, rate ich ihnen dringend davon ab: Denn erstens bin ich der Ansicht, dass ein Seminar niemals ausreicht, um einen Weg zu erlernen, speziell den weiblichen Weg, und ihn dann gleich an Schülerinnen weiterzugeben. Zweitens halte ich diese beiden Wege energetisch und ideell für nicht kompatibel, sie würden sich in ihrer Wirksamkeit bestenfalls gegenseitig aufheben. Ich erachte Yoga als einen hochspirituellen Weg, wenn es nicht auf ein körperliches Fitnesstraining oder auf Schwangerschaftsvorbreitung reduziert wird. Die Yogaübungen zielen darauf ab, den Körper zu kontrollieren und zu meistern. Der weibliche Weg ist aber der Weg der Hingabe. Ein Yogi sublimiert seine Sexualität, auch das entspricht nicht dem Weg der weiblichen oder der sexuellen Heilung. Das sind grundlegende Unterschiede, die nicht ignoriert werden dürfen.

Wie der chinesische wurde auch der Yogaweg nicht für westliche Frauen entwickelt. Deshalb macht es wenig Sinn, Yoga mit anderen Methoden wie Tanz, emotionaler Heilung oder westlichen Therapiemethoden zu vermischen. Das Gleiche gilt auch für den Buddhismus und andere Traditionen. Es ist sehr ungünstig, sich auf verschiedene Prozesse, Traditionen oder Methoden gleichzeitig einzulassen. Die spirituelle Welt verlangt, dass du dich für einen Weg entscheidest.

Viele Frauen üben heute Tai Chi oder Chi Kung und sind darüber mit der chinesischen Seele verwoben. Dann machen sie eventuell noch Reiki und arbeiten mit Symbolen, die tief in ihr Wesen eingeprägt werden, und übers Wochenende werden sie zur Heilerin, einfach so – und wieder haben sie sich mit einer anderen Seele verbunden. Dann nehmen sie an buddhistischen Retreats teil, was sie wieder mit einer Seele verknüpft, und lassen sich dabei vielleicht sogar vom Rinpoche einweihen – eine weitere Energie im von der Persönlichkeit inszenierten esoterischen Kuddelmuddel. Frauen müssen sich im Männlichkeits- oder Persönlichkeitsmodus befinden, damit es ihnen in einem solchen Zustand nicht schwindelig wird. Auf dem weiblichen Weg ist weniger mehr. Es ist der Weg der Vertiefung, nicht der Vermehrung. Es reicht aus, sich auf eine Sache richtig einzulassen, nachdem man sich ein paar Dinge angeschaut hat.

WEIBLICHE WEISHEIT

Je mehr du tust, umso weniger passiert. Weniger ist mehr.

Gib deiner Weiblichkeit eine Chance!

Ich rate Frauen, auf dem weiblichen Weg erst dann mit anderen Methoden oder Wegen zu experimentieren, wenn ihr weibliches Fundament schon stabil geworden ist. Die weibliche Essenz auf der körperlichen Ebene sollte ebenso entwickelt sein wie das Lebenszentrum, und die tägliche Meditation sollte zu einer Selbstverständlichkeit geworden sein. Um den Zugang zur weiblichen Welt zu finden, ist das notwendig. Insbesondere Methoden, die deine männlichen Anteile anregen, beispielsweise Energiearbeit, sollten so lange vermieden werden, bis du den Einstieg in die mystische weibliche Welt gefunden hast. Deine Weiblichkeit braucht diese Chance, damit sie sich von den ganzen Strapazen und dem vielfältigen Missbrauch richtig erholen kann.

Weibliches Lernen

Auf dem weiblichen Weg muss viel gelernt werden und auch weibliches Lernen will gelernt sein. Dabei lernst du anders, als du es in der männlich geprägten Gesellschaft tust. In der Schule lernen wir das ABC, das Rechnen, Geografie usw. Überwiegend werden der Verstand und die Merkfähigkeit geschult. Wenn wir uns möglichst viel Wissen und bestimmte Fertigkeiten aneignen, uns diese Dinge gut merken und jederzeit wieder abrufen können, dann gelten wir als gute Schülerin. Weibliches Lernen aber findet auf der existenziellen und der Erfahrungsebene statt. Es geht hier nicht darum, Wissen anzuhäufen und perfekte Abläufe einzustudieren. Das nützt gar nichts. Es geht vielmehr darum, das bewusst wahrzunehmen, was im Moment gerade erlebbar ist, Neues in sich selbst zu entdecken, neue Erfahrungen zu machen und das weibliche Bewusstsein in einen neuen Bereich hinein auszudehnen. Weibliches Lernen verschafft einer Frau einen direkten Zugang zum Leben.

WEIBLICHE WEISHEIT
Weiblich lernen ist existenziell, nicht intellektuell.

In den Seminaren erlebe ich immer wieder Teilnehmerinnen mit der Haltung, die sie in ihrer Schulzeit gelernt haben. Sie sitzen da wie in der Schule und schreiben alles auf, was ich sage. Sie notieren sich die Übungen, genau so, wie sie es damals als Kinder gelernt hatten. Ich habe viele Frauen erlebt, die sogar während einer Übung oder Meditation die Augen öffnen, um sich Notizen zu machen, wenn ich etwas sage. Und die sich sogar weigern, diese Herangehensweise aufzugeben und es einmal anders als gewohnt zu probieren. Leider verpassen sie so die Essenz der weiblichen Schulung.

WER BIN ICH?

- Schau etwas genauer hin, ob du noch Prägungen aus deiner Schulzeit hast, die dich daran hindern, dich gefühlsmäßig auf einen Lernprozess einzulassen.
- Welches Verhältnis hast du zum Lernen, und auf welcher Ebene finden deine Lernprozesse überwiegend statt?
- Was für andere Möglichkeiten fallen dir ein?

WEIBLICHE WEISHEIT

Solange dein Intellekt sich in den Vordergrund drängt und alles wissen will, hat deine weibliche Seele zu wenig Platz für ihre eigenen Erfahrungen. Weisheit entsteht durch die Integration deiner weiblichen Erfahrungen.

Verschiedene
Lebensetappen

Das abschließende Kapitel widmet sich einem für Frauen sehr wichtigen Thema: der weiblichen Reise durch die verschiedenen Lebensphasen. Delikat ist daran, dass diesen Zusammenhängen im heutigen modernen Lebensstil wenig bis gar keine Bedeutung beigemessen wird.

Wie alles im Leben ist auch die weibliche Entwicklung bestimmten Rhythmen unterworfen. Als Erstes entwickelt sich der physische Körper, dann der Energieköper, danach der Gefühlskörper, anschließend kommen der Mentalkörper und die Spiritualität mit ihren diversen Körpern zur Entfaltung. Jede Lebensphase dient dazu, bestimmte Eigenschaften oder einen bestimmten Körper zu entwickeln und die entsprechenden Erfahrungen zu durchlaufen. Jede Etappe birgt ein Potenzial und unterstützt gewisse Wachstumsschritte. In vielen Kulturen wurden diese verschiedenen Lebensphasen mit Festen und Übergangsritualen gefeiert.

In der alten Zeit wussten die Frauen, dass jede Lebensphase mit entsprechenden Lebensaufgaben und Entwicklungsschritten verbunden war. Sie konnten danach leben und sich somit natürlich entfalten. Dass wir heute viel länger leben, hat diesen Zyklus sicherlich etwas durcheinandergewirbelt und die Lebensumstände der modernen Frau drastisch verändert. Zudem haben viele Frauen den Kontakt zu ihrem weiblichen Rhythmus verloren, sie lassen sich von Frauen wie der Popqueen Madonna verunsichern oder gar inspirieren. Mit 50 Jahren halb nackt auf der Bühne herumhüpfen und einen vermännlichten, übertrainierten, muskulösen Körper zur

Schau zu stellen – ob solch ein Torturen beinhaltender Lebensstil einer Frau in dieser Lebensphase wirklich entspricht und ob solche Erfahrungen eine Frau dabei unterstützen, in Kontakt mit ihrer weiblichen Weisheit zu kommen? Solche Fragen wirst du dir am Ende dieses Buches sicherlich sehr gut selbst beantworten können.

Weise Frauen

Den weiblichen Weg kann eine Frau nur gehen, wenn sie sich mit Herz und Seele darauf einlässt. In meinen Seminaren erlebte ich immer wieder Frauen, die das nicht konnten, sich dem Prozess verweigerten und stattdessen ihre Negativität nach außen projizierten, auf die anderen Teilnehmerinnen oder mich als Lehrerin. Es hat sich gezeigt, dass dies meist Frauen einer bestimmten Altersgruppe sind, Frauen über vierzig, die »weisen Frauen«, wie ich sie in dieser Lebensphase nenne.

Das nahm ich zum Anlass, mich darauf zu sensibilisieren, wie die Lebensphasen einer Frau wirken und was da heute bei uns schiefläuft. Denn diese Frauen scheinen in ihrer Situation und Konstitution keine andere Wahl zu haben, als ihr Leid auf andere zu projizieren. Ich erforschte das tiefer und merkte, dass es in der weiblichen Arbeit mit Frauen einen Unterschied macht, ob eine Dreißigjährige ihre Weiblichkeit entdecken möchte oder ob eine Frau mit 48 oder 53 auf der Suche nach erfüllter Sexualität ist. Auf körperlicher und energetischer Ebene ist die Ausgangslage in den verschiedenen Lebensphasen sehr unterschiedlich. Einerseits hat jede Phase unterschiedliche Themen und Aufgaben, wie wir im Einzelnen sehen werden. Andererseits ist die Persönlichkeit einer weisen Frau bereits sehr gefestigt. Dann wehrt sie sich mit Händen und Füßen gegen einen von außen bestimmten Heilprozess, wie er in Gruppen stattfindet. Weise Frauen müssen ihre weibliche Heilung daher viel langsamer und behutsamer angehen als jüngere Frauen. Auch rein energetisch und hormonell bedingt ist es bei reifen Frauen ein anderer Prozess als bei jüngeren. Ich rede da nur aus meiner eigenen Erfahrung und stehe diesbezüglich noch allein auf weiter Flur. Ich bin mir sicher, dass sich da in den nächsten Jahren einiges tun wird, und ich möchte meine Erfahrungen dazu mit dir teilen, weil ich glaube, dass sie dir helfen können.

Unterschiedliche Voraussetzungen

Ich erachte es als notwendig, die sich wandelnden Gegebenheiten in den Altersstufen von Frauen zu berücksichtigen. Ich möchte mich an dieser Stelle bei allen weisen Frauen entschuldigen, denen ich nicht optimal helfen konnte, weil mir das nicht schon früher aufgefallen ist. Als ich schließlich begann, meine Arbeit an bestimmte Altersgruppen zu adressieren, waren die weisen Frauen ab 42 entsetzt. Ich bekam unzählige E-Mails, Briefe und Telefonanrufe, in denen sie ihrer Empörung Ausdruck verliehen, nur weil ich speziell bei den Seminaren mit sexuellen Inhalten eine Altersgrenze eingeführt hatte. Diese empörten Reaktionen waren für mich die Bestätigung, dass ich auf dem richtigen Weg war. Denn sie zeigten deutlich, wie tief verletzt diese weisen Frauen oft sind und dass sie nicht die Voraussetzungen hatten, an einem intensiven weiblichen Heilprozess in einer Gruppe teilzunehmen – speziell auch zu ihrem eigenen Schutz vor weiteren Verletzungen ließ ich sie nicht dabei sein. Für sie waren jetzt ganz andere Schritte wichtig (siehe unten).

Viele weise Frauen haben sich in der Tat mit dem Madonna-Syndrom infiziert und wollen genau das machen, was die jungen Frauen machen. Ich weiß nicht, wie viele Anfragen dieser Art ich bekomme: »Jetzt bin ich 45 Jahre alt und hatte nie eine erfüllte Sexualität, ich möchte zu Ihnen ins Seminar kommen, damit es mir möglich wird, meine Sexualität wie ein Teenager zu leben.« Ich antworte dann, dass das leider nicht geht, denn eine 45-jährige Frau ist kein Teenager. Und obwohl ich den Frauen die Gründe dafür immer wieder erkläre, scheint es nicht zu ihnen durchzudringen. Über Jahre hinweg habe ich immer wieder spezielle Seminare für weise Frauen angeboten. Doch das interessierte diese Altersgruppe kaum.

Mir wurde klar, dass es nötig geworden ist, über dieses Thema detailliert zu schreiben, damit immer mehr Frauen diese Zusammenhänge auch wirklich in sich aufnehmen können. Ich möchte keine Frau beleidigen oder diskriminieren, sondern weibliche Wege finden, die heilend sind und wirklich funktionieren. Es ist nicht meine Absicht, Frauen zu verletzen, sondern Missverständnisse aus dem Weg zu räumen. Jede Lebensphase hat ihre eigenen Schwerpunkte, ihre Qualitäten, ihr eigenes Tempo und auch ihre speziellen Aufgaben zu lösen. Hinzu kommt, dass sich jede Frau auf ihre eigene Art und Weise entwickelt. Deshalb ist es praktisch unmöglich – und auch nicht sinnvoll –, einen gezielten heilenden Rahmen zu schaffen, der Frauen in allen Lebensphasen gleichzeitig gerecht wird.

Im Folgenden möchte ich die einzelnen Phasen und ihre Schwerpunkte mit dir durchgehen.

Wachstumsphase bis 14

Diese entscheidende Phase ist bei dir sicherlich vorbei. Doch das Wissen darüber ist vor allem für Mütter, werdende Mütter und alle Frauen mit einem Kinderwunsch sehr wichtig. Daher die Schwerpunkte dieser Phase im Überblick:

Vor der Geburt: Es ist wichtig, ein einladendes Klima für ein neues Menschenkind zu schaffen.

Nach der Geburt: Dem kleinen Mädchen sollte ein geschützter Raum geschaffen werden, damit es auf der Erde sanft ankommen und sich eine eigene Schutzhülle aufbauen kann.

Im Kleinkindalter: Das Kind spielerisch ins Leben einführen, schon im frühesten Alter gefühlsmäßig fördern, es anhalten zu fühlen, seine Intuition und seine übersinnlichen Fähigkeiten zu nutzen; dafür sorgen, dass es auf allen Ebenen geschützt ist. Ein Mädchen sollte früh lernen, dass sein Körper ein heiliger Tempel ist.

Während der Schulzeit: Jetzt sollte frau darauf achten, dass das Mädchen ganzheitlich geschult wird und genügend unverplanten Freiraum hat, in dem es seinen eigenen Rhythmus finden und leben kann. Es sollte in dieser Zeit lernen, dass es einzigartig sein darf. Es sollte Raum haben, seine eigene Kreativität und Einzigartigkeit zu entwickeln, und lernen, dass das wichtig ist. Ein Kind muss Raum haben zum Rebellieren, wir haben schon viel zu viele angepasste Mitläuferinnen.

Mit der Geschlechtsreife: Mädchen sollten in die Mysterien des weiblichen Blutes eingeweiht werden und umfassend auf das Leben einer Frau vorbereitet werden. Das ist nicht unbedingt die Aufgabe der Mutter, das kann auch eine große Freundin, eine Tante oder eine andere weibliche Vertrauensperson übernehmen.

Es beginnt lange vor der Geburt

In dieser Lebensphase entwickelt sich ein Einzeller in eine geschlechtsreife Frau. In Sachen Entwicklung ist das die wichtigste Phase. Denn in keiner anderen Zeit geht Wachstum so schnell. Bereits in der Gebärmutter wird der weibliche Embryo vom weiblichen, sozialen Kollektiv und den unbewussten Mustern der Mutter geprägt. Dies beinhaltet religiöse Werte, gesellschaftliche Normen sowie persönliche Sonnen- und Schattenseiten der Mutter. Diese Einwirkung ist eine Realität, die kaum jemals rückgängig gemacht werden kann. Solche Prägungen müssen in der therapeutischen Arbeit klar von persönlichen Erlebnissen unterschieden werden, denn den Prägungen fehlt ein Erlebnis. Sie können deshalb in der Therapie nicht erfolgreich bearbeitet werden.

Als Mutter und angehende Mutter solltest du dir über deine Macht und den großen Einfluss auf ein ungeborenes oder frisch geborenes Kind in vollem Umfang bewusst werden. Als werdende Mutter solltest du dich optimal auf diese große und wichtigste Aufgabe in deinem Leben vorbereiten und dich dafür heilen.

Stell dir mal eine Gebärmutter vor, in der ein Kind heranwächst. Was geschieht mit einem Embryo, wenn die Mutter ständig fernsieht? Was geschieht mit einem Embryo, der sich in einer Frau befindet, die von ihren Empfindungen abgeschnitten oder ständig im Stress ist? Was geschieht mit einem Embryo, der sich in einer unglücklichen Frau befindet? Wie viele Frauen bekommen ein Kind und sagen: Es war ein Unfall? Was ist das für ein Start ins Leben?!

Die ersten neun Monate des Lebens im Schoß der Mutter sind von größter Bedeutung. Denn da wird gesät, was heranwachsen wird. Ich möchte dir von einer Frau erzählen, die sehr früh ihre Tochter verloren hat. Ihr damaliger Mann hatte beim Kinderaufpassen nicht bemerkt, dass das Kleinkind aus dem Fenster stieg. Es war auf der Stelle tot. Ein riesiger Schock für die Frau. Immer wieder versuchte sie, erneut schwanger zu werden. Letztlich wollte sie so diesen Schmerz überwinden. Sie durchlitt ein paar Fehlgeburten, und auch dies bewog sie nicht, ihr Trauma tief greifend zu heilen oder wenigstens etwas gesünder zu leben. Sie meldete sich zweimal zu einem Seminar bei mir an – und dann wieder ab. Endlich, nach ein paar Fehlgeburten, klappte es mit der Schwangerschaft. Dass während der neun Monate Komplikationen auftreten würden, war vorprogrammiert. Sie hatte eine schwere Zeit und bangte wochenlang um ihr ungeborenes Kind.

Doch endlich war es da: das lang ersehnte Traumkind. Nach drei Wochen rief ich sie an, um mich zu erkundigen, wie es ihr und dem Kind geht. Es war ein Samstag. Ich konnte sie kaum hören, da im Hintergrund eine Lärmkulisse sondergleichen war. Sie sei gerade im Warenhaus beim Shoppen, mit dem Baby im Kinderwagen. Ich war entsetzt. Spüren solche Mütter nicht, was sie ihren Kindern antun? Ein Kind braucht einen geschützten Rahmen, um auf der Erde anzukommen. Eine Mutter braucht einen geschützten Rahmen, um sich nach einer solchen Öffnung, wie es die Geburt ist, wieder zu verschließen. Ein kleines Kind so früh ungeschützt einem solchen Konzentrat von negativen Schwingungen, Lärm, Emotionen, Hektik, Elektrosmog usw. auszusetzen, das können nur verletzte Frauen tun, die nicht wirklich fühlen.

Die großen Fehler und Unachtsamkeiten, die Müttern heute in der Schwangerschaft und in den ersten Jahren unterlaufen, müssen die Kinder später ausbaden. Mir bricht es das Herz, wenn ich sehe, wie leichtfertig man Kindern heute Ritalin gibt. In meiner Ausbildung zur Psychiatrieschwester erlebte ich, dass nur in ganz seltenen Fällen Ritalin verabreicht wurde. Wegen des großen Suchtpotenzials dieses Medikaments mussten täglich alle Tabletten gezählt und die Eintragung mit einer Unterschrift bestätigt werden. Das Medikament wurde im sogenannten Giftschrank aufbewahrt und nur die leitende Schwester hatte den Schlüssel dazu. Genau dieses Medikament wird heute sehr häufig bei Kindern eingesetzt, wenn sie sich nicht konzentrieren können oder Verhaltensauffälligkeiten zeigen. Ich bin zutiefst schockiert, wie leichtsinnig Kindern solche Giftstoffe verabreicht werden und wie oberflächlich und kurzsichtig das Verständnis für Heranwachsende ist.

Vor der Empfängnis

Kinder in die Welt zu setzen ist eine enorme Verantwortung. Frauen müssen sich optimal auf diese Aufgabe vorbereiten. Unter meinen Schülerinnen sind immer wieder Hebammen, die sich für die Gebärmutterarbeit interessieren. In dieser weiblichen Heilarbeit liegt ein sehr großes, unausgeschöpftes Potenzial. Ich hoffe, dass sich künftig immer mehr Frauen für ihre weibliche Heilung interessieren und ihr Gebärmutterbewusstsein entwickeln; dies erhoffe ich besonders für angehende Mütter und damit für folgende Generationen.

Aus meiner Perspektive ist eine ganzheitliche Gebärmutterreinigung und -befreiung eine der wichtigsten Schwangerschafts- und auch Geburtsvorbereitungen (siehe mein Buch über die weibliche Sexualität). Schon einige Hebammen erzählten mir, dass bei der Geburt das Fruchtwasser vieler Frauen heute wegen der Übersäuerung oder sonstigen inneren Verschmutzungen grässlich stinke. Viele Kinder bekommen dadurch hartnäckige Hauterkrankungen wie beispielsweise Psoriasis. Man will sich gar nicht ausmalen, was sich während einer Schwangerschaft dann erst alles in den emotionalen und mentalen Bereichen abspielt.

Unbewusster Kinderwunsch

Viele Beweggründe für ein Kind sind unbewusster Natur. Es ist sinnvoll, sich kritisch mit dem Kinderwunsch auseinanderzusetzen, bevor ein Kind in die Welt gesetzt wird. Wenn Frauen ihre eigenen unbewussten Beweggründe erkennen, können sie ihren Kindern eine deutlich größere Chance auf ein besseres Leben geben.

Bei mir beispielsweise kam ein Kinderwunsch immer in Situationen auf, wo mir selbst etwas fehlte, nie in Momenten des totalen Glücks. Deshalb habe ich keine Kinder. Mir waren diese Beweggründe nicht gut genug. In meinen Lebensstil hätten Kinder nicht hineingepasst. Ich hätte nie all das erschaffen und entwickeln können, wenn ich Mutter geworden wäre. So ist jeder Mensch für eine andere Aufgabe bestimmt.

Unbewusste Beweggründe einer Mutter prägen das neue Wesen von der ersten Sekunde an und werden später zu wesentlichen Bestandteilen seiner Persönlichkeit. Es gibt Kinder, die aufgrund ihrer früheren Inkarnationen sehr stark sind, sie können sich auch gegen die ungünstigsten Voraussetzungen durchsetzen. Der Regel entspricht es jedoch nicht.

Unfruchtbar

Dass heute so viele Menschen unfruchtbar sind, ist eine der Auswirkungen unseres unnatürlichen Lebensstils. Ich habe kürzlich einen Bericht darüber gelesen, dass bestimmte Fischarten aussterben, weil sie durch die Hormonrückstände in den Gewässern unfruchtbar geworden sind. Diese Hormone gelangen unter anderem durch den Urin all der Frauen, die Hormonpräparate schlucken, ins Wasser. In Kläranlagen wird das Wasser gründlich gereinigt, die Hormone bleiben offenbar trotzdem drin. Und wie viele chemische oder andere

Zusätze befinden sich darüber hinaus in unseren Nahrungsmitteln, Putzmitteln, in all den Kosmetika … Und was bewirkt das alles in unserem weiblichen Körper?

Wie sehr strapazieren wir unsere weibliche Erde und damit unsere weibliche Lebensgrundlage? Auch die globale Wasserknappheit steht uns nicht nur bevor, sondern hat in bestimmten Teilen der Erde bereits begonnen. Wasser kann eigentlich nicht verloren gehen, doch es verteilt sich nicht gleichmäßig. Vor allem aber ist es zunehmend so verschmutzt, dass es sich nicht mehr verwenden lässt. Sauberes Trinkwasser ist eine der wichtigsten Lebensgrundlagen überhaupt. Immer mehr Menschen auf diesem Planeten haben keinen Zugang dazu. Wir haben in einem früheren Kapitel über die Wichtigkeit der Quantität und Qualität des Wassers im Inneren einer Frau gesprochen. Ich bin überzeugt: Indem wir Frauen lernen, unser eigenes Wasser und das weibliche Blut wieder zu stärken und zu reinigen, können wir auch das größere Wasser positiv beeinflussen.

Dass Menschen, die in einer verschmutzten und vergifteten Welt leben, unfruchtbar werden, ist letztlich eine ganz normale Entwicklung. Die große Aufgabe der kommenden Mütter ist es, in ihrem Inneren die besten Voraussetzungen für die kommende Generation zu schaffen. Dabei können sie an so vielen Punkten ansetzen. Wie schädlich beispielsweise Mobiltelefone und Funkantennen sind, ist bekannt. Ein Set Kopfhörer fürs Handy, mit dem sich die Strahlungsdistanz erhöhen lässt, kostet nicht viel. Auch die negative Wirkung von Computern, Zigaretten, Stress, Alkohol oder Medikamenten lässt sich leicht eindämmen. Man muss es nur tun.

Vor allem aber ist die innere Haltung dem Wunschkind gegenüber eine wesentliche Voraussetzung, die frau nicht »dem Zufall« überlassen sollte. Kinder sollten nicht Mittel zum Zweck sein und die emotionale Leere der Mutter füllen, Partnerschaften kitten oder als Statussymbol den Eltern zu sozialer Anerkennung verhelfen müssen. Kinder kommen auf die Erde, um ihren eigenen Weg zu gehen. Es gibt heute bereits viele Mütter, die vermehrt Verantwortung für ihre Aufgabe übernehmen und in alle Ebenen Bewusstsein hineinzubringen versuchen. Je mehr es werden, umso besser für die Welt.

Empfehlungen zur Schwangerschaftsvorbereitung

♥ Befasse dich gründlich mit deinem Kinderwunsch und geh deiner grundlegenden Motivation auf den Grund.

♥ Es kann gut sein, dass du dabei auf einige unerledigte Emotionen stößt. Das ist eigentlich meistens so und zeigt, dass du dich sehr differenziert mit dir auseinandersetzt.

♥ Eine Seele einzuladen sollte immer mit einer höheren Ausrichtung geschehen, eigennützige Ziele sollten vorher geklärt und aufgelöst werden.

♥ Ein Kind einzuladen sollte bedeuten, dass du etwas zu geben und zu teilen hast. Lade Kinder bitte nicht ein, weil du hoffst, dass sie deine Erwartungen erfüllen und deine Defizite ausgleichen würden.

♥ Lade ein Kind nur ein, wenn du bereit bist, ihm einen geschützten Raum zu geben, wo es seine Einzigartigkeit entfalten darf. Lass die Idee los, dass es so werden muss, wie du es gern hättest.

♥ Nimm dir so viel Zeit, wie du brauchst, für die Klärung und Heilung deiner Emotionen und deiner Lebenssituation.

♥ Bevor du schwanger wirst, nimm dir Zeit, dein ganzes Wesen, deinen Körper und deine Seele zu reinigen. Dein inneres Wasser sollte so rein und klar wie nur möglich sein.

Auch deine inneren Organe sollten stark und gereinigt sein, damit sie deine Schwangerschaft optimal unterstützen.

♥ Die weibliche Essenz, das Blut und die Knochen werden sinnvollerweise gestärkt, bevor du ein Kind empfängst. Lerne so zu essen, dass es die weibliche Essenz aufbaut. Blutleeren und körperlich ausgelaugten Frauen, die häufig im Stress sind oder zu Schlafproblemen neigen, ist zu empfehlen, all diese Probleme vorher zu lösen.

♥ Es ist wichtig, den Körper zu entsäuern, damit sich die Säure nicht auf dein Kind überträgt. Sehr viele körperliche Krankheiten entstehen durch ein chronisch übersäuertes Milieu.

♥ Die Gebärmutterbefreiung ist die ideale Vorbereitung für eine Schwangerschaft.

♥ In der Vorbereitungsphase kannst du auch gut mit dem Energy-Ei arbeiten, einerseits um deine Muskeln etwas zu aktivieren, aber auch um zu üben, das Ei aus dem Körper zu drücken. Dabei lernst du außerdem, deine Gebärmutter zu reinigen und zu schützen (siehe mein Buch zur weiblichen Sexualität).

♥ Lerne, dein Wesen in eine positive Schwingung zu bringen und dich rundum wohlzufühlen, bevor du eine Seele einlädst. So kann sich dein gutes Grundgefühl vom ersten Augenblick an auf das kleine Wesen übertragen.

WEIBLICHE WEISHEIT

Sich auf eine kommende Schwangerschaft vorzubereiten bedeutet, in deinem Inneren die optimalen Bedingungen zu schaffen, um eine Seele in deinem heiligen Tempel herzlich willkommen zu heißen.

Geburt

Meine Halbcousine, auch eine Krankenschwester, lebte mit ihrem Mann in Spanien und brachte ihr erstes Kind in Sevilla zur Welt. Sie, die sich seit Jahren mit alternativen Heilmethoden beschäftigt und selbst ein sehr naturbezogenes Leben führt, wollte sich auf diese erste Geburt in diesem Sinne vorbereiten. Aber sie konnte keine Hebamme finden. Denn in Spanien soll es offiziell keine Hebammen mehr geben, der Hebammenberuf scheint ausgerottet, wie sie mir schockiert erzählte. Nur Ärzte sind dort als Geburtshelfer zugelassen.

Was dieses Extrembeispiel zeigt, lässt sich tendenziell überall beobachten. Wie jeder andere weibliche Bereich werden auch die Geburten vermännlicht. Geburten, das Natürlichste der Welt, haben sich in ein medizinisches Problem und ein gut gehendes Geschäft verwandelt. Aus Eitelkeit oder Angst lassen sich Frauen ihr Kind per Kaiserschnitt herausoperieren. Die großen Stars, unsere heutigen Vorbilder, leben es vor. Geburtstermine werden schon Wochen im Voraus fest geplant, damit sie in den Terminkalender passen.

Frauen haben immer Angst vor der ersten Geburt, das gehört dazu. Doch Frauen sollten wieder wissen, dass eine Geburt ein hochspirituelles Erlebnis ist, es ist eines der großen Abenteuer für Mutter und Kind. Eine Geburt sollte eine göttliche Feierlichkeit und ein Freudenfest sein, nicht eine traumatische, medizinische Erfahrung im sterilen Operationssaal. Hebammen haben die Aufgabe, Frauen auf dieses wichtige Ereignis vorzubereiten und sie durch diesen Prozess zu begleiten.

Es gibt immer mehr Geburtshäuser, die Frauen einen wunderschönen Rahmen für die Geburt ihres Kindes geben. Es lohnt sich, sich frühzeitig nach einem geeigneten Geburtsort umzuschauen und eine gute Hebamme zu finden, die den gesamten Prozess mit ihrer uralten Kunst des Weiblichen optimal unterstützt.

Die neuen Menschen

Momentan inkarnieren sehr viele hochbegabte und höchst sensible Kinder auf unserem Planeten. Das sind Menschen mit einem sehr großen Potenzial, die für die Entwicklung der Erde von entscheidender Bedeutung sind. Sie sollten auch entsprechend angenommen und erzogen werden, damit sie sich gut entwickeln können. Viele dieser Kinder werden aufgrund der Ignoranz und Unsensibilität ihrer Eltern verhaltensauffällig, sie stellen sich quer. Haben sie, genauso wie sehr sensible Frauen, nur mit Menschen zu tun, die ihr Anderssein und ihr Potenzial nicht erkennen, können sie leicht in die Isolation getrieben werden und an ihren außergewöhnlichen Fähigkeiten zerbrechen. Für Kinder, die in eine so chaotische Zeit wie die unsere hineingeboren werden, ist es sehr wichtig, dass sie möglichst früh in Kontakt mit mystischen Erfahrungen kommen, damit sie wissen, dass es etwas anderes gibt. Ich freue mich immer ganz besonders, solche besonderen Kinder in meiner Praxis willkommen heißen zu dürfen. Und meine Tiere sind dann meist ein wichtiger Teil der Behandlungen.

Erziehung zum Glück

Kleine Mädchen müssen viel besser auf ihr Leben als Frau vorbereitet werden, als das derzeit geschieht. Es gibt zu viele unzufriedene Mütter, die ihre Mädchen nicht liebevoll begleiten, sondern diese ehrgeizig coachen, damit sie eine erfolgreiche Karriere machen, die sie selbst nicht geschafft haben. Dabei sollte es in der Erziehung um etwas ganz anderes gehen:

um das Glück. Glücklich zu sein ist eines der Grundrechte einer Frau. Glückliche und unabhängige Frauen, das sind die erfolgreichen Frauen. Glück kann nicht anerzogen werden. Es ist ein Funke, der überspringt. Weibliche Erziehung geschieht nicht durch schlaue, kopflastige Erziehungsmaßnahmen. Sie passiert in erster Linie durch energetische und gefühlsmäßige Übertragungen. Dass diese alle in unsichtbaren Bereichen stattfinden, bedeutet nicht, dass es sie nicht gibt.

Für die Entwicklung von Mädchen ist es wichtig, dass sie genug Zeit haben, sich gefühlsmäßig zu entfalten. Werden Mädchen durch Sport, Aktivitäten und intellektuelle Förderung zu früh in männliche Muster gedrängt, wird es für sie später praktisch unmöglich, sich auf tiefe, nährende Weiblichkeit einzulassen. So werden Mädchen zu unglücklichen, oberflächlichen Frauen erzogen. Sie bleiben ein Leben lang verunsichert, was ihre Weiblichkeit angeht. Kleine Mädchen brauchen Freiräume, um früh mit ihrer weiblichen Intelligenz und Intuition in Kontakt zu kommen.

Weil Mütter in ihrer Weiblichkeit heute selbst derart verunsichert sind, können sie ihre Töchter nicht mit weiblicher Weisheit behutsam ins Leben begleiten. Die meisten machen all den gesellschaftlichen Wahnsinn einfach mit. Aber das muss nicht so sein. Ich kenne Frauen, die trotz der ungünstigen äußeren Umstände ihren eigenen weiblichen Weg gehen und ihre Töchter anders erziehen. Es ist so wichtig, dass es Frauen wie diese gibt – lasst euch nur nicht entmutigen!

WEIBLICHE WEISHEIT

In der Erziehung von Mädchen geht es in erster Linie um das Glücklichsein, nicht um Leistung. Deshalb sollte Mädchen vermittelt werden, dass Glück unabhängig von Erfolg und Anerkennung existiert.

Verlorene Weisheiten

Die weiblichen Weisheiten geraten in Vergessenheit, die weiblichen Künste gehen verloren. Das darf nicht so weitergehen! Wir alle müssen uns für die Rehabilitation der Weiblichkeit einsetzen. Und wir müssen dabei mit unserer eigenen Weiblichkeit beginnen. Traditionellerweise erhielten die Mädchen ihre ersten spirituellen oder religiösen Weihungen schon in der ersten Lebensphase. Die Göttinnen wurden von den werdenden Müttern mit Opfergaben verehrt. Isis, die Schwarze Madonna und andere galten als Schutzgöttin der kommenden Seelen schlechthin. Durch spirituelle Handlungen des Opferns, Betens und Meditierens wurden die Seelen der Mädchen dem Höheren geweiht.

Zum Glück gibt es heute immer mehr Frauen, die sich diesen Dingen wieder zuwenden. Es gibt wunderschöne Riten und weibliche Rituale, die Mädchen feierlich in das Leben als Frau aufnehmen. Mädchen sollten früh in die Geheimnisse des weiblichen Blutes eingeweiht werden und lernen, die Sprache und Magie des Blutes zu verstehen. Mädchen müssen früh wissen, dass ihr Körper ein heiliger Tempel ist, der die weiblichen Schätze in sich birgt. Ich hatte das Glück, dass mich eine alte weise Frau in die Kunst der weiblichen Riten und magischen Rituale einweihte. Im Rahmen der Mysterienschule ist es mir jetzt möglich, diese Geschenke, die sich weiterentfaltet und -entwickelt haben, anderen weiterzugeben und diesen wichtigen Bereich der weiblichen Heilung gezielt zu fördern. Alle weiblichen Weisheiten werden von Generation zu Generation durch persönliche Übertragung an verantwortungsvolle Frauen weitergereicht, die die weiblichen Geheimnisse in sich hüten können. In dieser materiellen Zeit ist es eine der wichtigsten Aufgaben, die weiblichen Geheimnisse und Schätze gut zu beschützen, damit sie diese schwierigen Zeiten der Ausbeutung und Kommerzialisierung heil überleben.

Blütezeit von 14 bis 28

In dieser Lebensphase entwickeln sich der Energiekörper, das eigene Selbst und die Sexualität. Sie wird vom Element Feuer regiert und ist daher geprägt von Intensität und Leidenschaft. Bei den jungen Frauen, die zu mir in die Seminare kommen, geht der Heilprozess sehr rasch, sie lernen schnell und machen ihre intensiven Erfahrungen. Besonders die Sexualität kann sich in dieser Lebensphase natürlich entfalten. Deshalb ist es sinnvoll, wenn junge Mädchen lernen, spielerisch ihren Körper zu erkunden und die Sensibilität ihres Tempels und ihre Sexualität entdecken und lieben.

Erweckung der Sexualität

Für die Entwicklung eines Mädchens ist es von enormer Bedeutung, schon im Kindesalter dazu angehalten zu werden, zu fühlen und seinen Gefühlen zu trauen. Dann können sie mit den anfänglichen Unsicherheiten, die fast alle Menschen bei den ersten sexuellen Begegnungen haben, selbstsicher und offen umgehen und dadurch eine Unterdrückung der sexuellen Kraft vermeiden. In dieser Lebensphase geht es darum, die Sexualität zuzulassen und zu entdecken. Die Erweckung der Sexualkraft ist für junge Frauen die erste große spirituelle Einweihung, die sie zur Frau macht. Leider sind die wenigsten Männer heute in der Lage, die verantwortungsvolle Aufgabe zu übernehmen, ihnen dabei ein entsprechender Sexualpartner zu sein, weil auch sie nicht richtig in die Geheimnisse der Sexualität eingeführt worden sind. Dieser Fehlstart hat weitreichende Folgen, nicht nur für die Entwicklung jeder einzelnen Frau, sondern für die gesamte Menschheit, die sich entsprechend prägt und entwickelt.

Emotionale und mentale Blockaden aufzulösen ist in dieser

Phase nicht das Hauptthema, aber es ist gut, damit anzufangen oder zumindest darauf zu achten, dass Blockaden und Muster nicht gefestigt werden. Das kann vermieden werden, indem die jungen Frauen immer wieder neue Erfahrungen machen, sich mit Andersartigem auseinandersetzen und sich und die Gesellschaft immer wieder infrage stellen. Denn es sind stets die Blockaden auf anderen Ebenen, die die sexuellen Energien blockieren. Je unbeschwerter eine junge Frau ihre sexuelle Energie in dieser Phase erlebt, umso mehr Kreativität und Lebenskraft stehen ihr in den kommenden Lebensphasen zur Verfügung. Das bedeutet keinesfalls, dass sie leichtsinnig mit ihrer Gesundheit umgehen, ungeschützten Sex oder viele oberflächliche Beziehungen eingehen sollte. Es ist vielmehr wichtig, den eigenen Gefühlen zu folgen und diese nicht zu übergehen.

Für jüngere Frauen ist die Heilung und Befreiung ihrer Sexualität oft ein lustvoller, unbeschwerter Prozess. Es ist dabei auch sehr günstig, wenn sie schon in dieser Phase mit der spirituellen Welt in Kontakt kommen.

Rebellion

Natürlich ist es auch die Phase, in der sich die Mädchen gegen ihre Mütter und gegen die Gesellschaft auflehnen, was für die Entwicklung essenziell ist. Da beginnen die jungen Frauen gegen die kollektiven Zwänge und Realitäten zu rebellieren: ein wichtiger Schritt der Selbstfindung. In dieser Phase machen Mädchen die unmöglichsten Dinge. Das ist auch gut so, denn in dieser Zeit sollten sie möglichst viel experimentieren. Es ist die Zeit, den Körper zu erforschen, sei es durch Sport, Tanz oder Sex. Sie müssen erfahren, dass es mehr gibt, als es den Anschein hat. Mit dieser Ausrichtung wird es einfacher für sie, über sich hinauszuwachsen und Visionen und Träume nicht frühzeitig zu begraben, sondern dafür zu kämpfen, dass sie wahr werden.

Wenn Mütter ihre Kinder in den ersten wichtigen Jahren emotional gut genährt haben, haben die Teenager und jungen Frauen eine Art Schutzengel um sich. Durch die feurige Intensität, die diese Phase mit sich bringt, gehen die Erlebnisse auch nicht so tief wie in anderen Lebensphasen. Und sollte mal etwas Dramatisches passieren, was meist auch der Fall ist, können sich die jungen Frauen mit guter Unterstützung relativ leicht wieder erholen. Auch das geht nicht in allen Lebensphasen so einfach. Da ich diese weibliche Arbeit schon seit langer Zeit mache, hatte ich genügend Gelegenheiten, junge Frauen in ihrer Entwicklung zu begleiten und zu beobachten. Und ich freue mich immer wieder darüber, wie schnell sie Neues wie auch Meditation und Selbstheilung erlernen können. In dieser Phase brauchen Frauen sehr selten Therapie, sie brauchen Ermutigung und weibliche Schulung. Jetzt sollten sie die weiblichen Weisheiten kennenlernen, damit sie ihr Leben auf einer soliden Grundlage aufbauen können.

Sprache des Blutes

Als ich eine junge Frau war, hatte ich extreme Schmerzen bei meiner Menstruation und starke Blutungen. Ich kannte viele ältere Frauen, da ich in den spirituellen und alternativen Kreisen, in denen ich mich bewegte, immer die jüngste war. Doch keine Einzige von ihnen konnte mir irgendwelche weiblichen Weisheiten vermitteln. Damals war emotionale Befreiung modern und alle körperlichen Symptome galten als Ausdruck eines psychischen Ungleichgewichts. Der Frauenarzt hatte nur zwei Vorschläge: Entweder solle ich Schmerzmittel oder die Pille nehmen. Beides war für mich inakzeptabel. Im Alter von 21 war ich dann bei meinem ersten Arzt der Traditionellen Chinesischen Medizin, ein sehr gut ausgebildeter Amerikaner, der zudem über eine große Sensibilität verfügte. Durch seine Akupunktur und Kräutertherapie floss mein Blut sehr bald normal und ohne Schmerzen.

In dieser Lebensphase zwischen 14 und 28 sollten junge Frauen lernen, ihre Blutung und ihren Zyklus zu regulieren. Es ist optimal, wenn die Frau in dieser Zeit ihre erste spirituelle Einweihung bekommt und die Mysterien des Mondes kennenlernt. So erwirbt sie einen Schutz und eine höhere Ausrichtung für ihr Leben. In dieser Lebensphase ist es sehr förderlich, wenn Frauen sich mit ihren Freundinnen zusammentun, um gemeinsam die Kraft des Mondes, die Sprache des Blutes und die weiblichen Geheimnisse zu erforschen. Gemeinsam an Voll- oder Neumond eine kleine Zeremonie oder Meditation durchzuführen, ist ein guter Einstieg. Die Beschäftigung mit Mondgöttinnen und bestimmten Archetypen kann die Frau mit einer weiblichen Kraft und Erfahrung in Kontakt bringen. Es lässt sich auch Quellwasser unter den Vollmond stellen, damit es die Mondenergie aufnimmt. In einer kleinen Feier können die jungen Frauen dieses Mondwasser dann gemeinsam trinken. Es soll in erster Linie Spaß machen und der Fantasie sind hier keine Grenzen gesetzt. Um die Mondeinweihungen muss frau sich nicht kümmern, wenn sie dazu bereit ist, wird es passieren. Dafür sorgt das Leben.

WEIBLICHE WEISHEIT

Energiearbeit und Therapien zur emotionalen Heilung sollten in dieser Lebensphase vermieden werden. Der Energiekörper sollte in dieser Zeit nicht manipuliert werden, er braucht Raum, um sich natürlich zu entwickeln. Dazu eignet sich körperliche Betätigung wie Tanz oder Sport.

Schwerpunkte dieser Lebensphase

- ❤ Den eigenen Körper erforschen und kennenlernen
- ❤ Die sexuelle Energie zulassen und natürlich fließen lassen
- ❤ Die Geheimnisse des Blutes kennenlernen; dazu gehört es auch, die Menstruation auszugleichen
- ❤ Einweihung in die Geheimnisse der weiblichen Sexualität
- ❤ Entwicklung des Energiekörpers und des Selbstbewusstseins
- ❤ Ausbildungen absolvieren
- ❤ Einführung in die weibliche Welt
- ❤ Wissen um die weiblichen Weisheiten
- ❤ Beginn der spirituellen Suche
- ❤ Grundlagen der weiblichen Heil- und Energiearbeit
- ❤ Erste Einweihung
- ❤ Mondmysterien
- ❤ Auseinandersetzung mit unterschiedlichen Kulturen und Lebensformen
- ❤ Eigene Erfahrungen, auch Grenzerfahrungen
- ❤ Finden der eigenen Lebensform

Zeit des Reifens von 28 bis 42

Diese Lebensphase entspricht dem Element Erde und ist dafür bestimmt, dass die Frau etwas Neues manifestiert. Die Entwicklung und Heilung des Gefühlskörpers fällt in diese Phase. Sie dient der tief greifenden emotionalen Heilung, der Befreiung des Herzens und den Liebesbeziehungen. Es ist ebenfalls die Phase der großen Enttäuschung, die die Frau unterstützt, in Kontakt mit ihren tiefsten weiblichen Wunden zu kommen.

Jetzt steht die Entscheidung für eine bestimmte Lebensform an. Frau entscheidet, ob sie Kinder haben möchte oder nicht. Sie entscheidet sich für ihre berufliche Ausrichtung, absolviert weitere Aus- oder Weiterbildungen, um in ihrer Tätigkeit eine Expertin zu werden. Etwas Neues zu gebären, entspricht dem Potenzial dieser Lebensphase. Zumindest der Samen wird in dieser Zeit gesetzt. Will frau sich beruflich, spirituell oder sexuell verwirklichen – jetzt kann in jedem Bereich Entwicklung natürlich geschehen. Jetzt ist auch die richtige Zeit für die weibliche Befreiung. In dieser Phase können Frauen ihre Weiblichkeit relativ leicht von hemmenden Mustern und kollektiven Limitierungen erlösen.

Dieser Lebensabschnitt fordert von einer Frau die verbindliche Entscheidung für ihre spirituelle Entwicklung, je früher umso besser. Viele der großen Weisen sprechen im Zusammenhang mit spiritueller Entwicklung von 42 als der magischen Altersgrenze. Eine Frau hat bis zu einem gewissen Alter die hormonelle Unterstützung dabei, etwas Neues in sich zu entwickeln. Diese steht im Zusammenhang mit der körperlichen Fruchtbarkeit, die auch die inneren Prozesse optimal unterstützt. Dieser Vorteil sollte in der Lebensphase bis 42 bestmöglich genutzt werden. Die wesentlichen, spirituellen Entwicklungsschritte sollten bis zum 42. Lebensjahr vollzogen sein. Das gilt für Männer und Frauen gleichermaßen. Die folgende Lebensphase hat dann nämlich ihre eigenen Schwerpunkte, die den ganzen Menschen fordern und kaum Reserven lassen, sich mit dem zu befassen, was schon früher hätte geschehen müssen.

Diese Phase der Reife ist die ideale Zeit für die Gebärmutterbefreiung. Frauen, die in der vorhergehenden Phase schon gelernt haben, sich mit ihren weiblichen Wurzeln zu verbinden, erleben diese Befreiung als einen unbeschwerten, lustvollen Prozess. Wenn Frauen ihre weibliche Reise allerdings erst in dieser Phase beginnen, brauchen sie eine längere Vorbereitungszeit, da sie erst noch an ihrem Gefühlskörper arbeiten und lernen müssen, sich auf ihre Empfindungen einzulassen. Aber die Befreiung ist in dieser Phase möglich, wenn frau das wirklich will und bereit ist, ihr Leben den weiblichen Gesetzen zu unterwerfen.

In dieser Phase kann sich eine männlich gepolte Frau auch wieder umpolen und den Weiblichkeitsmodus zu ihrer Heimat machen. Ich habe bis jetzt noch keine männlich gepolte Frau über 42 erlebt, die ihre Weiblichkeit noch wirklich heilen und zurückerobern konnte, um dadurch wieder unbeschwert im Weiblichkeitsmodus zu leben. Ich möchte nicht sagen, dass das zu einem so späten Zeitpunkt nicht mehr möglich ist. Es braucht jedoch einen viel größeren Einsatz.

Für alle, die jetzt in dieser Zeit des Reifens sind oder sie noch vor sich haben, kann ich aus meiner Erfahrung sagen: Diese Lebensphase bis 42 unterstützt die weibliche Befreiung und Heilung optimal, weil sie dazu da ist, dass eine Frau Neues in die Welt bringt. Jetzt ist der richtige Moment, neue Dimensionen der Weiblichkeit zu erschließen und in die mystische weibliche Welt einzutreten. Wichtig ist dafür, gerade angesichts der unendlich vielfältigen Möglichkeiten, die wir heute haben, eine klare Ausrichtung beizubehalten.

WEIBLICHE WEISHEIT
Weibliche Selbstheilung und Meditation greifen in dieser Phase sehr gut, wenn sie regelmäßig angewendet werden.

Altersvorsorge auf mehreren Ebenen

Die Vorbereitung auf die Wechseljahre beginnt spätestens Mitte dreißig. Es ist wichtig, dass Frauen gut genährt und mit vollen Händen in diese Zeit eintreten. Treibst du in den Jahren bis dahin viel Raubbau mit dir und lebst du gegen deine Gefühle, wird dir die Rechnung in der nächsten Lebensphase präsentiert. Und das kann dann sehr bitter sein. Denn deine Rechnungen, und seien sie auch noch so hoch, müssen von dir bezahlt werden.

Zur liebevollen Sorge um das weitere Leben gehört auch die finanzielle Altersvorsorge, auch wenn es dir vielleicht etwas spießig oder unspirituell vorkommt. In der Lebensphase des Reifens steht dir die ganze Welt offen, und du verfügst über große körperliche Kräfte, die sich jedoch mit den Jahren ziemlich sicher verringern werden. Ich habe zu viele Frauen erlebt, die sich in dieser Lebensphase überwiegend ihren Beziehungen und ihrem abenteuerlichen Leben widmeten. Plötzlich aber waren sie älter, die jugendliche Schönheit war verblichen, kein Mann zur Seite, kein Geld auf dem Konto, keine Energie und das Schlimmste von allem: kein Zugang zur spirituellen Welt.

WEIBLICHE WEISHEIT

In dieser Lebensphase sollten Frauen ihre Weichen so stellen, dass sie ihre Weiblichkeit bis ins hohe Alter lustvoll genießen können.

Um Problemen in der nächsten Lebensphase vorzubeugen, sollte frau schon im Alter vor 42 einiges wissen: Bei vielen interessanten reifen Frauen heute ist die weibliche Essenz auf körperlicher Ebene aufgrund ihres experimentierfreudigen und extrovertierten Lebensstils ziemlich ausgepowert und erschöpft. Diese Frauen haben dann nicht die physischen Voraussetzungen, um ihre Weiblichkeit zu heilen oder sie von alten Abhängigkeiten und Mustern zu befreien. Solche intensiven inneren Prozesse würden sie nur zusätzlich verletzen und schwächen. Da ist erst mal ein solider Yin-Aufbau angesagt, mit guter Ernährung, Kräutertee sowie viel Schlaf und Erholung (siehe *Tao der Frau*). Wer in der Lebensphase bis 42 sein Leben nicht nach einem bestimmten Ziel oder einer Vision ausgerichtet hat, wird später wie ein Blatt vom Winde verweht.

Schwerpunkte dieser Lebensphase

- ♥ Vertiefung der Meditation und Verwurzelung im eigenen Inneren
- ♥ Die Gebärphase: Daher steht die Entscheidung an, in welchem Bereich du dich verwirklichen möchtest.
- ♥ Entwicklung und Heilung des Gefühlkörpers
- ♥ Emotionale Heilung
- ♥ Befreiung der Weiblichkeit
- ♥ Gebärmutterarbeit
- ♥ Spirituelle Verbindlichkeit
- ♥ Einen gut funktionierenden Hexenbesen entwickeln
- ♥ Intensive Pflege der Saat, damit du in der nächsten Phase eine gute Ernte hast.
- ♥ Vorbereitung auf die Wechseljahre
- ♥ Dabei auch die Erhaltung der körperlichen Essenz: Frauen sollten mit starken Knochen, genügend Blut und vollen Händen in die Wechseljahre eintreten.

Last-Minute-Schwangerschaften

So nenne ich Schwangerschaften, die noch in letzter Minute vor den Wechseljahren um das vierzigste Lebensjahr realisiert werden. Fast alle Frauen erleben um die vierzig nochmals einen heftigen Hormonschub. Der aber muss nicht gleich in einer Schwangerschaft gipfeln. Insbesondere männlich gepolte und verletzte Frauen, die von ihrer Weiblichkeit abgeschnitten leben, interpretieren das, was sie da erleben, allerdings so. Immer häufiger entschließen sich Frauen am Ende dieser Lebensphase doch noch, Mutter zu werden. Viele scheinen in diesem Alter plötzlich wie besessen von dieser Idee zu sein. Und dann stürzen sie sich mehr oder weniger kopflos und unvorbereitet in dieses große Abenteuer.

Bei Last-Minute-Schwangerschaften ist es besonders wichtig, den Körper optimal vorzubereiten. In jedem Fall sollte eine Frau in diesem Alter kerngesund sein und über ein solides körperliches und finanzielles Fundament und einen tiefen, gesunden Schlaf verfügen. Ihre emotionale Heilung sollte weitgehend abgeschlossen sein. Und vor allem: Ein Kind sollte niemals ein Ersatz für fehlendes Gefühl oder ein Ausgleich für Unzufriedenheit und innere Leere sein, und es kann auch niemals mangelnde Weiblichkeit oder einen fehlenden Partner ersetzen.

Für ihre spirituelle Entwicklung ist es ungünstig, wenn Frauen über vierzig noch Kinder auf die Welt bringen. Für eine Frau sind Schwangerschaft, Geburt und die mit vielen schlaflosen Nächten verbundene Stillzeit ihres Babys eine riesige Strapaze, die von einer Mutter immer wieder abverlangt, über ihre körperlichen Grenzen hinauszugehen, und die zudem ihre Aufmerksamkeit nach außen zieht. Nach der Geburt zehrt der Körper von den Reserven. Junge Frauen können sich relativ schnell wieder regenerieren, aber bei einer vierzigjährigen Frau dauert dieser Prozess bedeutend länger, vorausgesetzt die Frau kümmert sich bewusst darum. Wenn ihr körperliches Reservoir sehr stark geplündert wird, kann es durchaus sein, dass sie sich nie mehr richtig erholen wird – sie wäre kein Einzelfall. Diese Frauen sind häufig mit der Situation absolut am Limit und nur noch mit sich und dem Baby beschäftigt – und ausgelastet. Doch oft kommt dann noch der Job dazu, den sie nicht ganz aufgeben wollen. So bleibt jahrelang weder Zeit noch Energie für innere Prozesse und spirituelles Wachstum. Zudem hat die Frau in einer solchen Situation nicht die nötige Kraft, sich gut auf ihre Wechseljahre vorzubereiten.

Die Entwicklung des Gebärmutterbewusstseins kann Frauen helfen, den unbewussten Trieben und Regungen ihrer Gebärmutter nicht mehr so ausgeliefert zu sein. Die Gebärmutter schreit nach Lebendigkeit und möchte eine Aufgabe, das entspricht ihrem Potenzial. Übernimmt sie ihre spirituelle Funktion, wird sie also nicht mehr von den unbewussten kollektiven Kräften und Emotionen gesteuert, und darf sie sich durch die bewusste Rehabilitierung und Heilung in einen heiligen Lichtpalast verwandeln, dann können Frauen frei wählen. Für viele ist die Heilung ihrer Gebärmutter mit einem inneren Zustand der Erfüllung verbunden, ein Zustand, der ihnen neue, spirituelle Dimensionen des Frauseins eröffnet. Dies ermöglicht es Frauen, ihre Weiblichkeit anders zu leben. Sie können dann genau das leben, wozu sie bestimmt sind.

Phase des Rückzugs von 42 bis 56

Der Herbst ist die Zeit, in der sich die Natur langsam ins Innere zurückzieht. Wie der Herbst ist auch diese Phase im Leben einer Frau die Erntezeit, in der sie das einsammelt, was sie im Frühling und Sommer gesät und gepflegt hat. In dieser Phase wird geerntet und konserviert, sodass auch im Winter noch genügend Nahrung vorhanden ist. Diese Phase ist dafür da, sich ganz und gar der Entwicklung der Spiritualität hinzugeben. Meditation ist wie immer der Weg, aber es gibt noch andere Möglichkeiten.

Der Herbst des Lebens dient dazu, sämtliche Lebenserfahrungen zu integrieren, damit sie sich in weibliche Weisheit verwandeln können. Diese Rückzugsphase hat für die Entwicklung der Frau enorme Bedeutung: In dieser Zeit hast du die Wahl, dich auf das zu konzentrieren, was du nicht hast, oder dich über deine inneren Schätze zu freuen. Das wichtigste Thema in der Lebensphase der weisen Frau ab 42 heißt weder erfüllte Sexualität noch weibliche Befreiung oder emotionale Heilung. In dieser Zeit geht es um die Versöhnung, es geht darum, dich als unperfekte Frau, genau so wie du bist, zu akzeptieren.

Diese Zeit bringt große Veränderungen, auch die Wechseljahre. Eine Frau braucht möglichst viel Substanz, Kraft und innere Klarheit, um diesen Transformationsprozess gut zu durchleben. Das Verzeihen, das Loslassen, die Entwicklung von Dankbarkeit und das Beschützen der körperlichen weiblichen Essenz – all das erfordert einen intensiven, teilweise erbarmungslosen, aber immer befreienden Prozess, der kürzer oder länger dauert, je nachdem wie die Frau bis dahin gelebt hat.

Es geht vor allem darum, sich und anderen zu verzeihen. Wir haben alle versucht, das Beste aus dem zu machen, was uns im Leben begegnet ist. Und alles wandelt sich und geht zu Ende. In dieser Lebensphase verlieren Frauen das, was sie beim anderen Geschlecht attraktiv macht. Genau dann werden viele Frauen gegen eine jüngere ausgewechselt. Viele sind in dieser Phase allein. Das Beste ist, von Anfang an damit zu rechnen, im Alter allein und für das eigene emotionale und finanzielle Glück selbst verantwortlich zu sein. Dass so viele Frauen in dieser Lebensphase für sich sind, hat große Vorteile. So haben sie den Freiraum, sich intensiv um ihre innere Arbeit zu kümmern.

Gut genährt

Für all die inneren Vorgänge braucht eine Frau viel Meditation, Stille und auch Kraft, damit unverdaute Emotionen und Erlebnisse auf tiefster Ebene integriert werden können. Der Prozess dauert an, bis das Herz einen unbeschwerten glücklichen Zustand erreicht hat. Alle Methoden und Situationen, die im Inneren Unruhe stiften und Emotionen oder Gedanken aufwirbeln, sind in dieser Lebensphase keine Unterstützung. Es geht hier nicht darum, die Weiblichkeit auf Teufel komm raus zu heilen und die Sexualität von alten Anhängigkeiten zu befreien. Solche inszenierten Befreiungsaktionen bedeuten für Frauen in der zweiten Lebenshälfte bloß unnötigen Stress. Jetzt geht es darum, Leere, Stille und Tiefe zu genießen, die weiblichen Schätze zu ehren und zu schützen und das eigene Leben in seiner unperfekten Vollendung zu akzeptieren.

Ich sage immer zu meinen jüngeren Schülerinnen, unter denen es sehr viele lebenslustige Frauen gibt, die gern über die Stränge schlagen, dass Lebensfehler lange verziehen werden. Die große Rechnung kommt ab Anfang 40. Und dann ist das Leben erbarmungslos. Viele Frauen in meinem Alter hatten mich jahrelang belächelt und gesagt: Sie brauchen so etwas, was ich da mache, nicht, sie hätten keine Probleme mit ihrer Weiblichkeit. Nun, in die Wechseljahre gekommen, sitzen diese Frauen auf dem Schleudersitz. Verunsichert, hilflos und unvorbereitet stürzen sie in die tiefsten Abgründe ihres Wesens. Da gibt es nur eines: den Körper gut nähren und pflegen und sich zentrieren, zentrieren, zentrieren, bis er wieder die Kraft hat, die Prozesse im Inneren auszugleichen und zu integrieren.

Viele Frauen haben sich nie um ihr weibliches Fundament oder ihre Weiblichkeit gekümmert, und nun plötzlich wollen sie eine Sexualität wie ein Teenager erfahren. Das ist nicht die Priorität dieser Lebensphase. Hier geht es um Akzeptanz des eigenen So-Seins und darum, den eigenen Rhythmus und das eigene Tempo zu finden und zu leben. Aufgrund der Schwäche ihrer weiblichen Substanz und der hormonellen Veränderung sind viele Frauen in dieser Lebensphase dünnhäutig und empfindlich. Sie müssen jetzt lernen, sich vor unnötigen Grenzüberschreitungen und Verletzungen zu schützen, speziell in Beziehungen und bei sexuellen Kontakten. Rückzugsphasen wie dieser Lebensabschnitt sind dazu da, sich einen geschützten heilenden Rahmen zu schaffen, in dem die Lebenserfahrungen reifen und sich in Weisheit verwandeln können.

Im Inneren ruhen

Jede Frau lebt ihr Leben, so gut sie es kann. Und jede Frau gestaltet ihr Leben nach eigenen Prioritäten. Leider können wir uns nicht gleichzeitig um alle Lebensbereiche kümmern. Und wenn du dich bis jetzt nicht um deine Weiblichkeit gekümmert hast, hattest du deine Gründe. In dieser Phase bedeutet Entwicklung, sich für die subtilen inneren Vorgänge zu sensibilisieren, das Bewusstsein vom Außen ins Innere zu verlagern und sich auf die inneren und spirituellen Erfahrungen einzulassen. Vor allem ist es jetzt wichtig, sich tief ins Leben hinein zu entspannen. In dieser Phase müssen Frauen sehr darauf achten, dass ihr Verstand sie nicht ständig aufhetzt, anders zu sein. Das Motto jetzt lautet: Let it be!

Weil viele Frauen in dieser Zeit des Herbstes plötzlich mit ihrer eigenen Unzufriedenheit und Negativität in Kontakt kommen, wollen sie aus ihrem bisherigen Leben und den Verantwortungen ausbrechen, ohne ihre Anteile geheilt zu haben. Anstatt sich zurückzuziehen und sich mit sich und der Welt zu versöhnen, versuchen sie ihr Glück durch eine Flucht nach vorn und nach außen. Sie werden auf diesem Weg irgendwann zu unzentrierten, oberflächlichen und unzufriedenen alten Frauen, die im Laufe der Zeit so viel Negativität in sich angesammelt haben und in ihrer armen Gebärmutter all das persönliche und kollektive Leid speichern. In dieser Lebensphase hilft es Frauen nur, ihr Tempo massiv herunterzuschrauben und ihrer eigenen Verletzlichkeit anzupassen.

Jüngere Frauen müssen gefordert werden, und es ist wichtig, dass sie ab und zu an ihr Limit kommen. Was bei jüngeren Frauen förderlich ist, endet für Frauen in dieser Lebensphase in einer Katastrophe. Weise Frauen sind häufig zu verletzlich, um sich intensiver Energie- oder Gruppenarbeit auszusetzen. Frauen, die in dieser Lebensphase mit ihrer weiblichen Heilung anfangen möchten, haben schon viele Jahre in männlichen Mustern gelebt, da braucht Heilung ihre Zeit. In dieser Phase fehlt Frauen die körperliche, hormonelle Unterstützung, die sie früher hatten, um Neues in sich wachsen zu lassen. In dieser Phase dauert alles länger. Als ich in die Schule ging, konnte ich vor dem Einschlafen die Vokabeln ein paarmal durchlesen, und am nächsten Tag konnte ich sie auswendig. Jetzt bin ich über fünfzig und vor ein paar Jahren wollte ich mich sprachlich auf eine Reise nach Costa Rica vorbereiten. Ich weiß nicht, wie oft ich die Wörter gelesen und dann doch wieder vergessen hatte! Wenn Frauen in dieser Lebensphase trotzdem beginnen wollen, ihre Weiblichkeit zu heilen, sollten sie sehr behutsam mit sich umgehen und sich auch genügend Zeit dafür einräumen.

Andere unterstützen

Ich nenne Frauen in dieser Lebensphase wie gesagt »weise Frauen«, denn es ist die Zeit, in der sie ihre persönlichen Vorlieben, Abneigungen und Probleme in den Hintergrund stellen können, um anderen ihre Unterstützung zu geben. Bei vielen Frauen geschieht das ganz natürlich, als Großmütter unterstützen sie zum Beispiel ihre Töchter und Enkel. Andere Frauen leisten Freiwilligenarbeit und widmen sich karitativen Projekten. Wieder andere stellen ihr Leben in den Dienst der Göttin oder dienen dem Licht. Es spielt eigentlich keine Rolle, wen oder was eine Frau unterstützt. Wichtig ist, dass sie ohne eigennützige Ziele handelt, es nicht für Geld oder Anerkennung tut, sondern aus einem tiefen Mitgefühl und einer Verantwortung heraus.

Jede Frau sollte ihrem Naturell entsprechend eine Aufgabe finden. Viele haben in dieser Phase das Gefühl, etwas Sinnvolles tun zu wollen, und schulen sich um, um dann mit Menschen zu arbeiten. Es ist nicht nötig, den Beruf zu wechseln. Willst du dein Geld damit verdienen, indem du anderen hilfst oder Gutes tust, bekommen deine Einsätze einen anderen Wert und haben nicht mehr die Wirkung, wie sie Herzenstaten oder -geschenke haben. In dieser Phase sollte eine Frau eine Tätigkeit finden, die sie aus purem Überfluss tut, uneigennützig und voller Freude am Geben.

Natürlich sollst du auch im Alter angemessen für deine Arbeit bezahlt werden, das ist nicht der Punkt. Dennoch ist ein zusätzlicher Bereich gut, in dem du frei gibst, ein Dienst an der Menschheit, bei dem du das weitergibst, was du im Leben entwickeln durftest. Ich pflege neben meiner Arbeit als Lehrerin und Sexologin immer mehrere mir sehr wichtige Heilprojekte, für die ich meine heilenden Kräfte einsetze und niemals Geld nehmen würde. Ich achte auch immer darauf, dass ich nicht mit Heilbehandlungen meinen Lebensunterhalt bestreite und diese Tätigkeit möglichst losgelöst von finanziellen Interessen ausüben kann.

Du kannst alte oder kranke Menschen betreuen, dich um Kinder, Tiere oder Pflanzen kümmern, bei dir zu Hause Heilrituale oder Meditationen zum Wohle der Menschheit machen, du kannst dich in der Nachbarschaftshilfe betätigen oder bei einer Nonprofit-Organisation oder religiösen Gemeinschaft mithelfen. Es gibt unendliche Möglichkeiten, andere zu unterstützen und zu beschenken. Du brauchst es auch nicht der ganzen Welt zu erzählen. Auch wenn niemand sieht, was du tust, der geistigen Welt wird es auffallen, und sie wird dich unterstützen.

Gerade junge Frauen brauchen die Unterstützung älterer Frauen, damit sie sich zu verantwortungsvollen, lustvollen weiblichen Frauen entwickeln können. Meist besteht die Aufgabe lediglich darin, den Jungen aus dem Weg zu treten, damit sie Raum und Platz für das haben, was sie tun müssen. Die weibliche Unterstützung geht nicht über den Intellekt. Es nützt nichts, den Jüngeren Ratschläge zu erteilen, sie sollten mit weiblichen Qualitäten, Liebe und Vertrauen unterstützt werden. Jüngere Frauen müssen lernen, ihren eigenen Gefühlen zu trauen, um ihren eigenen Weg finden zu können. Dieser Weg wird nicht so sein, wie wir uns das vorstellen, denn es ist ein neuer Weg. Die Zukunft liegt in den Händen der jungen Frauen.

Die Qualität der Zeit nutzen

Weibliche Heilung ist ein langfristiges Projekt, es wird sicherlich Generationen dauern, bis es vollzogen ist. Es macht wenig Sinn, wenn sich Frauen in dieser Lebensphase zerfleischen, weil sie ihre Weiblichkeit nie lustvoll gelebt haben. Weiblichkeit hat so viele Facetten. In dieser Lebensphase hat nicht die Entwicklung der Weiblichkeit Priorität, sondern die spirituelle Entwicklung. Ich meine nicht, dass Frauen in dieser Phase kein tolles Liebesleben haben können und sich nicht um ihre weibliche Heilung kümmern sollen. In dieser Lebensphase ist es nur viel wichtiger, dass Frauen sich um ihre Spiritualität bemühen. Diese Zeit ist keine vorrangig körperliche, hier geht es um geistige Auseinandersetzung und Meditation. Es reicht völlig aus, wenn sich Frauen in dieser Phase zentrieren und meditieren und darauf achten, dass sie mit dem inneren Licht, der positiven Kraft, verbunden bleiben, egal was passiert. Ein extrovertierter stressiger Lebensstil entspricht nicht dem Herbst. Er ist die Lebensphase für meditative, weise Genießerinnen. Es kann sogar sein, dass es für viele Frauen jetzt sinnvoll ist, einen spirituellen Weg zu wählen, der in keinem direkten Zusammenhang mit ihrer verletzten Weiblichkeit steht. Es gibt schließlich verschiedene Mysterienschulen. Alle haben mehr oder weniger dasselbe Ziel, in der praktischen Arbeit jedoch unterschiedliche Aufgaben und Prioritäten.

Schwerpunkte dieser Lebensphase

- ♥ Sich mit sich und der Umwelt versöhnen, sich und der Umwelt verzeihen
- ♥ Spirituelle Entwicklung
- ♥ Die weibliche Essenz beschützen und nähren
- ♥ Die eigene Sensibilität zulassen
- ♥ Der inneren Stimme folgen
- ♥ Sich in den Dienst der Menschheit stellen
- ♥ Arbeit im Hintergrund
- ♥ Zulassen, dass die göttliche Führung das Leben bestimmt
- ♥ Sich selbst einen geschützten, heilenden Raum geben

Der Winter von 56 bis 70

Wie der Winter ist diese Phase dazu da, Altes loszulassen, zu ruhen und sich für den Frühling bereit zu machen. Die Winterphase ist auch die Zeit des Sterbens. Das bedeutet nicht, dass wir in dieser Phase sterben müssen. Diese Zeitspanne fordert uns vielmehr auf, uns mit den unterschiedlichen Toden auseinanderzusetzen. Diese Phase eignet sich hervorragend, um Muster auf tiefster Ebene aufzulösen, sich von gesellschaftlichen Zwängen und Normen zu befreien und sich nicht nur mit dem eigenen Tod, sondern auch mit dem Thema Sterbebegleitung zu befassen. Wie die Geburt ist auch der Tod ein wichtiger Neuanfang. Es ist eine sehr wichtige menschliche Aufgabe, andere in der Sterbephase gut zu begleiten, anderen in diesem bedeutsamen Prozess beizustehen.

Sterbebegleitung und auch Seelenbegleitungen sind für mich ein wesentlicher Bestandteil meines Lebens geworden. In meiner langjährigen Arbeit in Krankenhäusern habe ich viele Menschen durch das Tor des Todes begleitet. Spirituelle Arbeit bedeutet auch, Seelen nach dem Tod des Körpers durch die dunkelsten Zustände zu helfen. Nach dem körperlichen Tod beginnt die eigentliche Begleitung. Da fast niemand auf das Kommende wirklich vorbereitet ist, brauchen fast alle in diesem Übergang unsere Liebe und Zuversicht. Zu häufig stellen Angehörige ihr eigenes Leid so sehr in den Vordergrund, dass sie den geliebten Menschen nicht unterstützen, sondern seine Reise eher noch behindern und blockieren.

Der wichtigste Grund, sich auf den spirituellen Weg zu begeben, ist, sich auf den Tod oder, anders betrachtet, auf die große neue Geburt vorzubereiten. Aus eigener Erfahrung weiß ich, dass es Tode und Tode gibt. Jeder Mensch hat eine gewisse Angst vor dem ersten Mal, dass er mit dem Tod konfrontiert wird. Bei mir war das nicht anders. Es geschah dann während einer Nachtschicht in der psychiatrischen Klinik. Eine Kollegin rief mich um Hilfe, einer ihrer Patienten würde gleich sterben, ich solle kommen. Für uns beide war es das erste Mal, wir waren beide Anfang zwanzig. Der Sterbende war ein alter Mann, einer der chronisch psychiatrischen Patienten, der seit Jahren in der Klinik stationiert war. Wir kannten ihn beide nicht. Wir wussten auch nicht, was wir nun tun sollten, deshalb verhielten wir uns einfach so, wie wir es für richtig hielten. Wir standen neben seinem Bett und hielten seine Hand, sie links und ich rechts, und wir sagten ihm, obwohl er nicht mehr bei Bewusstsein schien, dass alles in Ordnung sei und er gehen dürfe. Plötzlich drückte er unsere Hände und starb. Und in genau demselben Moment war das Zimmer plötzlich von Licht erfüllt. Wir beide standen da und schauten uns an. Dann begannen wir vor lauter Freude zu lachen. Da war so viel Licht und Freude im Raum, wir waren total überwältigt. Wir empfanden plötzlich so viel Liebe, auch für diesen Mann, dass wir ihn voller Respekt wuschen und ihm eine geklaute Rose in die Hände legten.

Seitdem sind nun dreißig Jahre vergangen, ich habe viele Tode erlebt und viele Menschen und Tiere durch das Tor des Todes begleitet. Die ganze spirituelle Arbeit zielt darauf ab, sich auf diesen Moment gut vorzubereiten, und diese Vorbereitung ist für jeden Menschen anders. Aber eines ist sicher: Je mehr Energie und Kraft wir für diesen Prozess zur Verfügung haben, umso besser ist es. Jede Entwicklung oder Transformation benötigt Kraft. Es lohnt sich also durchaus, während des Lebens nicht alle Kräfte zu verbrauchen, sondern darauf zu achten, dass wir gleichzeitig Kräfte ansammeln und uns für dieses große Abenteuer gut rüsten. Aus dieser Perspektive wird es auch viel einfacher, sich dem eigenen Leben mit allen Herausforderungen und Unannehmlichkeiten zu stellen, alles, was in unserer Macht steht zu erledigen, um möglichst frei und ohne viel Gepäck auf die große Reise zu gehen. Die ganze Kraft sollte für diese wichtige Transformation zur Verfügung stehen, dann kann die Reise durch den Tod zu einem wichtigen Neuanfang werden.

Neubeginn: 70 bis in die Unendlichkeit

Eigentlich sollten wir Menschen unbeschwert in diese neue Phase übergehen können. Ich habe viel mit älteren Menschen zu tun gehabt. Und bei vielen, die den Zyklus durch all die Phasen durchlaufen haben, habe ich gesehen, dass sich da etwas Entscheidendes herausbildet: Sie werden entweder zu weisen lebenslustigen Frauen, die das Leben und die neuen Freiheiten genießen. Oder sie werden zu unangenehmen, frustrierten und deprimierten Jammertanten. In Amerika trifft man relativ viele Oldies, die in dieser Lebensphase mit einem Camper landauf, landab reisen und dabei richtig Spaß haben. Meine Eltern befinden sich auch in dieser Lebensphase, und die abenteuerlichen Reisen, die sie machen, verschlagen sogar mir manchmal den Atem.

Viele Frauen sind in dieser Lebensphase allein. Und haben sie nicht schon früher gelernt, gern allein zu sein und selbstständig etwas mit sich anzufangen, kann diese letzte Phase sehr frustrierend werden. Viele Frauen sind in diesem Lebensabschnitt krank, befinden sich ständig in ärztlicher Behandlung und müssen täglich unzählige Medikamente einnehmen. Noch zu viele alte Frauen ertrinken in ihrem Leid und Schmerz oder trauern ihrer Vergangenheit nach. Fast alle von denen, die sich heute in dieser Lebensphase befinden, hatten nicht die Lebensvoraussetzungen, wie wir sie heute haben. Sie hatten nicht den Zugang zu all dem Wissen und all den Schätzen, wie wir Frauen ihn heute genießen. Sie hatten nicht die Gelegenheit, ihr weibliches Potenzial zu entfalten. Deshalb liegt es nun an uns, es heute anders zu machen.

In dieser Lebensphase fallen viele äußere Lebenszwänge wie Arbeit und andere soziale Verpflichtungen weg. Je mehr sich Menschen zusätzlich befreien und sich auf das Sterben vorbereiten, umso freier und unbeschwerter werden sie. Das bedeutet auch, dass sie in dieser Lebensphase eine gewisse Narrenfreiheit erlangen, die es ihnen erlaubt, ihr Leben in allen Facetten authentisch und lustvoll zu genießen.

Lebe deine Bestimmung

Wir nähern uns dem Ende des Buches, und ich möchte es nicht versäumen, noch ein paar Worte zu einem grundlegenden Thema zu verlieren, das zwischen den Zeilen immer wieder angeklungen ist: Lebe deine Bestimmung. Die eigene Bestimmung zu finden, das begleitet viele Frauen ein Leben lang. Im Leben fast jeder Frau, der ich je begegnet bin, kommen die großen Sinnkrisen, wenn frau sich in einer tiefen Auseinandersetzung mit sich und dem eigenen Dasein befindet und nach einem sinnvolleren und erfüllteren Leben sucht. In solchen Krisen lesen Frauen viele Bücher und besuchen häufiger als sonst Seminare oder eine Therapie. Dabei entsteht in ihnen dann häufig der Eindruck, mit Frauen oder überhaupt Menschen zu arbeiten, Seminare zu erteilen, andere zu heilen, das sei eine viel sinnvollere Arbeit als die, die sie gelernt haben und ausüben.

Auf dem weiblichen Weg seine Bestimmung zu leben, bedeutet nicht in erster Linie, äußerlich etwas im Leben zu verändern. Es geht vielmehr darum, die eigene Lebensqualität in sich selbst zu verändern und sich so eine neue, eine weibliche Lebensgrundlage zu schaffen. In meiner jahrzehntelangen Arbeit konnte ich beobachten, dass viele Frauen den Wunsch haben, mit anderen zu arbeiten, solange sie ihre eigene Weiblichkeit nicht geheilt und ihre weibliche Sexualität und Spiritualität nicht befreit hatten. Ich rate den Frauen immer davon ab und empfehle ihnen, sich erst mal auf ihren persönlichen Heilprozess zu konzentrieren, und der dauert in der Regel Jahre. Bis sich sämtliche Zellen, die du während deines weiblichen Prozesses mit neuen Informationen durchflutest, in deinem Körper erneuert haben, dauert es mindestens sieben Jahre. So kannst du dir ein realistisches Bild über die Dauer deines Heilprozesses machen. Interessanterweise verspüren die meisten Frauen, die sich auf ihre weibliche Heilung wirklich einlassen, keinen Wunsch mehr danach, ihre Heilarbeit auf das Berufliche auszudehnen. Sie haben dann ganz andere Ideen.

In jedem Beruf werden dringend verantwortungsvolle Frauen gebraucht, ganz besonders auch in den sogenannten männlichen Domänen. Es braucht überall Frauen mit einer guten Ausbildung, die in ihrem Job neue Akzente setzen. Die weibliche Arbeit, von der in diesem Buch die Rede ist, hat nicht das Ziel, Frauen zu Therapeutinnen und Kursleiterinnen zu machen. Die weibliche Mysterienarbeit fordert Frauen dazu auf, im Hintergrund und im Stillen zu wirken und einfach ihr eigenes Leben so zu leben, dass es Sinn macht. Es kommt nicht darauf an, was du machst, sondern darauf, wie du es machst.

Die weibliche Befreiung steht ganz am Anfang. Es ist unsere Aufgabe, die Weiblichkeit und die weiblichen Prozesse von all dem materiellen, sexuellen und auch spirituellen Missbrauch zu befreien. Es ist die große Herausforderung, immer noch ehrlicher und wahrhaftiger zu sein und unserer eigenen Weiblichkeit jeden Tag wieder eine neue Chance zu geben.

Schlusswort

Es tut sich was. An den verschiedensten Orten der Welt werden sich Frauen ihrer weiblichen Realität bewusst, sie gehen auf die Straße und kämpfen für bessere Lebensbedingungen. Seit Anfang 2013 eine junge Frau in Indien an den Folgen einer brutalen Massenvergewaltigung gestorben ist, trauen sich sogar Hindu-Frauen, öffentlich für ihre Rechte als Frau einzustehen. Sie tun es damit ihren Schwestern in der westlichen Welt gleich, die seit Jahrzehnten und bis heute für Gleichberechtigung kämpfen. Täglich bekomme ich Rundschreiben und Einladungen von empörten Frauen, die mit allen möglichen Aktivitäten und Events auf die missliche Situation der Frauen aufmerksam machen. Frauen stacheln sich gegenseitig auf, sich gegen sexuelle Gewalttätigkeiten und gegen Ungerechtigkeiten zu erheben.

Es ist wichtig, dass wir uns mit diesen grundlegenden Themen befassen. Und es ist wichtig, diese globalen Probleme an der Wurzel zu erfassen. Durch meine langjährige Arbeit in der Notfallpsychiatrie und meine sexologische Praxis setze ich mich seit etwa 35 Jahren mit dem Thema sexuelle Gewalt auseinander. Die wenigsten wissen, dass ich als Sexologin überwiegend Männer betreue. Früher kamen auch zu meinen Seminaren vor allem Männer, die einen neuen Umgang mit ihrer Sexualität suchten. So bin ich mit den Ängsten und Nöten der männlichen Sexualität sehr vertraut und verstehe auch, wie solche destruktiven sexuellen Muster entstehen können, die sich dann in Vergewaltigungen und anderen Formen der Gewalt zeigen.

Es war die tiefe Auseinandersetzung genau damit, die mich dazu führte, mich beruflich mehr mit Frauen zu befassen, da in ihnen ein wichtiger Schlüssel zur globalen sexuellen Heilung verborgen liegt. Jeder Mann hat eine Mutter, die ihn neun Monate lang in ihrem Schoß trägt und auch darüber hinaus auf tiefster Ebene prägt. Vor allem die Gefühle und die unterdrückten oder unverdauten Emotionen der Mutter prägen die männliche Sexualität schon in der embryonalen Phase nachhaltig. Deshalb ist es enorm wichtig, dass Frauen sich in ihrem tiefsten Innern um eine neue bewusste Weiblichkeit kümmern. Denn solange diese Anteile nicht geheilt und befreit sind, kann sich auch die männliche Sexualität nicht wirklich verändern. Wir sitzen alle in einem Boot.

Wenn Frauen in männlichen Mustern agieren und sich aus Empörung und Wut gegen die Gewalt an Frauen erheben, kann das keine große Wirkung erzielen. Eher werden die negativen Aggressionsmuster zusätzlich gefestigt. Es nützt auch nicht viel, wenn sich die »alten« Feministinnen im Rampenlicht baden und in Talkshows mit spitzer Zunge krampfhaft nach Schuldigen suchen, die für die Missstände verantwortlich sein sollen.

Um sexuelle Muster zu verändern, braucht es einen neuen spirituellen Feminismus, der aus einer grundlegenden individuellen inneren Befreiung hervorgeht. Diese fragt nicht nach Schuld, sondern nach Eigenverantwortung.

Obwohl das Christentum seit Jahrhunderten Liebe predigt, werden seine Schützlinge und Schäflein nicht zu mitfühlenden göttlichen Lovers erzogen, sondern zu ewigen Schuldigen verdammt. Somit schwingt die Schuldfrage in unserer Kultur ständig mit, und wenn es zu Problemen kommt, wird reflexartig gefragt: Wer oder was ist schuld? Im Umgang mit Sexualität und Emotionen ist es besonders verwirrend und überdies hoffnungslos, wenn ein anderer Mensch oder eine bestimmte Struktur für das eigene Glück oder Leid verantwortlich sein soll. Es festigt unsere Rolle als Opfer und lässt uns keine Chance, uns zu entwickeln oder zu befreien. Es ist daher höchste Zeit, aus diesen alten Mustern auszubrechen. Und an dieser wichtigen Aufgabe sollten sich Frauen ebenso wie Männer beteiligen können. Es ist an der Zeit, dass auch Männer in diese wichtigen weiblichen Entwicklungsprozesse einbezogen werden, dass auch sie lernen, ihre Sexualität, ihre Spiritualität und ihre Emotionen dem höheren Bewusstsein anzuschließen, damit diese nicht in den tiefen unbewussten Gewässern versumpfen.

Die Welt ist unübersehbar im Umbruch. Es gibt einzelne Menschen, Frauen wie Männer, die sich und ihre Sexualität aus den Klauen des unbewussten Kollektiven zu befreien versuchen und alles daran setzen, ihr individuelles Bewusstsein zu erweitern. Auf genau diese Einzelnen kommt es an. Um die Sexualität von all den unbewussten Emotionen zu befreien, ist es erforderlich, die wahre Spiritualität aus den Fesseln der jahrtausendelangen Unterdrückung und Knechtschaft zu befreien. Es ist die Spiritualität, die uns zu einem neuen Bewusstsein verhilft, auch im Umgang mit unserer Sexualität. Diesem wichtigen Thema habe ich ein ganzes Buch gewidmet: Die Wunder der weiblichen Sexualität.

Ich bin sehr zuversichtlich. Der Samen für eine neue heilende Sexualität ist längst gesetzt. Das Weibliche ist dabei zu wachsen und sich im Verborgenen zu stärken. Es ist jetzt bereits so stark geworden, dass seine Entwicklung nicht mehr zu verhindern ist. Es braucht lediglich noch seine Zeit, bis sich die neue heilende und lustvolle Weiblichkeit auf der Erde zeigt.

Das ist eine hoffnungsvolle Entwicklung. Denn unsere Welt braucht diese ganz neue Weiblichkeit dringend. Weil sie so neu ist, kennt sie noch niemand von uns. Lass dich also überraschen! Die mystische Unbekannte wird sich dir aber erst zeigen, wenn sie von dir eine ernst gemeinte und verbindliche Einladung bekommen hat. Je mehr Menschen sie herzlich willkommen heißen und sich von ihr verwandeln und verführen lassen, umso kraftvoller wird sich das neue weibliche Zeitalter manifestieren.

Danksagung

An dieser Stelle möchte ich allen Frauen, die insbesondere in den letzten Jahren intensiv mit mir gearbeitet haben, von ganzem Herzen für ihren persönlichen Einsatz und für ihr Vertrauen danken, insbesondere sämtlichen »New Daughters«. Ohne den Spaß und die tiefe Verbundenheit, die wir miteinander hatten und haben, könnte weibliche Heilung in dieser Intensität sicher niemals geschehen. Die weiblichen Tore haben sich uns weiter geöffnet, als ich das je erwartet hätte, und sie haben uns sogar den Eintritt gewährt. Schön, dass es Menschen wie euch gibt.

Bei dieser Gelegenheit möchte ich mit Freude und Dankbarkeit an meinen langjährigen Meister Bhagwan erinnern, der mich einen Sinn fürs Wesentliche lehrte. Ich möchte mich zudem bei meinen spirituellen Lehrern für ihre Unterstützung bedanken und für das Vertrauen, das sie mir schenkten, mich in die Mysterien einzuweihen. Es ist mir eine große Ehre, die heilige Flamme zu tragen und zu beschützen und sie an die nächste Generation weiterzugeben.

Seminare und Adresse

Veranstaltungskalender der Autorin
www.maitreyipiontek.com

Praxis Remise Pfauen
Maitreyi D. Piontek
Postfach 255, CH-8024 Zürich
www.maitreyipiontek.com

New Daughters
Die Mysterienschule für Frauen,
spirituelle Schulung im Fernlehrgang
www.newdaughters.org

Weitere Bücher der Autorin:
Die Wunder der weiblichen Sexualität, Heyne Verlag 2012.
Das Tao der Frau, Ariston Verlag 1996, komplett
    überarbeitete Neuausgabe Heyne Verlag 2009.
Das Tao der weiblichen Sexualität, O. W. Barth, München
    1998.
Die weiblichen Juwele, Integral Verlag 2000.

Energy-Eier, Bücher und andere weibliche Juwele können
im Shop bestellt werden unter:
www.weiblichejuwele.com

Maitreyi D. Piontek

Das Tao der Frau

Die unbegrenzte Kraft der Weiblichkeit entdecken und bewusst leben – dies ist die Grundvoraussetzung für Frauen von heute, um sich in Beruf und Privatleben, in Spiritualität und Sexualität erfolgreich zu verwirklichen. *Das Tao der Frau* begleitet dich auf diesem Weg. Du wirst deinen Körper, deine Emotionen und deine Sexualität besser verstehen. Lerne, dein weibliches Fundament zu stärken, um Kraft aus deinen weiblichen Wurzeln zu schöpfen.

978-3-453-70124-3

HEYNE ‹

Maitreyi D. Piontek

Die Wunder der weiblichen Sexualität

Eine natürliche und lustvolle Sexualität ist die Basis, auf der sich die
heilenden spirituellen Kräfte der Frau entfalten. Maitreyi D. Piontek schöpft
aus dem Erfahrungsschatz ihrer jahrzehntelangen sexologischen und
spirituellen Arbeit und führt dich in eine neue Weiblichkeit voller Wunder
und Kreativität. Mit weiblicher Weisheit, Übungen und Meditationen
kannst du deine Sexualität als sinnliche Kraftquelle erleben und neue
Dimensionen des Frauseins erfahren.

978-3-453-70184-7